教科書の公式ガイドブック

教科書ガイド

東京書籍 版

新しい国語

完全準拠

中学国語

3年

教科書の内容がよくわかる

JN096292

編集発行 あすとろ出版

▼巻頭詩

生命《いのち》は

作者・吉野《よしの》 弘《ひろし》

教科書表紙裏

学習目標

●効果的な表現に注意して内容を解釈し、読み方を工夫して音読する。

詩の形式と構成

三連から成る口語自由詩。生命の在り方について、具体と抽象を行き来しながら考えをめぐらせている。

・第一連（1～8行目）…生命の在り方についての気づきと、根拠となる具体例。

・第二連（9～11行目）…一般化して考えを深める。

・第三連（12～18行目）…自分に引き寄せて考える。

表現の特色

・「～らしい」（推定）、「～のだ」（断定）、「～かもしれない」（推量）という文末表現に、思索《しさく》の過程が表現されている。

・第三連での、人を「花」と「虻《あぶ》」にたとえた隠喩は、第一連の内容と呼応して、生き物どうしの助け合いの関係をより鮮明に印象づけるものとなっている。

・第三連は対句的な構成になっており、自分と他者の立場は互いに入れ替わりうるということが効果的に表現されている。

主　題

全ての生命は、お互いの欠けているところを補いながら助け合って生きている。

この助け合いは当事者が明確な目的意識を持って行うものとは限らない。誰しも、知らず知らずのうちに関わり合い、あるときは「花」のように誰かの力を借り、あるときは「虻」のように誰かの役に立ちながら、生きているものなのである。

課題　教科書表紙裏

○効果的な表現に注意して内容を解釈し、読み方を工夫して音読しよう。

解説　文末表現の微妙な違いや、「生命は」で始まる前半二連と「私は」で始まる第三連との違いなどを意識しながら読んでみよう。

▼本書は、東京書籍版中学国語教科書『新しい国語』に完全準拠したガイドブックです。

※教科書本編の読書案内（『本で世界を広げよう』など）、資料編はあつかっておりません。

本書の構成

＊本書では、教科書の本文を引用する際に、教科書のページ・行を次のような形式で表しています。

例 教科書25ページ8行目→（25・8）

■読解教材（文章・詩歌・古典）

解説の流れ ガイダンス→漢字→語句→読解→教科書の課題

●ガイダンス……教材のおおよそが理解できるように、学習目標やあらすじ（あらまし）、文章の構成、主題（要旨《ようし》）などを解説しています。また、詩では表現の特色も示しています。

●新出漢字・新出音訓……新出漢字や新出音訓について、読み方や意味、用例などを示しています。

・漢字には□、音訓には（ ）の記入欄を設けてあります。理解を深めるために、一度書いてみることができます。

●語句・文の意味……教材の脚注に記号つきで示された語句を中心に、難しい語句や文について、文脈に即した意味や解釈を解説しています。必要に応じて、類義語・対義語、短文の例も示しています。

●読み解こう……文章教材では、段落（場面）ごとに内容の要約を示したうえで、文章の流れに沿って、筆者（作者）の主張や登場人物の心情などの読解上のポイントを取り上げて解説しています。

・古典では、原文の読み方と現代語訳も示しています。

・記入欄の解答は、学習内容が理解しやすいように、教材の中に出てくる言葉を取り上げています。

●てびき―解答と解説……教材末にある課題について、解答や解説を示しています。

■表現教材（［話す・聞く］［書く］）

教科書の項目《こうもく》立てに沿って、学習する表現事項の要点をまとめるとともに、表現活動を行うときの注意点を解説しています。

・教科書に示された例文や事例についての解説も示しています。

・読み解こうと同様に、解説に記入欄を設けてあります。

■言語教材（日本語探検・文法の窓・漢字道場）

●新出漢字・新出音訓……新出漢字や新出音訓について、読解教材と同様に読み方などを示しています。

教科書の項目立てに沿って、学習する言語事項の要点をまとめ、簡潔に解説しています。

・教科書の問題に対する解答や解説を示しています。

・「文法の窓」では、基礎編の内容も取りこんで解説し、基礎編の問題に対する解答や解説も示しています。

■その他

■巻頭詩……教科書表紙裏の詩について、学習目標や構成、主題、表現の特色などを簡潔に解説しています。

■扉《とびら》の俳句七句……教科書単元扉の俳句について、大意などを簡潔に解説しています。

※『俳句の読み方、味わい方』の中であつかっています。

■学びの扉……基礎編の内容を中心に、学習する「学びを支える言葉の力」の要点を簡潔にまとめて解説しています。

目次

古典と文法の窓の教材名の下には，それぞれ教科書と同じ動画等が見られる二次元コードが入っています。古典原文の読み方の確認や文法ゲームで，内容の理解が深まります。

＊資料(コンテンツ)の使用料はかかりませんが，インターネットの通信費は自己負担となります。

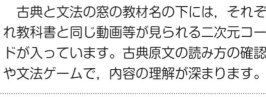

▼読む 言葉の学習

二つのアザミ

筆者・堀江敏幸《ほりえとしゆき》

教科書14〜16ページ

ガイダンス

学習目標を押さえ、「二つのアザミ」のおおよそを理解しよう。

●学習目標

●読み取ったことをもとに、言葉と自分自身との関わりなどについて自分の考えを持つ。

●あらまし

筆者は、アザミという花の姿や呼び名を少年時代に知った。そのアザミが「薊《あざみ》」という漢字として心に刻まれたのは、宮沢賢治《みやざわけんじ》の作品で「すてきに背高《せいたか》の薊」という表現に出会ったからだった。このとき賢治が「薊」とともに用いていた「すてき」「背高」という言葉にも新しい響きを感じた。さらに梶井基次郎《かじいもとじろう》の作品中で「裸足《はだし》で薊を踏んづける！」という表現に出会い、それまでアザミに感じていた明るいイメージとは対照的なイメージが刻まれた。

優れた二人の書き手の作品を通して、言葉としての「薊」には豊かなイメージが与えられ、それにつれて野に咲く本物の「アザミ」も美しさを増していった。本を読んで言葉に触れ、言葉を育てていく喜びは、このように見慣れていた光景に新しい光が当てられるところにあるのではないか。

●文章の構成

筆者が自らの体験を振り返り、そこから考えたことを述べている。第二段落は、二つの作品との出会いが取り上げられているので、更に二つに分けることもできる。

・第一段落（初め〜14・8）……野に咲くアザミ。
・第二段落（14・9〜16・4）…二つの「薊」との出会い。
　①宮沢賢治　②梶井基次郎
・第三段落（16・5〜終わり）…言葉を育てていく喜び。

●要旨

本を読んで言葉に触れ、言葉のイメージを豊かにしていくことで、世界の見方も変わっていく。

自分が見知っていた、野原に咲くアザミのイメージが、言葉としての「薊」との出会いによって豊かになっていった。その体験に基づき、言葉はそれぞれの文脈の中で異なるイメージを持つこと、それに触れることで言葉が豊かになり、世界の見方の豊かさにもつながっていくことを筆者は伝えている。題名は、筆者の世界を広げてくれた、言葉としての二つの「薊」を指しているのだろう。

新出漢字・新出音訓

読みの太字は送り仮名を示す。（ ）は中学校では学習しなくてもよい読みを、—線は特別な言葉に限って使われる読みを示す。例は用例を示し、例中の太字は教科書本文中の語句であることを示す。新出音訓の▼は、常用漢字表の「付表」の語を示す。□には漢字を、（ ）には読みを書こう。

p.14 **隅** グウ すみ 12画 阝 □
かたすみ。曲がり角。例**片隅**《かたすみ》。重箱《じゅうばこ》の隅《すみ》。

p.14 **揺** ヨウ ゆる ゆるぐ ゆさぶる ゆれる ゆらぐ ゆする ゆすぶる 12画 手 □
ゆれる。ゆらぐ。手でゆりうごかす。例**揺**《ゆ》**れる**。動揺《どうよう》。

p.14 **咲** さく 9画 口 □
花が開く。例**咲**《さ》**く**。早咲《はやざ》き。

p.15 **魅** ミ 15画 鬼 □
人の心をまどわし、ひきつける。例**魅力**《みりょく》。魅了《みりょう》。魅惑《みわく》。

■**新出音訓**（——線部の読みを書こう。）

①青空に映える。p.16（　　）

答 ①は

語句・文の意味

語義が複数の場合、①に教科書本文中の語義を示してある。類は類義語、対は対義語、文は語句を用いた短文例を示す。
●印は、教科書の脚注に示されている語句である。

▼14ページ

ただ 補足を表す接続詞。類ただし。

頭《あたま》**の中**《なか》**で片仮名**《かたかな》**の花**《はな》**として咲**《さ》**いていました** 実際に目で見たアザミの花の姿が「アザミ」という片仮名で書かれた名前とともに記憶されていたということ。

▼15ページ

すてきに背高《せいたか》**の薊**《あざみ》 「すてきに」はここでは「背高の」にかかる修飾語として使われている。後で筆者が説明しているように「すばらしく背の高いアザミ」（15・10）ということ。

●**いっこう** まるで（〜ない）。少しも（〜ない）。「いっこうに」の形でも使われる。文彼が部活をやめた理由は何なのか、いっこう見当がつかない。

魅《み》**力**《りょく》 人の心をひきつける力。

この一文《いちぶん》**の光**《ひかり》 筆者の心をひきつけた「この文章の不思議な魅力」（15・6）を「光」にたとえて表現している。

●**個**《こ》**別**《べつ》 一つ一つ。それぞれ別々である様子。類個々。

●**両**《りょう》**者**《しゃ》 二つの物事。類双方《そうほう》。

呆《ぼう》**然**《ぜん》 意外なことに驚いたりあきれたりしているさま。気が抜けて何も考えられずにぼんやりしているさま。

▼16ページ

映《は》**える** ①光が当たって輝いて見える。②周りとの関係で引き立って見える。

その見《み》**えない色**《いろ》**の、なんと鮮**《あざ》**やかなことでしょう** 真っ暗な闇の中に存在している「薊」が筆者の心の中に強く印象づけられたことを表している。

おまけに 添加を表す接続詞。類その上に。

生々《なまなま》**しい** 実際の状態と変わらない感じがする。その場で直接体験しているような感じがする。文過去の記憶が生々しくよみがえってきた。

●**文**《ぶん》**脈**《みゃく》 文章の続き具合、筋道。

言葉《ことば》**としての「薊**《あざみ》**」の色**《いろ》**が深**《ふか》**まる** 「薊」という言葉が持つイメージが豊かになっていくということ。

読み解こう　段落ごとの内容を捉えよう。［　　］の中には当てはまる言葉を書こう。

第一段落 ［初め～14・8］野に咲くアザミ。

■少年時代の筆者がアザミをどう捉えていたかを読み取る。

・原っぱに咲く、美しい①［　　］色の花。細い筒状の花びら。

・丈が高く、刺さると痛い②［　　］を持つ。

・「アザミ」という名前である。それを③［　　］で書いたらどうなるのかにも興味を抱いていたが、ひとまずは片仮名で記憶していた。

▼①紫　②とげ　③漢字

●ポイント　自分の五感を使って直接知ったことが中心である。

第二段落 ［14・9～16・4］二つの「薊《あざみ》」との出会い。

■「薊」という漢字が筆者の心に刻まれた理由を捉える。

・小学校卒業後、宮沢賢治《みやざわけんじ》の「種山ヶ原《たねやまがはら》」という物語を読み、「①［　　］の薊」という表現に心ひかれた。

【理由】←

・個別には知っていた二つの単語が、組み合わされて使われていることで、言葉の②［　　］が生み出されていたから。

▼①すてきに背高　②新しい響き

■二つ目の、漢字の「薊」との出会いについて捉える。

・高校生の頃、梶井基次郎《かじいもとじろう》の「闇の絵巻」という短編を読み、闇の中に一歩を踏み出す勇気をたとえて「①［　　］で薊を踏んづける！」と表現していることに驚いた。

【理由】←

・闇に沈んだ見えない「薊」を想像させ、とげを踏み抜いた足の裏の生々しい②［　　］まで伝わってきたから。

▼①裸足《はだし》　②感触

●ポイント　宮沢賢治の作品を通して心に刻まれていた明るいイメージとは全く正反対のイメージであることを押さえよう。

■「裸足で薊を踏んづけるほどの勇気とは！」（15・19）とあるが、裸足で薊を踏むことが、なぜ「勇気」を表すことになるのかを考える。

・アザミには［　　］があるので、裸足で踏めば激しい痛みを感じるはず。その痛みにもひるまず行動するのは「勇気」あることだといえる。

▼とげ

テストに出る！

問　「不思議な魅力」（15・6）を比喩的に表している語句を文章中から二つ抜き出しなさい。

答　光（15・7）　音楽（15・12）

テストに出る

問 **「正反対」（16・1）とあるが、そのことを端的に表している語句を文章中から三字で抜き出しなさい。**

答 明と暗（16・6）

第三段落 ［16・5〜終わり］言葉を育てていく喜び。

■ **二つの「薊」との出会いは、筆者にとってどのような意味があったのか。**

・自己の感覚を通して知っていた、野の花としてのアザミが、明と暗の両面を持つ①［　　］としての「薊」に育っていった。

・言葉としての「薊」のイメージが②［　　］になるにつれ、本物の「アザミ」も美しさを増していった。

↑ つまり

・言葉との出会いが「世界の③［　　］を変えてくれた」（16・9）

▼①言葉　②豊か　③見方

●ポイント 「本物の」とは「現実の世界の」といった意味である。

■ **この文章で筆者が最も伝えたかったことは何か。**

・本を読み、言葉に触れ、言葉を［　　］ていく喜び。
＝ 見慣れていた光景に新しい光が当てられる様子を実感できること。

▼育て

テストに出る

問 **「見慣れていた光景に新しい光が当てられる」（16・10）とは、文章中では具体的にどのようなことを指すか。**

答 少年時代から見知っていた野の花としてのアザミが、言葉としての「薊」のイメージが豊かになるにつれ、より美しく感じられるようになったこと。

テストに出る

問 **筆者にとって言葉はどのようなものであるといえるか。**

答 現実の世界の見方をより豊かにしてくれるもの。

課題　教科書16ページ

○ **読み取ったことをもとに、言葉と自分自身との関わりについてなど、考えたことを話し合ってみよう。**

解説 言葉が豊かになると、世界の見方も豊かになると筆者はいう。これは「薊」のような具体的なものに限らず、形のないものについてもいえるだろう。例えば、他の人の文章を読んで、自分の思いや感情が言い当てられていると感じ、目の前が開けた気がすることがある。漠然と考えていたことに、ぴったりな言葉が見つかることで、思考が整理されるということもある。

自分のものの見方や考え方に影響を与えた言葉や、自分にとって特別な意味を持っている言葉など、体験を振り返りながら考えてみよう。

1 ▼読む 言語感覚

俳句の読み方、味わい方

筆者・片山由美子《かたやまゆみこ》

教科書18〜22ページ

ガイダンス

学習目標を押さえ、「俳句の読み方、味わい方」のおおよそを理解しよう。

○学習目標

●表現の工夫に注意しながら情景や心情を想像し、俳句を読み味わう。
●俳句のよさを評価して、鑑賞文をまとめる。

○言葉の力　俳句を鑑賞する

●俳句の形式を理解する。五・七・五の十七音《じゅうしちおん》を定型とし、季節感を表す言葉「季語」を詠《よ》み込むのが基本。これを「有季定型」という。
●音読して、俳句のリズムを感じ取る。
●季語について調べたいときには、季語を分類・整理した書物「歳時記《さいじき》」を使うとよい。
●切れ、切れ字、取り合わせなどにも留意する。切れ字には、主なものに「や」「かな」「けり」がある。
●季語のない無季の俳句や、定型によらない自由律の俳句もある。

●あらまし

俳句は、五・七・五の十七音の定型詩で、自然から人生まで豊かに表現することができる。俳句を支える定型と季語に注意しながら、作品を読んでみよう。まずは声に出して読んでリズムを感じ、季語の味わいや表現の効果などを確かめながら鑑賞してみよう。

●文章の構成

・第一段落（初め〜18・5）……俳句の形式。
・第二段落（18・6〜20・9）…俳句三句とその鑑賞文。
・第三段落（20・10〜終わり）…俳句の鑑賞の仕方。
第二段落では、中村汀女《なかむらていじょ》、星野立子《ほしのたつこ》、飯田蛇笏《いいだだこつ》の俳句を取り上げ、表現技法の解説を含めた鑑賞文を添えている。

●要旨

五・七・五の十七音の定型と季語を基本とした俳句を、そのリズムや表現の効果などを感じ取りながら味わってみよう。

俳句についての基本的な知識を盛り込みながら、俳句の味わい方を具体的に紹介した文章である。

新出漢字・新出音訓

読みの太字は送り仮名を示す。（　）は中学校では学習しなくてもよい読みを、―線は特別な言葉に限って使われる読みを示す。例は用例を示し、例中の太字は教科書本文中の語句であることを示す。新出音訓の▼は、常用漢字表の「付表」の語を示す。□には漢字を、（　）には読みを書こう。

p.18 **払**　（フツ）　はら**う**　5画　手　□
①意識を向ける。例注意《ちゅうい》を**払《はら》う**。②取り除く。例厄払《やくばら》い。③金銭を渡す。例支払《しはら》い。

p.19 **雰**　フン　12画　雨　□
その場にたちこめているもの。例**雰囲気《ふんいき》**。

p.19 **擬**　ギ　17画　手　□
①まねる。なぞらえる。例**擬人法《ぎじんほう》**。擬態語《ぎたいご》。模擬試験《もぎしけん》。②まぎらわしい。例擬似《ぎじ》。

p.20 **穂**　（スイ）　ほ　15画　禾　□
稲、麦、ススキなどの、花・実が長く連なっている部分。例白い**穂《ほ》**。稲穂《いなほ》。穂先《ほさき》。

p.20 **韻**　イン　19画　音　□
音の響き。例**余韻《よいん》**。韻律《いんりつ》。音韻《おんいん》。韻文《いんぶん》。

p.20 **僅（僅）**　キン　わず**か**　13画　人　□
少し。わずか。例**僅《わず》か**。僅少《きんしょう》。僅差《きんさ》。

語句・文の意味

語義が複数の場合、①に教科書本文中の語義を示してある。類は類義語、対は対義語、文は語句を用いた短文例を示す。
●印は、教科書の脚注に示されている語句である。

▼18ページ

●**哀歓《あいかん》**　悲しみと喜び。

●**季語《きご》**　俳句で、季節と結び付いて、その季節を表すものとして定められている語。「季題《きだい》」「季《き》の詞《ことば》」「四季《しき》の詞《ことば》」ともいう。

▼19ページ

●**日永《ひなが》**　春になって、日が長く感じられること。また、そのような時節。「日長」も同じ。対夜長《よなが》。

●**充足《じゅうそく》**　満ち足りること。十分に満たすこと。類満足。

こぼさじ　こぼさないようにしよう。「じ」は、古語の助動詞で、打ち消しの意志を表す。

擬人法《ぎじんほう》　比喩を使って、人間以外のものを人間のようにたとえる表現技法。

▼20ページ

秋《あき》の七草《ななくさ》　「万葉集」で山上憶良《やまのうえのおくら》が、「秋の野に咲きたる花を指折《およびお》りかき数《かぞ》ふれば七種《ななくさ》の花」「萩《はぎ》の花尾花《おばな》葛花《くずばな》瞿麦《なでしこ》の花をみなへし《オ》また《エ》藤袴《ふじばかま》朝貌《あさがお》が花」と詠《よ》んだことが始まりとされる。「朝貌が花」は、「朝顔」ではなく「桔梗《ききょう》」を指すと考えられている。

春の七草は知っているかな？「せり　なずな　ごぎょう　はこべら　ほとけのざ　すずな　すずしろ　これぞななくさ」と、リズムに乗せて覚えるといいよ。

今の植物名でいうと、セリ、ナズナ、ハハコグサ、ハコベ、タビラコ、カブ、ダイコンね。

●**感触《かんしょく》**　①手で触った感じ。類手触り。肌ざわり。風合《ふうあ》い。②雰囲気として感じ取れること。類印象。

●**余韻《よいん》**　①詩や文章を読み終わった後に感じられる味わい。余情。②音などが発せられた後に、かすかに残っている響き。

味《あじ》わい　①趣。おもしろみ。②飲食物の風味やうまみ。

読み解こう

段落ごとの内容を捉えよう。　□の中には当てはまる言葉を書こう。

第一段落　〔初め～18・5〕俳句の形式。

■**俳句の形式を理解する。**

・俳句は、五・七・五の十七音から成る①□詩である。

・②□を詠み込むのが基本とされている。

▼①定型　②季語

テストに出る！

問　**五・七・五の十七音で表し、季語を詠み込むという俳句の基本形式のことを何というか。**

答　有季定型

第二段落　〔18・6～20・9〕俳句三句とその鑑賞文。

■**取り上げられている三つの俳句の、季語や切れ字を確認する。**

・たんぽぽや　日はいつまでも　大空に
（季語：たんぽぽ　切れ字：や）

・囀《さえずり》を　こぼさじと抱く　大樹かな
（季語：囀　切れ字：かな）

・を《オ》りとりて　はらりとおもき　すすきかな
（季語：すすき　切れ字：かな）

・**ポイント**　「切れ」があるところに感動が込められている。

■**「たんぽぽや……」の句に詠まれた世界を味わう。**

・上五では、①□によって季語の「たんぽぽ」が印象づけられ、明るい日差しやのどかさを感じさせる。

・中七・下五では、春の②□の、ゆったりとした時の流れや、のんびりとした気分を感じさせる。

・地上のたんぽぽと、大空の太陽との「③□」によって、大きな空間を描き、春の日の充足感を表現している。

▼①切れ字　②日永　③取り合わせ

■**「囀を……」の句に詠まれた世界を味わう。**

・「囀」は、繁殖期を迎えた鳥たちが縄張りを主張したり、求愛したりするときの鳴き声。春らしい①□感を表している。

・「こぼさじと抱く大樹」では、大樹が「抱く」という②□法が効果的に使われている。鳥たちの営みを支えている大樹は頼もしく、自然の豊かさや懐《ふところ》の深さをも感じさせる。

・切れ字「かな」が句全体を受け止めており、③□感がある。

▼①生命　②擬人　③安定

・**ポイント** 木々のこずえから降り注ぐように聞こえてくる鳥の声と、枝を広げた大樹のどっしりとした姿が浮かび上がってくる。

■**「をりとりて……」の句に詠まれた世界を味わう。**

・「すすき」は、秋を代表する植物。①□が風になびく様子が美しい。

・句全体を、②□だけで書き表すことで、薄《すすき》を折り取ったときの感触を効果的に伝えている。

・句全体に流れがあり、切れ字「かな」には③□が感じられる。

▼①白い穂　②平仮名　③余韻

・**ポイント** 季語によって薄原の情景は目に浮かぶ。そのため、視覚的な描写は控え、触覚で捉えた薄を表現することに力点を置いている。

■**「をりとりて……」の句が全て平仮名で書かれていることの効果を考える。**

・漢字で書かれたものに比べて、薄の軽さや柔らかさが伝わってくる。

テストに出る!

問 **三つの俳句について、①季語とその季節、②切れがどこにあるか、を答えなさい。**

答 ・「たんぽぽや……」の句　①たんぽぽ・春　②上五

・「囀を……」の句　①囀・春　②下五

・「をりとりて……」の句　①すすき・秋　②下五

第三段落 〔20・10〜終わり〕俳句の鑑賞の仕方。

■**筆者はどのようなことに気をつけて俳句を鑑賞してほしいと述べているか。**

・①□に出して読み、リズムを感じること。

・季語の持つ味わいが②□を確認すること。

▼①声　②どう生かされているか

・**ポイント** 最終段落に着目しよう。筆者は五・七・五の定型のリズムと季語の働きに着目することを改めて強調している。そのうえで、本文中にも述べられてきたように、「切れ」「切れ字」「取り合わせ」や、擬人法などの表現技法、言葉の選び方や書き表し方など、俳句を構成するさまざまな要素にも着目し、詠み込まれた情景や心情をじっくりと味わうことを提案している。

テストに出る!

問 **俳句を鑑賞するうえで筆者が最も重視している要素を二つ答えなさい。**

答 五・七・五の定型のリズムと、季語の持つ味わい。

俳句五句

教科書21ページ

■「春風《はるかぜ》や……」の句

●語句の意味

春風《はるかぜ》や 新しい生命があふれる春、自分に生気を吹き込むように吹く風への感動が、「や」という切れ字に含まれている。

闘《とう》志《し》 たたかおうとする強い意志や意気込み。

▼季語…春風(春) ▼切れ字…や ▼切れ…上五の切れ

●大意・解説

新たなことに立ち向かおうとする闘志を胸に抱いて丘にのぼると、心地よい春風が自分に生気を吹き込むように吹いている。

同門だった河東碧梧桐《かわひがしへきごとう》らの新傾向俳句に対して、師の正岡子規《まさおかしき》の定型俳句を守ろうと上京を決意したときの作である。「闘志」の強い響きと生命感あふれる「春風」との取り合わせ、「丘に立つ」と言い切った語感から、作者の決意が読み取れる。

●作者

高浜虚子《たかはまきょし》(一八七四年〜一九五九年) 本名清《きよし》。愛媛県生まれ。同郷の正岡子規の指導を受ける。一時、小説を書いていたが、新傾向俳句に対抗し俳句の世界に復帰した。師の正岡子規の写生説を継承し、「俳句の目的は花鳥風月を諷詠《ふうえい》するにある」という信念を終生持ち続けた。

■「万緑《ばんりょく》の……」の句

●語句の意味

万《ばん》緑《りょく》 辺り一面が緑であること。

吾《あ》子《こ》 我が子。自分の子を親しみを込めていう語。

▼季語…万緑(夏) ▼切れ字…や ▼切れ…中七の中間の切れ

●大意・解説

辺りが新緑に包まれる初夏、笑った我が子の口の中に歯が生え始めていた。

木々の緑も濃くなり自然が最も生命の輝きにあふれている季節、我が子も日々成長しており、それが生え始めた歯に表れている。我が子を見つめる親の愛情や喜びが感じられる。

●作者

中村草田男《なかむらくさたお》(一九〇一年〜一九八三年) 本名清一郎《せいいちろう》。中国福建省で生まれ、父の郷里愛媛県松山で育つ。東大俳句会に入会し、高浜虚子に師事。「ホトトギス」に投句するなどして活躍した。人間探究派、難解派ともよばれる。後に俳誌「万緑」を創刊して主宰した。句集に「火の鳥」「万緑」「来《こ》し方行方《かたゆくえ》」などがある。

■「赤蜻蛉《とんぼ》……」の句

●語句の意味

赤蜻蛉《あかとんぼ》 体が赤いトンボ。秋に群れ飛ぶアキアカネなどのこと。

筑《つく》波《ば》 茨城県つくば市の北端にある筑波山。標高八七七メートル。

▼季語…赤蜻蛉(秋) ▼切れ字…けり ▼切れ…上五と下五の切れ

●大意・解説

秋の空に赤蜻蛉が群れ飛んでいる。遠くに見える筑波山には雲一つなく澄みきった秋空が広がっていることだ。

近くを飛ぶ赤蜻蛉が目に留まり、秋の訪れを感じる。その視線を遠景に移すと、雲一つない青空に筑波山が映えている。空気が乾き澄んできた空に改めて秋を感じ取っている。

●作者

正岡子規《まさおかしき》（一八六七年〜一九〇二年）　本名常規《つねのり》。愛媛県生まれ。大学予備門で夏目漱石《なつめそうせき》と知り合う。東京大学入学後、文学に没頭。後に短歌と俳句の革新を目指し、ありのままを表現する「写生」の説を唱える。病床にありながら近代俳句を確立するとともに、多くの歌人・俳人を育てた。歌論「歌よみに与《あた》ふ《ウ》る書」、随筆「病牀六尺《びょうしょうろくしゃく》」などがある。

■「冬菊《ふゆぎく》の……」の句

●語句の意味

冬菊《ふゆぎく》　菊の一品種で「寒菊」ともいう。霜に強く、十二月から一月にかけて黄色い花を咲かせる。

▼季語…冬菊（冬）　▼切れ…下五の切れ

●大意・解説

冬を迎え、他の花々は枯れている中で冬菊だけが咲いている。冬菊が自らの命を輝かせているその姿は、美しく気品にあふれている。

冬は日の光も弱まり、生き物の多くは死んでしまったり休眠したりしている。そんな季節に花開く冬菊の、可憐《かれん》な中にも強さを秘めた美しさが伝わってくる。

●作者

水原秋櫻子《みずはらしゅうおうし》（一八九二年〜一九八一年）　本名豊《ゆたか》。東京都生まれ。東京大学医学部卒業。高浜虚子の指導を受ける。のち、客観写生に反発し、俳句への豊かな人間感情の導入を主張した。

■「分け入つても……」の句

●語句の意味

分《わ》け入《い》つ《ッ》ても分《わ》け入《い》つ《ッ》ても　どこまでも深く分け入る様子。救いの道を求めて放浪《ほうろう》の旅を続ける作者の苦しい思いが、言葉の繰り返しと「ても」の重複で強調されている。

青《あお》い山《やま》　濃い緑色の山。作者が目にした実景である。しかし、救いを求める作者にとってどこまでも続く「青い山」は、解くことのできない心の迷いのようであり、苦難の道の連続ともとれる。

▼季語…なし。無季自由律俳句。「青い山」は夏の季語ともとれるが、ここでは、無季とする。

●大意・解説

どこまで分け入っても山道は限りなく続き、濃い緑が深く重なり合って、果てしない青い山なのだ。

一九二六年、九州の山中に放浪の旅に出たときの作。この句の前書きに「解くすべもない惑ひ《イ》を背負ふ《ウ》て、行乞流転《ぎょうこつるてん》の旅に出た」とある。「分け入つても分け入つても」の繰り返しは、行けども行けども悩みから逃れることができない、苦しみに満ちた作者の心を表しているのである。

●作者

種田山頭火《たねださんとうか》（一八八二年〜一九四〇年）　本名正一《しょういち》。山口県生まれ。早《わ》稲田《せだ》大学中退。家業の酒造業を営みながら、荻原井泉水《おぎわらせいせんすい》の指導で句作を始める。家業が破産して放浪生活に入り、その後、出家した。生涯を旅に過ごし、その境遇《きょうぐう》を感じさせる俳句を残した。

てびき―解答と解説

教科書の課題を解き、学習内容をしっかりと身につけよう。

教科書22ページ

◉情景や心情を想像し、俳句を読み味わおう

❶「俳句の読み方、味わい方」で取り上げられている三句について、鑑賞文を参考にして情景や心情を捉えよう。また、音読して俳句のリズムを味わおう。

解答

◆「たんぽぽや……」の句…のどかな春の日、明るい日差しを受けてたんぽぽが咲いている。いつまでも大空にとどまっているかのような太陽に、春の日永が感じられる。地上の小さな太陽のような黄色いたんぽぽと、大空をゆったり進む太陽が、ともに輝き合っている。

◆「囀《さえずり》を……」の句…春、繁殖期を迎えた鳥たちが競い合うようにさえずり始める。特に大樹の枝々からは、あふれんばかりにたくさんの声が聞こえてくる。大樹は大地にしっかりと根を張り、腕のような枝を広げて、鳥たちの命の営みを優しく頼もしく抱きとめている。

◆「をりとりて……」の句…秋の野に白い穂をなびかせている薄《すすき》を、一本折り取ってみると、はらりと垂れた穂の感触が手に伝わってきた。触覚のみで表現してあるが、薄の穂の柔らかな動きが目に浮かんでくる。

解説 それぞれの句が表現している情景、その場の空気感を想像してみよう。例えば、「たんぽぽや……」の句では春の陽光の暖かさやのんびりとした時間の流れ、「囀を……」の句では命の躍動感や自然の安定感、「をりとりて……」の句では折り取った薄の穂の軽さや柔らかな動き。音読するときは、俳句のリズムとともに、そこに表現されている雰囲気をじっくり味わおう。

❷「俳句五句」を読み、それぞれの句に詠《よ》まれている情景や心情を想像したり、気に入った句を暗唱したりしてみよう。

解説 それぞれの句に詠まれている情景は、本書14～15ページの各句の 大意・解説 を参考にしながら、イメージを広げてみよう。

◉俳句を選び、鑑賞文をまとめよう

❸「俳句五句」(あるいは、「扉《とびら》の俳句七句」を加えた十二句)から一句を選び、その句のよさを取り上げて、鑑賞文をまとめてみよう。

解説 鑑賞文の書き方に特にきまりはない。「俳句の読み方、味わい方」での三句の取り上げ方や、鑑賞の仕方も参考にするとよい。「その句のよさ」とは、その俳句を読んで感じ取ることができた情景や心情から取り上げてもよいし、作者の目のつけどころや表現の工夫の中からよいと思ったところを見つけるのでもよい。ほかにも、読後に残る余韻や、言葉の響きなど、さまざまな観点から「よさ」を見つけてみよう。

なお、「扉の俳句七句」については、次のページの解説を参考にしながら読み味わってみよう。

▼扉《とびら》の俳句七句

教科書の各単元の扉で紹介されている俳句。教科書の巻頭にも七句まとめて掲載されている。

1 「水の地球……」の句（正木《まさき》ゆう子《こ》） 教科書17ページ

▼季語…春の月（春） ▼切れ…上五の切れ

大意・解説 地球の丸さを感じさせるような水平線。そこから少し離れたところに、春の月が出ている。地上からではなく、宇宙から地球越しに月を眺めているような気分になってくる。

2 「新緑の……」の句（金子《かねこ》 敦《あつし》） 教科書29ページ

▼季語…新緑（夏） ▼切れ…下五の切れ

大意・解説 新緑の木々の下で譜面台を広げて楽器を演奏しているのだろうか。風に揺れる葉の隙間《すきま》からこぼれてくる光が、ちらちらと動くさまを「弾《はじ》く」と表現し、楽器を「弾《ひ》く」イメージと融合させている。初夏のまぶしい光と爽やかな空気感が感じられる。

3 「ソーダ水……」の句（小川軽舟《おがわけいしゅう》） 教科書61ページ

▼季語…ソーダ水（夏） ▼切れ字…けり ▼切れ…下五の切れ

大意・解説 夏の暑い日、ソーダ水を飲みながら数学の問題を解いていると、うっかりこぼして、方程式の書かれた紙をぬらしてしまった。この瞬間、集中していた思考も途切れ、ぬれた方程式のようにうやむやになってしまったことだろう。「ソーダ水」が、夏の暑さや、のどを伝わる清涼感、氷の音などを感じさせる。

4 「つきぬけて……」の句（山口誓子《やまぐちせいし》） 教科書95ページ

▼季語…曼珠沙華《まんじゅしゃげ》（秋） ▼切れ…中七の切れ

大意・解説 秋の澄んだ青空の下、その空を突き抜けるかのように真っ赤な曼珠沙華（彼岸花《ひがんばな》）が咲いている。色彩のコントラストが鮮やかな句。「曼珠沙華」は本来、仏教の伝説で天上に咲くとされる花。「天上の紺《こん》」と取り合わせるにふさわしい名。

5 「山は暮《くれ》て……」の句（与謝蕪村《よさぶそん》） 教科書127ページ

▼季語…薄《すすき》（秋） ▼切れ字…哉《かな》 ▼切れ…下五の切れ

大意・解説 山に日が沈んでいき、空には夕焼けの赤みが残るなか、手前に広がる野はしだいに薄暗くなりながらも、薄の白い穂が黄金色に輝いている。遠景から近景へと視点を移しながら雄大な景色を描いている。ものさびしくも、心なごむ余韻を残す。

6 「雪の夜の……」の句（日野草城《ひのそうじょう》） 教科書153ページ

▼季語…雪（冬） ▼切れ字…けり ▼切れ…下五の切れ

大意・解説 雪の降る寒い夜、部屋で熱い紅茶をいれてくつろいでいると、その鮮やかな色に心ひかれることだ。「雪」の白、「夜」の黒、「紅茶」の赤という色彩を織り込み、寒と暖を対比させている。その情景の中心にある紅茶と、「愛」という言葉がじんわりと温かく感じられる。

7 「ふるさとを……」の句（照井《てるい》 翠《みどり》） 教科書183ページ

▼季語…桜（春） ▼切れ字…かな ▼切れ…下五の切れ

大意・解説 今年も美しく咲いてくれた桜を眺め、東日本大震災の津波で破壊されたふるさとの町が徐々に復興していくのを感じている。春まだ浅く彩《いろど》りの少ない風景の中で咲き誇る桜は、震災直後から人々の心を励まし勇気づけた。

▼書く　詩歌創作

俳句を作って句会を開こう

教科書23〜25ページ

学習目標
●俳句を作って互いに読み合い、作品のよさを評価する。

1 俳句を作る

・俳句を作る手順としては、次の二通りがある。

A　季語を選んで、取り合わせる内容を考える。

例
①「夏来《きた》る」の季語を選び、上五に置く。
②最近の体験の中から「夏来る」に合う出来事を探す。
③上五との調和を考えて、出来事を中七・下五で表現する。
→完成した句「夏来る元気なだけで褒められる」

ポイント　季語と一見無関係に見えるような事柄を詠み込む方法を「取り合わせ」という。飛躍しすぎると共感されにくくなるが、意外なものとの取り合わせは読者に新鮮な驚きを与える。

B　一句全体の内容を考え、使う季語を選ぶ。

例
①描きたい情景を短文で書き表してみる。→「テスト前に、ふと窓の外に目を向けたら、木々の緑が見えた。」
②「木々の緑」を表す季語の中から「若葉」を選ぶ。
③五・七・五の定型を意識して、表現を整える。
→完成した句「テスト前窓から見える若葉かな」

ポイント　季語を探すには「歳時記《さいじき》」を使うとよい。季語について更に調べて、表現を工夫するヒントにするのもよい。

2 グループで句会を開く

(1)　各自が一句ずつ俳句を提出する。
(2)　グループの俳句を、作者名をふせて「選句用紙」にまとめる。
(3)　俳句を読み合い、いちばんよいと思う句を選ぶ。

言葉の力　読み合って評価する
●五・七・五のリズムを生かしているか。
●季語を一つ詠み込んでいるか。
●情景や心情が伝わってくるか。
●はっとさせられる新鮮な表現になっているか。

(4)　司会者を決めて、それぞれの俳句のよいところを話し合う。
・俳句を読んで思い浮かんだ情景や心情を具体的に伝える。

ポイント　よいと思った理由を考えるようにする。

教科書の例▼　理奈さんの感想 ——— 教科書24ページ
・「部活で試合に負けて、帰り道を……」
→思い浮かんだ①［　　］を伝えている。
・「負けた悔しさ」→自分が感じ取った②［　　］を伝えている。

▼①情景　②心情

ポイント　作者が描きたかった情景・心情と違っていてもよい。感想を伝え合い、いろいろな感じ方があることを楽しもう。

(5)　各グループの最優秀句をクラスで発表する。

日本語探検1

和語・漢語・外来語

教科書26～27ページ

◉学習内容の要点を押さえ、練習問題にも取り組んでみよう。（□の中には当てはまる言葉を書こう。）

1　和語・漢語・外来語の区別

・現代の日本語には、起源を別にする語が混在している。

和語…もともと日本語にあった語。和語は①□で書くことが多いが、②□読みの漢字で書くこともある。

漢語…漢字の音《おん》（中国語の発音に基づいて日本化した発音）から成る語。

外来語…中国語以外の外国語から受け入れた語。外来語は原則として③□で書く。

▼①平仮名　②訓　③片仮名

テストに出る！

問　**次の傍線部の語を、和語・漢語・外来語に分類しなさい。**

ニュースやスポーツ中継はリアルタイムで見るけれども、ドラマは録画して後で見ている。見たいものが重なることがあっても大丈夫だ。

答　和語…見る・後・いる・もの・重なる

漢語…中継・録画・大丈夫

外来語…ニュース・スポーツ・リアルタイム・ドラマ

◆「スポーツ中継」は、外来語と漢語が合わさった複合語。

2　和語・漢語・外来語の特徴

ポイント1　和語には基本的で欠かせない語が多く、広い範囲《はんい》の事柄について使える。

〈和語〉

窓の外を
テレビを
子供の面倒を
→ 見る

〈漢語〉

窓の外を ×
テレビを
子供の面倒を ×
→ 視聴する

テストに出る！

問　**次の（　）に当てはまる語を、後の［　］の中から選びなさい。ただし、同じものは二度使えない。**

① 夏になると気温が（　　）。

② 勉強すればテストの点が（　　）。

③ 係長から部長に（　　）。

④ 雨不足で野菜の値段が（　　）。

［ 上がる　上昇する　高騰《こうとう》する　昇進する ］

答　①上昇する　②上がる　③昇進する　④高騰する

◆和語の「上がる」は意味の範囲が広いため①～④のどれにでも使えるが、漢語は使える場合が限られる。

ポイント2　漢語はそれぞれ独自のニュアンスを持ち、和語に比べて使える範囲はずっと狭いが、細かい意味の違いを表現できる。

〈和語〉	〈漢語〉	
新しい	最新	…比較した中で最も新しい
	新鮮	…新しくて生き生きしている
	新規	…新しく決められた
	新式	…様式や型式が新しい
	斬新	…発想などが極めて新しい

テストに出る！

問　**次の各組の傍線部の漢語と同じような意味を持つ和語を答えなさい。**

① 木材を切断する。
国交を断絶する。
布地を裁断する。
→和語（　　）

② 優秀な人材をやとう。
秀逸《しゅういつ》な作品だ。
優等な成績を収める。
→和語（　　）

答　①断つ（断ち切る）　②優れた

◆漢語を和語に置き換える場合には、漢字の訓読みを考えてみるとよい。

ポイント3　外来語の多くは日本語の歴史の中では比較的最近になって入ってきたため、古い時代から受け入れられてきた漢語に比べると、その表す物事も相対的に「新しい」と感じられる。

〈外来語〉	〈漢語〉
マナー	行儀作法
ケア（する）	世話（する）
メンタル（な）	精神的（な）
リアリティ	現実味

テストに出る！

問　**次の外来語と同じような意味を持つ和語と漢語をそれぞれ挙げなさい。**

①ホテル　②キャンセル　③ニュース　④ルール　⑤ガーデン

答　①宿／旅館　②取り消し／解約　③お知らせ／報道　④決まり／規則　⑤庭／庭園

3　外来語を使用するときの注意点

・情報化が進むにつれ、新しい物事を表す外来語は増え続けているが、それらの語の意味を知らない人も多い。
・新しい外来語は、場面や相手に応じて言い換えるなどの工夫が必要である。

【外来語の言い換え例】

・メディアリテラシー　→情報媒体を使いこなす能力
・シミュレーション　→模擬実験
・ユニバーサルデザイン　→誰にでも使いやすい設計
・メンテナンス　→保守・整備・点検
・バイオマス　→生物由来資源

漢字道場1

他教科で学ぶ漢字⑴

教科書28ページ

新出漢字・新出音訓

読みの太字は送り仮名を示す。（　）は中学校では学習しなくてもよい読みを、―線は特別な言葉に限って使われる読みを示す。例は用例を示し、例中の太字は教科書本文中の語句であることを示す。新出音訓の▼は、常用漢字表の「付表」の語を示す。□には漢字を、（　）には読みを書こう。

p.28　**屯**　トン　4画　屮　□
とどまって守る。例**屯田兵**《とんでんへい》。駐屯《ちゅうとん》。屯所《とんしょ》。

p.28　**拓**　タク　8画　手　□
①ひらく。例**開拓**《かいたく》。干拓《かんたく》。②文字などを写し取ること。例拓本《たくほん》。魚拓《ぎょたく》。

p.28　**勅**　チョク　9画　力　□
天子の言葉。例**勅語**《ちょくご》。勅命《ちょくめい》。勅使《ちょくし》。

p.28　**津**　（シン）　つ　9画　水　□
①「ツ」の音を表す。例**津軽**《つがる》海峡《かいきょう》。②港。例津波《つなみ》。津々《つつ》浦々《うらうら》。③あふれる。例興味《きょうみ》津々《しんしん》。

p.28　**峡**　キョウ　9画　山　□
山と山、または海と海に挟まれた、狭い地形。例**海峡**《かいきょう》。峡谷《きょうこく》。

p.28　**酪**　ラク　13画　酉　□
牛や羊の乳を発酵《はっこう》させて作った飲料。例**酪**《らく》農《のう》。

p.28　**曹**　ソウ　11画　曰　□
①「ソーダ」の意の当て字。例**重曹**《じゅうそう》。②裁判をつかさどる人。例法曹《ほうそう》。③軍隊の階級の一つ。例軍曹《ぐんそう》。④部屋。例御曹司《おんぞうし》。

p.28　**缶**　カン　6画　缶　□
飲食物を入れる金属の容器。例**缶詰**《かんづめ》。空《あ》き缶《かん》。

p.28　**捻**　ネン　11画　手　□
ひねる。ねじる。例**捻挫**《ねんざ》。捻出《ねんしゅつ》。腸捻転《ちょうねんてん》。

p.28　**挫**　ザ　10画　手　□
①くじいて、いためる。例**捻挫**《ねんざ》。脳挫傷《のうざしょう》。②くじける。例挫折《ざせつ》。頓挫《とんざ》。

■**教科書の問題の答え**

1とんでんへい
2ちょくご
3つがる
4らくのう
5ちそ
6けいひん
7しつど
8ほうわ
9ていこう
10ゆうどう
11こうそ
12さいぼう
13ようしょく
14へんかん
15じゅうそう
16ししつ
17かんづめ
18ねんざ
19しょう

2　▼読む　文学一

形

作者・菊池《きくち》　寛《かん》

教科書30〜35ページ

ガイダンス

学習目標を押さえ、「形」のおおよそを理解しよう。

●学習目標

●場面ごとの人物の考えや人物どうしの関係を捉えて、作品を読み味わう。

●場面の展開や表現の仕方に着目し、作品を批評する。

○言葉の力　作品を批評する

あるものの特徴を捉えて、そのよさや価値について評価して論じることを「批評」という。小説などの文学作品を批評するときには、次のような点に留意するとよい。

●登場人物の人柄や考え方、人物どうしの関係、場面の展開、象徴的な表現などを捉え、それらの意味や効果を考える。

●作品のどういうところに工夫や魅力を感じるか、作品について自分はどう評価するかなどを述べる。

●あらすじ

中村新兵衛《なかむらしんべえ》は「槍《やり》中村」として知られた武将で、彼が身に着ける猩々緋《しょうじょうひ》の羽織《はおり》と唐冠《とうかん》のかぶとは、敵にとっては脅威であった。その羽織とかぶとを初陣《ういじん》の際に借りたいという若侍の頼みに、新兵衛は快く応じた。翌日、猩々緋をまとった若侍は華々しい活躍を見せたが、いつもと異なる装束の新兵衛は思わぬ苦戦を強《し》いられた。

●文章の構成

本文の一行空きに沿って、次の三つの場面で捉えておく。第一場面は、人物設定と、発端の出来事とに分けることもできる。

・第一場面（初め〜31・14）……中村新兵衛の「形」であった猩々緋と唐冠。

・第二場面（31・15〜32・11）…猩々緋を身に着けた若侍の活躍。

・第三場面（32・12〜終わり）…「形」を手放した新兵衛の苦戦。

●主題

「形」は実質を離れても力を持つ場合があるが、そのことに気づかず自分の「形」を安易に手放してしまった新兵衛の悲劇を描く。

猩々緋の羽織と唐冠のかぶとが大きな力を持つようになったのは、新兵衛がその姿で数々の功績を重ねてきたからである。しかし、それが形として定着したとき、周囲は新兵衛の形だけを見て恐れるようになった。このときの新兵衛は形に守られていたともいえるが、形を軽視する新兵衛はそれを手放し、苦境におちいってしまった。

新出漢字・新出音訓

読みの太字は送り仮名を示す。（ ）は中学校では学習しなくてもよい読みを、―線は特別な言葉に限って使われる読みを示す。例は用例を示し、例中の太字は教科書本文中の語句であることを示す。新出音訓の▼は、常用漢字表の「付表」の語を示す。□には漢字を、（ ）には読みを書こう。

p.30 **畿** キ　15画　田 □

都。都の周辺の土地。例 **五畿内**《ごきない》。近畿《きんき》。

p.30 **華** カ（ケ）　はな　10画　艹 □

①はなやか。例 **華**《はな》**やか**。**華々**《はなばな》**しい**。華美《かび》。②はな。例戦場の**華**《はな》。③さかえる。例栄華《えいが》。繁華街《はんかがい》。④中国を表す。例中華《ちゅうか》。

p.30 **浪** ロウ　10画　水 □

①大きな波。例 **激浪**《げきろう》。波浪《はろう》。②みだりに。やたらに。例浪費《ろうひ》。③さまよう。さすらう。例放浪《ほうろう》。浪人《ろうにん》。

p.30 **嵐** あらし　12画　山 □

暴風雨。はげしい風。例 **嵐**《あらし》。砂嵐《すなあらし》。

p.32 **蛮** バン　12画　虫 □

①南部に住んでいる未開民族。南方の地域。例 **南蛮鉄**《なんばんてつ》。南蛮貿易《なんばんぼうえき》。②無作法で乱暴である。法を守らず道理に反している。例蛮行《ばんこう》。野蛮《やばん》。蛮勇《ばんゆう》。

p.32 **恨** コン　うらむ　うらめしい　9画　心 □

①うらみに思う。例 **恨**《うら》**み**。怨恨《えんこん》。遺恨《いこん》。②残念に思う。例悔恨《かいこん》。痛恨《つうこん》。

p.33 **虎** コ　とら　8画　虍 □

とら。勇猛なものや恐ろしいもののたとえ。例 **虎**《とら》。猛虎《もうこ》。虎口《ここう》。

■**新出音訓**（―線部の読みを書こう。）

①頭文字を記す。→p.31（　　）

答 ①かしら

語句・文の意味

語義が複数の場合、①に教科書本文中の語義を示してある。類は類義語、対は対義語、文は語句を用いた短文例を示す。●印は、教科書の脚注に示されている語句である。

▼30ページ

聞《き》**こえる**　広く知られる。有名である。

大名小名《だいみょうしょうみょう》　「大名」とは、室町時代から戦国時代にかけて広い土地を支配していた武士のこと。「小名」は大名に比べて領地の少ない者のこと。

手《て》**の者**《もの》　手下。部下。

先駆《さきが》**け**　①敵陣に真っ先に攻め入ること。②あることで他より先になること。

しんがり　軍隊が退却する際に、最後尾で追撃してくる敵を防ぐ役目をになうこと。

功《こう》**名**《みょう》　手柄を立てて、名を上げること。「先駆け」や「しんがり」は極めて危険な任務であり、それをみごと成し遂げれば大きな手柄となる。

水際《みずぎわ》**立**《だ》**つ**　ひときわ鮮やかで目立つ。

雑《ぞう》**兵**《ひょう》　身分の低い歩兵。

激浪《げきろう》**の中**《なか》**に立**《た》**ついわおのように**　激しい波の中に立つ大きな岩のようにびくともしない様子。味方が劣勢になり敵が激しく攻め立てる中で、力強くそれを迎え撃っている新兵衛《しんべえ》の姿をたとえている。

先《せん》**登**《とう》　攻撃の軍の先頭。

戦場《せんじょう》**の華**《はな》　戦場で華やかに目立つ存在。

……の的《まと》　関心の対象となるもの。文一人だけ遅れて登場し、注目の的となった。

▼31ページ

辞儀《じぎ》 ①遠慮《えんりょ》。②頭を下げて礼をすること。

慈顔《じがん》 慈愛のこもった優しい顔つき。

初陣《ういじん》 初めて戦に出ること。

貸《か》してたもらぬか 貸してくださらないか。

念《ねん》もない たやすい。容易である。

無邪気《むじゃき》な功名心《こうみょうしん》 初陣で華々しい手柄を立ててみたいという願いのこと。

中村新兵衛《なかむらしんべえ》の形《かたち》 ここでいう「形」とは、実質的な内容や働きに対して表面的な姿や形のこと。形はあくまで中身を入れる器であって、中身を伴わなければ意味がないと新兵衛は考えている。しかし、周囲の者からすれば、形があるからこそ中身を認識できるのである。そのことに、新兵衛は気づいていない。

……うえからは ……からには。

肝魂《きもだま》 肝っ玉。何ものをも恐れない気力。

持《も》たいではかなわぬことぞ 持たないでは許されないことだぞ。

しのぎを削《けず》る 「しのぎ」とは、刀などの刃と背との中間にある盛り上がった部分。激しく斬《き》り合うことでしのぎが削られることから、激しく戦う、の意。ここでは刀を合わせて戦う様子をいう。

尻目《しりめ》にかける 相手をさげすんで見る。「尻目」は瞳だけを動かして、横または後ろを見ること。相手を軽《かろ》んじた見方。

駒《こま》の頭《かしら》を立《た》て直《なお》す 馬の頭を敵陣の方へ向け直す。

▼32ページ

端武者《はしたむしゃ》 身分の低い、取るに足らない武者。

●**会心《かいしん》** 心にかない、満足すること。文展示している絵は、会心の出来だ。

自分《じぶん》の形《かたち》だけすらこれほどの力《ちから》を持《も》っている 新兵衛という内容を持たない「形」だけでも、これほどの力を持っているのだから、その形の実質である新兵衛自身はもっと大きな力を持っているという気持ちが込められている。「すら」は、ある極端な例を示し、それ以外を類推させる働きを表す。

二番槍《にばんやり》 二番目に敵陣に槍で切り込むこと。最初に切り込んでいった若侍は、一番槍である。

一文字《いちもんじ》に敵陣《てきじん》に殺到《さっとう》した 「殺到」は多くの人や物が一気に押し寄せることをいう場合が多いが、ここでは新兵衛が一人で勢いよく突っ込んでいったことを表している。

●**浮《う》き足立《あしだ》つ** 逃げ腰になる。落ち着きがなくそわそわする。

▼33ページ

黒革縅《くろかわおどし》の武者《むしゃ》 新兵衛のことだが、敵の目には、猩々緋《しょうじょうひ》の武者こそが「槍中村」であり、黒革縅の武者は新兵衛とは別の、名もない武者にしか見えていない。

たけり立《た》つ 興奮して荒々しくなる。

●**勝手《かって》が違《ちが》う** 様子や事情が違う。文会場を公民館から体育館に変更したため、勝手が違う。

おじけ 恐ろしいと感じ、しりごみする気持ち。

●**血迷《ちまよ》う** 頭に血がのぼって理性を失い、興奮して狂ったようになる。

●**造作《ぞうさ》もない** 手間はかからない。簡単である。文目玉焼きを作るくらい造作もないことだ。

ともすれば どうかすると。

二倍《にばい》もの力《ちから》をさえ 二倍もの力までも。ここでの「さえ」は、ある事柄に他の事柄が加わる意。

縅《おどし》の裏《うら》をかく 縅（＝鎧《よろい》につなぎ合わせてある細長い板）の裏まで切り裂く。

読み解こう

場面ごとの内容を捉えよう。

第一場面　［初め～31・14］　中村新兵衛《なかむらしんべえ》の「形」であった猩々緋《しょうじょうひ》と唐冠《とうかん》。

■主人公・中村新兵衛の人物設定を捉える。

・畿内で知らぬ者はいないほどの強い武者で、「槍《やり》中村」として恐れられ、数々の①［　　］を重ねていた。

・彼が身に着けていた猩々緋の羽織と唐冠のかぶとは、戦場で際立った華やかさを示し、敵にとっては②［　　］であり、味方にとっては③［　　］の的となっていた。

▼①功名　②脅威　③信頼

■「敵の雑兵は、新兵衛の槍先を避けた。」（30・9）とあるが、このときの敵の雑兵の心理を考える。

・数々の功名を上げた強者である新兵衛と戦っても勝ち目がないので、相手になるのを避けようとしている。

■若い侍の、新兵衛への「お願い」（31・1）の内容を捉える。

・明日の初陣《ういじん》に、新兵衛の猩々緋の①［　　］と唐冠の②［　　］を借りたいという願い。

← 無邪気な功名心
・華々しい手柄を立ててみたい。
・敵の目を驚かしてみたい。

▼①羽織　②かぶと

［　　］の中には当てはまる言葉を書こう。

●ポイント　若い侍は、新兵衛の羽織やかぶとがあれば、敵を圧倒して手柄を立てることができると考えている。

■新兵衛と、「若い侍」（31・5）との関係を読み取る。

・若い侍は、「新兵衛の主君松山新介《まつやましんすけ》の側腹《そばばら》の子」（31・5）であり、新兵衛はその守役《もりやく》を務め、［　　］のように慈しみ育ててきた。

▼我が子

●ポイント　とても親しい関係だったので、新兵衛は羽織やかぶとを貸してほしいという若侍の願いを快く受け入れた。

テストに出る！

問　「あの羽織やかぶとは、申さば中村新兵衛の形じゃわ。……肝魂《きもだま》を持たいではかなわぬことぞ。」（31・12）には、新兵衛のどのような考えが表れているか。

答　形だけ借りても中身（実力）が伴わなければ意味がないという考え。

第二場面　［31・15～32・11］　猩々緋を身に着けた若侍の活躍。

■新兵衛の羽織とかぶとを借りた若侍の戦いぶりを読み取る。

・「いつものように猩々緋の武者が……一気に敵陣に乗り入った。」（31・16）とあり、若侍は身なりだけでなく戦場での身のこなしまで①［　　］になりきっている。

・猩々緋の武者の槍先を避けるようにして敵陣の一角が乱れ、若侍は三、四人の端武者《はした》を②［　　］ことができた。

▼①新兵衛 ②突き伏せる

■この日の新兵衛の装束に着目する。

・いつもの羽織とかぶとを若侍に貸した新兵衛は、①［　　］縅《おどし》の鎧《よろい》を着て、②［　　］のかぶとをかぶって戦いに臨んでいる。

▼①黒革 ②南蛮鉄

・ポイント 猩々緋や纓金《えいきん》の華々しさとは対照的な、黒く地味な色合いである。この色彩の対比が、この日の戦いにおける若侍と新兵衛の明暗を暗示している。

テストに出る！

問 **「会心の微笑」(32・6)を見せたときの新兵衛はどのような気持ちだったのか。説明しなさい。**

答 自分の形だけでも敵を圧倒する力を持っていることに満足するとともに、自分の実力はそれ以上のものだと誇りに思っている。

第三場面 **［32・12～終わり］「形」を手放した新兵衛の苦戦。**

■**敵の目には、「猩々緋の武者」(31・19)と、「黒革縅の武者」(33・1)は、どのように見えていたのかを捉える。**

・猩々緋の武者(若侍)…［　　］

・黒革縅の武者(中村新兵衛)…平凡な武者(雑兵の一人)

▼中村新兵衛

・ポイント 敵は、身に着けているものや振る舞いなどの外見、つまり「形」を見て、その人物が誰であるかを判断している。

■**「新兵衛は、いつもとは、勝手が違っていることに気がついた。」(33・2)とあるが、「いつも」と「今日」の違いを捉える。**

・いつも…虎に向かっている羊のような①［　　］が敵にあり、うろたえ血迷う相手を突き伏せるのは容易だった。

・今日…敵が②［　　］の戦いをするときのように勇み立ち、突き伏せるのは容易ではなかった。

▼①おじけ ②対等

・ポイント いつもは、新兵衛が精神的に優位な状況にあり、対等な戦いではなかったということである。

テストに出る！

問 **新兵衛が苦戦を強《し》いられた原因はどこにあったのか。**

答 新兵衛がいつもの猩々緋の羽織や唐冠のかぶとを身に着けていなかったため、敵が新兵衛を新兵衛として認識していなかったこと。

新兵衛が焦《あせ》りや後悔を募らせていく最後の場面はハラハラするね。新兵衛の命運が尽きるラストも鮮烈に心に残るよ。

てびき—解答と解説

教科書の課題を解き、学習内容をしっかりと身につけよう。

教科書34～35ページ

◉人物の考えを読み取ろう

1 新兵衛《しんべえ》は、自分の「猩々緋《しょうじょうひ》と唐冠《とうかん》のかぶと」(30・13)について、どのように考えていたのだろうか。小説中の次の表現をもとに、確かめてみよう。

・「『が、申しておく、あの羽織《はおり》やかぶとは、申さば中村新兵衛の形じゃわ。そなたが、あの品々を身に着けるうえからは、我らほどの肝魂《きもだま》を持たいではかなわぬことぞ。』と言いながら、新兵衛はまた高らかに笑った。」(31・12)

・「……中村新兵衛は、会心の微笑を含みながら、猩々緋の武者の華々しい武者ぶりを眺めていた。」(32・6)

解答 「猩々緋と唐冠のかぶと」は、中村新兵衛の存在を示す形でしかなく、戦場で活躍しているのは中村新兵衛という人間が持っている実力ゆえであると考えている。

解説 新兵衛は、猩々緋と唐冠のかぶとを「中村新兵衛の形」と捉えている。中村新兵衛という実質に対して、表に見えている部分としての形である。新兵衛が若侍に語った言葉からは、「形は実質を表すものでなくてはならないし、実質を伴わない形には意味がない」という考えが読み取れる。このときの新兵衛は、若侍が自分の形を身に着けたところで、自分と同等の働きができるとは思っていなかったであろう。しかし、翌日の戦いで「猩々緋の武者」が華々しい活躍を見せると、新兵衛は「自分の形だけすらこれほどの力を持っている」(32・9)と誇らしく感じる。このとき新兵衛は、「猩々緋と唐冠のかぶと」を自分の分身であるかのように眺めている。つまり、「形」は実質を伴わなくても、実質と同等の存在感を持っているのだと感じるのである。しかし、形がそれほどの力を持つのも、中村新兵衛という本質の実力があればこそであるという考えは揺らいでいない。

2 最後の場面(32・12～33・9)では、新兵衛の考えはそれまでの場面と比べてどのように変わっただろうか。

解答 自分のこれまでの活躍は、自身の実力のみによるものではなく、「猩々緋と唐冠のかぶと」という形が敵に与える威圧感に助けられてのものであったと気づいた。

解説 戦いに臨《のぞ》んだ新兵衛は、「いつもとは、勝手が違っている」(33・2)ことに気づく。そして、その原因は自分が「中村新兵衛の形」を身に着けていないことにあると悟り、「手軽にかぶとや猩々緋を貸したことを、後悔するような感じ」(33・7)を抱く。このとき新兵衛は、「中村新兵衛の形」としての猩々緋と唐冠のかぶとが、自分の実力以上に大きな意味を持っていたことを知ったのである。

3 形の持つ力について、この小説を読んで考えたことを話し合ってみよう。

解説 「猩々緋と唐冠のかぶと」という形が、「槍《やり》中村」の新兵衛の形として敵味方に大きな力を持つようになったのは、新兵衛の実力があってこそである。しかし、形が人々に知られていくにつれ、周囲の目は形のみで新兵衛を認識するようになった。形が敵を威圧することで、新兵衛は容易に相手を倒すことができ、ますます戦功を上げることができた。このとき新兵衛は形に守られていたともいえるが、本人にはその自覚はなく、知らず知らずのうちに自分を過信していたかもしれない。新兵衛がそれに気づいたのは、形を手放して臨んだ戦いで苦戦を強《し》いられたときである。

「形」で物事を判断するのはたやすい。しかし、形にばかり注目すると本質を見失う。敵が猩々緋と唐冠のかぶとの前に戦わずしておじけづくのは「形」しか見ていないからである。一方、新兵衛は自分が「形」によって認識され、「形」に守られていることを意識せず、全て自分の実力だと信じていた。これもある意味、形の持つ力ゆえに本質を見誤ったものといえよう。形の持つ力をいちばんよく知っていたのは、「無邪気な功名心」(31・11)から新兵衛の猩々緋を借り受けた、若侍なのかもしれない。

◉読み比べて作品を批評しよう

❹ 小説「形」は、古典作品の「松山新介《まつやましんすけ》の勇将中村新兵衛が事」という話をもとにして書かれたとされる。この話と読み比べ、「形」で詳しく描かれていること、削られていることを捉えよう。また、その違いを踏まえ、「形」には小説としてどんな工夫や魅力があるかをまとめよう。

解説 二作品の構成と内容を比較すると次のようになる。

古典作品	小説「形」
摂津半国《せっつはんごく》の……あへ《(エ)》て向かひ《(イ)》近づく者なし。ある人強《し》ひ《(イ)》て所望《しょもう》して、中村これを与《あた》ふ《(ウ)》。	第一場面 ・新兵衛の戦場での活躍ぶりをより具体的に描写している。 ・新兵衛が羽織やかぶとを貸す場面を詳しく描いている。
	第二場面 ・若侍の活躍と、それを見た新兵衛の心境を描いている。
その後、戦場に臨み、……中村つひ《(イ)》に戦没す。	第三場面 ・勢いづいた敵の様子を第二場面と対比して描いている。 ・新兵衛の死を暗示するシーン(敵の槍が新兵衛の脇腹《わきばら》を突く)で終結している。
これによつ《(ヨッ)》て曰《い》は《(ワ)》く、「……暁《さと》るべし。」と。	

◆小説で詳しく描かれていること…①新兵衛の戦場での手柄や活躍ぶり。②新兵衛が羽織やかぶとを手放した経緯。③猩々緋を身に着けた若侍の活躍ぶり。④羽織やかぶとに対する新兵衛の思い。

◆小説では削られていること…最後に記されている教訓。

◆小説としての工夫や魅力…主人公・中村新兵衛という人物を読者が具体的に思い描けるようにしてある。新兵衛の「形」をまとった猩々緋の武者の活躍ぶりを描く一方、劣勢に立たされた新兵衛を「黒革縅《くろかわおどし》の武者」として描いて対比させることにより、「形」の持つ力をより印象的に示している。小説では教訓めいたことは記さず、クライマックスで新兵衛の心情を丁寧に描くことにより、物語の主題を表現しようとしている。

学びの扉《とびら》

人物どうしの関係に着目する

教科書36、246〜249ページ

小説などの文学作品を読む際には、人物の特徴や、人物どうしの関係やその変化を捉えていくことで、作品への理解が深まる。

教科書246〜248ページの文章「宇宙論の本とサッカーボール」を読んで、人物の特徴や関係を確かめよう。

●それぞれの人物の特徴を捉える

・人物どうしの言葉や行動・態度を［　　］しながら読み、それぞれの人物像を捉える。　▼対比

教科書の例▼　第一場面から読み取れる「僕」と優馬の人物像

「僕」…・転校生に積極的に話しかける。
・昼休みにはサッカーに夢中になり校庭を駆け回る。

活発 人なつこい

優馬…・気恥ずかしそうに、小声で挨拶する。
・伏し目がちに、ぽつりぽつりと応答する。
・趣味は読書。昼休みには静かに本を読む。

真面目そう 人見知り

＊二人は対照的な人物として描かれていて、この時点では、互いにあまり関心を持っていない。

●人間関係の変化に着目して読み深める

・人物の描写から心情を読み取り、人物を取り巻く［　　］にも注意して、人間関係の変化を捉える。　▼環境

教科書の例▼　第二場面での二人の関係の変化

「僕」…・優馬に宇宙論の本を「貸そうか？」と言われ、難しそうだが借りることにした。

優馬…・「僕」に「サッカーしようよ。」と誘われ、下手だからと言いながらもサッカーに加わった。

＊二人とも、自分の好きなものを相手に勧め、相手の誘いをためらいながらも受け入れた。二人の関係が少し親密になっている。

教科書の例▼　第三場面での二人の関係の変化

「僕」…・優馬に借りた本を読んで、将来宇宙の勉強をしたいと思うようになった。

優馬…・「僕」に追いつきたいと思って練習し、サッカーの強豪校で活躍する選手になった。

＊互いに影響を受けて新たな分野に興味を持つようになった。離れている間も互いを意識していた。

●象徴となる物に着目し、その意味を捉える

・象徴とは、具体的な物によって、［　　］な事柄を表したもの。　▼抽象的

・象徴の意味を考えると、作品を読み深める手がかりになる。

教科書の例▼　象徴となっているもの

「宇宙論の本」…優馬の、もの静かで読書好きな人柄を表す。

「サッカーボール」…「僕」の、活発で運動好きな人柄を表す。

＊これらは、二人の個性の象徴であるとともに、互いを認め合うことで育まれる友情の象徴にもなっている。

2
▼読む
文学一

百科事典少女

作者・小川洋子《おがわようこ》

教科書37〜51ページ

ガイダンス

学習目標を押さえ、「百科事典少女」のおおよそを理解しよう。

○学習目標

●場面ごとの人物の考えや人物どうしの関係を捉えて、作品を読み味わう。
●場面の展開や表現の仕方に着目し、作品を批評する。

○言葉の力　作品を批評する

あるものの特徴を捉えて、そのよさや価値について評価して論じることを「批評」という。小説などの文学作品を批評するときには、次のような点に留意するとよい。
●登場人物の人柄や考え方、人物どうしの関係、場面の展開、象徴的な表現などを捉え、それらの意味や効果を考える。
●作品のどういうところに工夫や魅力を感じるか、作品について自分はどう評価するかなどを述べる。

●文章を読む前に

小説を読み、主人公の体験を自分のことのように感じながら、その世界にどっぷりと浸るのは、小説の楽しみ方の一つである。だが今回は、内容を味わうだけでなく「作品」としての小説を批評することを意識しながら読んでみよう。「百科事典少女」は、読書好きの「私」が過去の思い出を語る形で展開していく物語である。題名になっている「百科事典少女」とは、「私」と仲良くなったRちゃんという女の子で、物語の前半は二人の交流を中心に描かれる。しかし物語の後半では、Rちゃんのお父さんが中心的な人物となってくる。物語を読み終えたとき、どの人物、どの場面が印象に残るだろうか。それを一つの手がかりにしながら、この作品の魅力を明らかにしていこう。

●あらすじ

アーケードの一角に設けられた読書休憩室で最も長い時間を過ごしたのは、「私」が〝紳士おじさん〟とあだ名をつけた男性だった。読書休憩室は、「私」が十一歳の頃に父が倉庫を改造して作ったもので、「私」はそこで本の世界に浸っていた。

読書休憩室にはRちゃんという少女もよく来ていた。彼女はかなりの読書家で多くの本を読破しており、「私」の好きな物語を手厳しい言葉で批評したりした。彼女が特に好きだったのは百科事典だった。彼女はそれを最初の項目から順番に読み、時には声に出して犬のベベに読み聞かせることもあった。「私」もRちゃんの声に聴き入って、百科事典の世界を旅している気分になっていた。

Rちゃんは、最後の［ん］の項目を読むのを楽しみにしていたが、その前に病気で急に亡《な》くなってしまった。Rちゃんのお父さんである紳士おじさんが来るようになったのは、それから半年くらいたった頃だった。紳士おじさんは毎日のようにやってきて、Rちゃんが好きだった百科事典を、第一巻の［あ］から順番に、一字残らず大学ノートに書き写していった。

その果てしない作業は何年も続けられ、とうとう最後の項目が書き写された。紳士おじさんはふだんと変わりなく静かに読書休憩室を去り、二度と姿を見せることはなかった。

●文章の構成

文章は一行空きによって三つに分かれているが、最初のまとまりを更に三つに分け、五つの場面として捉えておく。

・第一場面（初め～39・7）……紳士おじさんと読書休憩室。
・第二場面（39・8～41・8）…読書休憩室でのRちゃんとの出会い。
・第三場面（41・9～44・35）…百科事典を愛読したRちゃん。
・第四場面（44・36～48・25）…百科事典を書き写す紳士おじさん。
・第五場面（48・26～終わり）…紳士おじさんの「旅」の終わり。

物語は、読書休憩室にやってくる〝紳士おじさん〟の紹介から始まるが、読書休憩室の説明とともに「私が十一歳の頃」へとさかのぼる。そしてRちゃんと過ごした日々を振り返り、再び紳士おじさんの話へとつながっていく。

●登場人物

・「私」…物語の語り手。本を読むのが好きな少女。
・父…「私」の父親。読書休憩室を作った人物。
・Rちゃん…「私」の同級生。読書休憩室の常連だったが、急死してしまった。
・紳士おじさん…Rちゃんの父親。Rちゃんの死後、読書休憩室に通い続けた。

●表現の特色

・一人称の語り…物語は「私」の目線で描かれている。読者は「私」の視点から物語の世界を見ることになる。
・会話文の効果的な使用…会話文が多用されている箇所では、人物の人柄や場面の様子がいきいきと表現されている。
・印象的な小物…レシート、ホットレモネード、チューリップの椅子、手提げ袋など、何気ない物が何度も登場するが、それらはさまざまな出来事を経て、「私」にとって読書休憩室での思い出につながる意味深いものに変わっていく。

●主　題

百科事典を仲立ちにした、静かで温かな心の通い合いを描く。

Rちゃんは、この世界の全てを知ろうとするかのように夢中で百科事典を読む。その声を聞きながら、「私」は想像を膨らませて百科事典の世界を旅する。百科事典は二人にかけがえのない時間をもたらした。Rちゃんの死後、〝紳士おじさん〟は娘の人生の続きを一緒に生きるかのように百科事典を書き写し、「私」もRちゃんの姿を重ねながらその様子を見守った。事実を淡々と記述した百科事典が、人の心を動かし、人と人とをつないでいったのである。

新出漢字・新出音訓

読みの太字は送り仮名を示す。（ ）は中学校では学習しなくてもよい読みを、—線は特別な言葉に限って使われる読みを示す。例は用例を示し、例中の太字は教科書本文中の語句であることを示す。新出音訓の▼は、常用漢字表の「付表」の語を示す。□には漢字を、（ ）には読みを書こう。

p.37 **紳** シン 11画 糸 □
教養・品格のある人。例**紳士**《しんし》。紳商《しんしょう》。

もともとは、身分の高い人が用いた「かざり帯」を表す漢字なのよ。

p.37 **憩** ケイ いこい（いこう） 16画 心 □
くつろぐ。やすむ。例**休憩室**《きゅうけいしつ》。憩《いこ》いの場《ば》。

p.38 **椅** イ 12画 木 □
こしかけ。いす。例**椅子**《いす》。長椅子《ながいす》。

p.39 **唯** ユイ（イ） 11画 口 □
ただそれだけ。例**唯一**《ゆいいつ》。唯我独尊《ゆいがどくそん》。

p.39 **胆** タン 9画 肉 □
①度胸。勇気。例**大胆**《だいたん》。胆力《たんりょく》。②心。本心。例肝胆《かんたん》。魂胆《こんたん》。③消化器官の一つ。例胆石《たんせき》。胆《たん》のう。

p.39 **頓** トン 13画 頁 □
①落ち着かせる。例**頓着**《とんちゃく》。整頓《せいとん》。②つまずく。例頓挫《とんざ》。③急に。例頓死《とんし》。頓知《とんち》。

p.40 **鍵** ケン かぎ 17画 金 □
①かぎ。例家《いえ》の**鍵**《かぎ》。②指をあてたたく部分。例鍵盤《けんばん》。

p.40 **廃** ハイ **すたれる** **すたる** 12画 广 □
①いらなくなって捨てる。例**廃材**《はいざい》。廃棄《はいき》。②やめる。例廃止《はいし》。廃業《はいぎょう》。撤廃《てっぱい》。③ほろびる。だめになる。例荒廃《こうはい》。廃屋《はいおく》。

p.40 **渇** （カツ） かわく 11画 水 □
①のどがかわく。例**渇く**《かわ》。②欠けているものを満たしたいと強く欲しがる。例渇望《かつぼう》。③水分がなくなる。例枯渇《こかつ》。渇水《かっすい》。

p.41 **了** リョウ 2画 亅 □
①分かる。例**了解**《りょうかい》。了見《りょうけん》。了承《りょうしょう》。②おわる。例終了《しゅうりょう》。完了《かんりょう》。

p.41 **賦** フ 15画 貝 □
①分割《ぶんかつ》して取る。例**月賦**《げっぷ》。②天から与えられたもの。例天賦《てんぷ》。

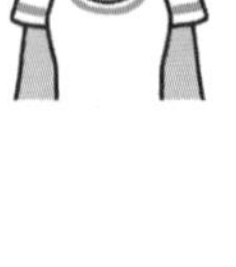
「貝」の部首は、お金に関わることを表すね。

p.41 **占** セン **しめる** **うらなう** 5画 卜 □
①物や場所を自分のものにする。例**占拠**《せんきょ》。独占《どくせん》。独《ひと》り占め。②うらない。例占星術《せんせいじゅつ》。

p.41 **窒** チツ 11画 穴 □
①元素の一つ。例**窒素**《ちっそ》。②ふさがる。つまる。例窒息《ちっそく》。

p.42 **舗** ホ 15画 舌 □
①敷く。敷き並べる。例**舗装**《ほそう》。舗道《ほどう》。②みせ。商店。例仮店舗《かりてんぽ》。

p.42 **項** コウ 12画 頁 □
物事の小分けにした一つ一つ。例**項目**《こうもく》。事項《じこう》。次項《じこう》。

p.42 **膚** フ 15画 肉 □
体の表面の皮。はだ。例**皮膚**《ひふ》。完膚《かんぷ》。

p.43 **塞** サイ ソク ふさぐ **ふさがる** 13画 土
①とりで。例**要塞**《ようさい》。②ふさぐ。とざす。例閉塞《へいそく》。脳梗塞《のうこうそく》。

p.44 **釣** （チョウ） **つる** 11画 金
①魚などを針を使ってとる。例**釣《つ》り針《ばり》**。魚《さかな》釣《つ》り。②差額として返す小銭。例釣《つ》り銭《せん》。

p.45 **杯** ハイ さかずき 8画 木
酒を盛る器。さかずき。例**一杯**《いっぱい》。乾杯《かんぱい》。

p.45 **慮** リョ 15画 心
よくよく考える。例**遠慮**《えんりょ》。配慮《はいりょ》。考慮《こうりょ》。

p.47 **索** サク 10画 糸
さがし求める。例**探索**《たんさく》。暗中模索《あんちゅうもさく》。索引《さくいん》。

「索」と「策」は、音が同じで、形も似ているから、間違えないようにしないとね。

p.47 **凝** ギョウ こる **こらす** 16画 冫
①一か所に集中させる。例目《め》を**凝《こ》らす**。凝視《ぎょうし》。②固まる。固める。例凝縮《ぎょうしゅく》。肩凝《かたこ》り。

○広がる言葉

p.51 **逸** イツ 11画 辶
①すぐれる。ぬきんでる。例**秀逸**《しゅういつ》。逸材《いつざい》。逸品《いっぴん》。②世に知られていない。例逸話《いつわ》。③去る。逃がす。例後逸《こういつ》。④それる。例逸脱《いつだつ》。

p.51 **哲** テツ 10画 口
①物事の深い道理。例**変哲**《へんてつ》。哲学《てつがく》。哲理《てつり》。②物事の道理を分かっている人。例哲人《てつじん》。先哲《せんてつ》。

p.51 **凡** ボン （ハン） 3画 几
普通の。並の。例**凡庸**《ぼんよう》。平凡《へいぼん》。凡人《ぼんじん》。

p.51 **庸** ヨウ 11画 广
①つまらない。例**凡庸**《ぼんよう》。②かたよらない。例中庸《ちゅうよう》。③人をもちいる。例登庸《とうよう》。

p.51 **璧** ヘキ 18画 玉
①たま。例**完璧**《かんぺき》。②玉のようにりっぱなもの。例双璧《そうへき》。

p.51 **凄** セイ 10画 冫
すさまじい。すごい。例**凄絶**《せいぜつ》。凄惨《せいさん》。

p.51 **恣（恣）** シ 10画 心
ほしいまま。例**恣意的**《しいてき》。放恣《ほうし》。

p.51 **斬** ザン きる 11画 斤
①きわめて。例**斬新**《ざんしん》。②刃物で切る。切りはなす。例斬首《ざんしゅ》。斬《き》り合《あ》い。

p.51 **緻** チ 16画 糸
きめ細かい。細かなところまでくわしい。例**緻密**《ちみつ》。精緻《せいち》。巧緻《こうち》。

■ **新出音訓** （――線部の読みを書こう。）

①髪を結う。 p.39 （　　）
②ひもを結わえる。 p.39 （　　）
③手提げ袋。 p.40 （　　）
④秘密の花園。 p.41 （　　）
⑤アッピア街道。 p.42 （　　）
⑥遺言を守る。 p.48 （　　）

答 ①ゆ ②ゆ ③さ ④はなぞの ⑤かいどう ⑥ゆいごん

語句・文の意味

語義が複数の場合、①に教科書本文中の語義を示してある。類は類義語、対は対義語、文は語句を用いた短文例を示す。
●印は、教科書の脚注に示されている語句である。

▼37ページ

紳《しん》士《し》 ①教養があり、礼儀正しい男の人。②成人男性の敬称。

●**理知的《りちてき》** 理性や知恵を働かせて物事を判断したり、行動したりする様子。

▼38ページ

胸《むね》の高鳴《たかな》りを覚《おぼ》えた うれしくて胸がどきどきする感じがした。「胸が高鳴る」という形でも使われる。「覚える」は、ここでは「感じる・意識する」という意味。

一心《いっしん》 ①心を一つのことに集中させること。文一心に絵を描き続けた。／会いたい一心で走ってきた。②多くの人が気持ちを一つに合わせること。

▼39ページ

●**談笑《だんしょう》** うちとけて笑ったり話をしたりすること。文近所の人と談笑する。

ふてぶてしさ 平然と開き直っていて図太いこと。ずうずうしいこと。

大胆《だいたん》 度胸があり、物事に動じない様子。類図太い。豪胆。

思《おも》い及《およ》ぶ 思いつく。考えつく。類思い至る。文彼が私たちの話を聞いていたとは思い及ばなかった。

●**頓着《とんちゃく》** 〔「とんじゃく」とも読む。〕物事を深く気にかけ、こだわること。文彼は大らかな性格で細かいことには頓着しない。

「頓着しない」のように打ち消しの語とともに使われることが多いです。

ハッピーエンド 物語や出来事などが、最後には喜ばしい形で結着すること。

▼40ページ

畳《たた》みかける 相手が対処する間を与えず立て続けに行う。文記者は取材相手に質問を畳みかけた。

けなげ 心がけのよい様子。特に、弱い者や年少者が苦難に立ち向かう様子をいう。

胸焼《むねや》け 食べすぎなどで、胸のあたりに焼けるような不快感を覚えること。

読破《どくは》 書物を終わりまで読み通すこと。特にページ数や冊数の多い書物や、難解な書物を読み終えること。

鮮明《せんめい》 鮮やかで、明るくはっきりしている様子。類鮮烈。明確。はっきり。

●**たいてい** ①全体の中の多くの部分。類ほとんど。おおかた。②ふつう。〔「並たいていではない」のように下に打ち消しの語をともなう。〕

●**ご都合主義《つごうしゅぎ》** 定まった考えがなく、その場の情勢によって、自分の都合のよいように物事を考えたり行動したりすること。

軽薄《けいはく》 深く考えずに軽はずみに行動すること。浅はかで誠実さがないこと。対重厚。

気負《きお》う 自分こそはと張り切って、力を込める。類勇み立つ。意気込む。力む。

▼41ページ

目《め》くばせ 目つきで気持ちを伝えたり、何かを知らせたりすること。

●**暗黙《あんもく》** 自分の考えを表に出さず黙っていること。

●**了解《りょうかい》** 相手の言葉の意味や物事の事情を理解して認めること。類承知。

占拠《せんきょ》 ある場所を自分だけのものとし、他人が入るのを認めないこと。類占領。独り占め。

つんのめる　つまずくなどして、体が前方に大きく傾く。

▼42ページ

のめり込《こ》む　①あることに熱中して抜け出せなくなる。類はまる。②前方へ倒れてはまり込む。

監察官《かんさつかん》　役人の業務などを調査し取り締まることを職務としている人。

りりしい　きりりと引き締まっていて、勇ましい様子。

●**いたわる**　弱い立場にある人などを思いやり、大切に扱う。親切に世話をする。文年老いた親をいたわる。

▼43ページ

●**浸《ひた》る**　①ある状態や心持ちに入りきる。文映画を見終わって余韻に浸る。②水などにつかる。

▼44ページ

労《ろう》をねぎらう　努力した人や疲れた人をいたわり、なぐさめる。

ないがしろにする　人や物事を軽く見て、まるでそこに存在していないかのように扱うこと。

●**同意《どうい》**　①他人の意見や提案に賛成すること。文旅行を延期することに同意した。②同じ意味。

▼45ページ

Rちゃんの重《おも》みがくぼみになって残《のこ》っていた　Rちゃんがいつもその場所に座っていたことを思い出させるとともに、今はもうこの世に存在しないことを感じさせる。

ひまわりはいつまでも冷《つめ》たいままだった　椅子の冷たさは、「くぼみ」と同様に、Rちゃんの死を「私」に実感させる。

見覚《みおぼ》えのあるあの手提《てさ》げ袋《ぶくろ》　Rちゃんがいつも持ってきていた、少女の姿のアップリケが付いた手提げ袋。紳士おじさんがRちゃんの「身代わり」(47・24)となって読書休憩室を訪れていることの表れといえる。

●**堅苦《かたくる》しい**　格式ばっていて自由にふるまえない。文堅苦しい挨拶は抜きで気楽に話そう。

▼46ページ

●**大仰《おおぎょう》**　①規模の大きいこと。②おおげさでわざとらしいこと。

▼47ページ

果《は》てしのない　限りのない。終わりのない。類果てしない。果てのない。

息《いき》を詰《つ》める　呼吸をおさえて注意を集中させる。類息を凝らす。

●**延々《えんえん》と**　物事が長く続くさま。類何度も。いつまでも。ずっと。

●**目《め》を凝《こ》らす**　じっと見つめる。意識を集中させてよく見る。文魚を探して水中に目を凝らす。

●**差《さ》し障《さわ》り**　物事の進展を妨げるもの。類邪魔。障害。差し支え。

▼48ページ

●**途切《とぎ》れる**　続いていた物事が途中で切れる。文連続出場の記録が途切れた。

●**ほつれる**　結ばれたり編まれたりしてまとまっていた糸や布などの端がほどける。

前触《まえぶ》れ　①物事が起こりそうなことを予感させるしるし。類前兆。きざし。②前もって知らせること。類予告。

●**傍《かたわ》ら**　①すぐ近く。類そば。ほとり。②端に寄ったところ。

拳《こぶし》を震《ふる》わせる　手を固く握りしめ、その拳が震えるほどに力を込める。ここでは、湧き上がってくる感情(達成感や喜び)をかみしめている様子を表す。

おえつ　息を詰まらせるようにして泣くこと。類むせび泣き。

読み解こう

場面ごとの内容を捉えよう。□の中には当てはまる言葉を書こう。

第一場面 〔初め〜39・7〕紳士おじさんと読書休憩室。

■物語の舞台と、登場人物の特徴を読み取る。

【物語の舞台】

・アーケードの奥に作られた①□。

→「私」の父が発案したもの。アーケードのお店の②□を見せれば誰でも利用できる。「私」が十一歳の頃からスタートし、少しずつ蔵書が増やされた。

【登場人物】

・「私」…この物語の語り手。子供の頃から物語を読むのが好きで、仕事をしている父の姿を見ながら、読書休憩室で本を読んで過ごしていた。

・紳士おじさん…読書休憩室で最も長い時間を過ごしたお客さん。すらりとしてスーツがよく似合い、物腰が③□。目もとが理知的。「私」が思い描く紳士像そのものの雰囲気。

・父…読書休憩室の仕組みを考えた、アーケードの大家。誕生日とクリスマスには娘に④□をプレゼントしていた。

▼①読書休憩室 ②レシート ③柔らかい ④本

第二場面 〔39・8〜41・8〕読書休憩室でのRちゃんとの出会い。

■「私」から見たRちゃんは、どのような人物か。

〔最初の印象〕

・レシートを持たず読書休憩室に出入りして、当然のように椅子に座っている。→大胆さ、①□がある。

・学校では②□。女の子どうしの付き合いを好まず、堂々と一人でいる。同年代の女の子の興味とはまったく異なる事柄を考えているようである。

〔親しくなってからの印象〕

・読書休憩室では、③□で、おせっかいで、いきいきとしている。→自分のいるべき場所にいるかのように、心が④□されているように見える。

・読書家。多くの本を読破しており、難しい言葉で批評をする。

（最初の印象 ↔ 親しくなってからの印象）全く別人のよう

●ポイント 学校では無口で近寄りがたい雰囲気をまとっていたRちゃんが、読書休憩室では全く違った一面を見せる。読書休憩室という空間が彼女の心を解放しているのだと「私」は感じている。

▼①ふてぶてしさ ②無口 ③おしゃべり ④解放

■Rちゃんから「どうしてあなた、うそのお話ばかり読んでるの？」(39・28)と話しかけられたときの「私」の気持ちを読み取る。

・Rちゃんのほうから話しかけてきたことに①［　　］。

↓学校でのRちゃんはいつも一人でいて、女の子どうしのおしゃべりに興味はなさそうだったので、意外に感じられた。

・Rちゃんの質問にどう答えていいか分からず、②［　　］。

↓「うそのお話」とは、想像上の物語のことだが、その言い方はどこか否定的である。そのため、そうした物語を好んで読んでいる「私」としては、なおさら返答しにくかったと考えられる。

▼①驚いた　②戸惑った

＊このとき二人は、顔見知りではあったが友達ではなかった。その関係性からすると、Rちゃんの言葉はかなりぶしつけである。Rちゃんの性格が感じられるとともに、Rちゃんが以前から「私」に親しみを感じていたこともうかがえる。

■「私」とRちゃんは、読書休憩室でどのように過ごしていたか。

・丸テーブルを間に挟んで座り、おやつを①［　　］ながら本を読み、放課後から日暮れまでいっしょに過ごした。

・読んだ本の登場人物について②［　　］したり、ストーリー展開を批判したり、次に読む本を③［　　］し合ったりした。

▼①分け合い　②議論　③アドバイス

●ポイント　二人は「読書好き」という点で意気投合していた。

■読書休憩室で過ごすRちゃんの傍《かたわ》らにある物を捉える。

・①［　　］→家の鍵、ハンカチ、ちり紙が入っている。少女の姿のアップリケが付いている。

・②［　　］の模様の椅子　→Rちゃんがいつも座る椅子。

▼①手提げ袋　②ひまわり

●ポイント　これらは、物語の後半で、Rちゃんの面影《おもかげ》をしのばせるものとして再び登場する。

テストに出る！

問　「私」とRちゃんが、「どんなに親しく口をきくようになってからも、学校では知らんぷりのままでいた。」(41・2)のは、なぜか。

答　読書休憩室で本を読んだりしていっしょに過ごしていることは、二人だけの秘密として大切に守りたかったから。

第三場面　〔41・9〜44・35〕百科事典を愛読したRちゃん。

■「私」とRちゃんの、本の好みを読み取る。

・「私」…〝①［　　］のお話〟を好んだ。

↓「秘密の花園」「幸福の王子」「クマのプーさん」といった架空の物語。

・Rちゃん…〝②［　　］のお話〟を好んだ。

↓現実に存在する物や人物について書かれたもの、史実や記録に基づくもの。特に百科事典。

▼①うそ　②本当

＊ただし、Rちゃんは〝うそのお話〟を全く読まないわけではなく、「私」が読んでいるようなものは既に読破しているのである。

■Rちゃんは百科事典をどのように読んでいたか。

・第一巻の最初から順番に、ページを飛ばしたりはせず、①［　］に、根気強く、一ページずつ読んだ。

↓「百科事典につまらないページなど一切存在しない」（41・27）と思っている。

↓百科事典に記された文字の一つ一つが、世界を支える重要な役目を担《にな》っていると感じている。

百科事典への愛

・ときおり、②［　］に出して読み、犬のベベに聞かせていた。

・百科事典の「③［　］」の項目を読むのを楽しみにしていた。

↓「早く、全部読み終わりたいなあ。」（43・16）

▼①きちょうめん　②声　③ん

●ポイント　百科事典を熱心に読むRちゃんの姿や、最後まで全部きちんと読みたいという願いは、物語の展開に重要な意味を持つ。

■百科事典を読むRちゃんの声に聴き入りながら、「私」が空想をめぐらせている部分を捉える。

・「Rちゃんの声に包まれながら、私たちはアッピア街道をどこまでも歩いてゆく。……街道はまだまだ遠くまで続いている。」（42・39〜43・15）の部分。

●ポイント　現実から離れ、百科事典の記述から思い浮かべられる空想の世界が展開している。Rちゃんが読み聞かせてくれる「アッピア街道」の景色の中を「私」とRちゃんと犬のベベが歩いていく。それは百科事典の世界を旅しているような感覚である。

■百科事典を読むRちゃんに対する「私」の気持ちを読み取る。

・「彼女の①［　］にならないよう」（41・35／44・33）に気を遣い、おとなしくしている。

・Rちゃんが百科事典を読む声は、②［　］のようにひっそりとして、③［　］があって、好きだった。

▼①邪魔　②小ぬか雨　③落ち着き

■Rちゃんが「アッピア街道」の項目を声に出して読み、「私」がそれを聴いている場面（42・15〜43・15）では、表現の仕方にどのような工夫があるか考える。

・百科事典の記述が具体的に示されていることで、百科事典の世界や、それを読むRちゃんの声を読者がイメージしやすい。

・百科事典の記述（42・15〜42・22）と、「私」の空想部分（42・39〜43・15）とが対比されることで、二人の好む世界の違いが表現されている。

・「…立てている。」「…満たしてゆく。」のような現在形の文末表現が多用されており、その場に立ち会っているような臨場感がある。

第四場面 〔44・36〜48・25〕百科事典を書き写す紳士おじさん。

■読書休憩室での紳士おじさんの様子を読み取る。

・勤め帰りの夕暮れ時や休日の午後にやってくる。

・アーケードで買い物をして、その①（　　）を持ってくる。

・Rちゃんの②（　　）を、ひまわりの椅子の背もたれに掛け、そこに座る。

・百科事典を手に取り、第一巻から順番に③（　　）に鉛筆で書き写す。

・「私」がレモネードを置いても、④（　　）して飲まない。

▼①レシート　②手提げ袋　③大学ノート　④遠慮

●ポイント　真面目でもの静かな人物像はRちゃんとは対照的だが、その行動にはRちゃんと重なる部分がある。Rちゃんを思い出させる小物が多く登場していることにも注目しておきたい。

■「Rちゃんだってそうでした、という一言を私は声に出さずに飲み込んだ。」（46・1）とあるが、「私」がこの一言を言わなかった理由を考える。

・この一言は、「私はRちゃんをよく知っている」と伝えるものである。読書休憩室でRちゃんと親しく過ごしたことは二人だけの秘密にしておきたいという気持ちがあっただろう。

・ここで「私」がRちゃんについて触れると、紳士おじさんとRちゃんの間に割って入るような気がして、遠慮したとも考えられる。

■「あのとき、百科事典を買っておいて本当によかった。」（47・2）とつぶやいた父の気持ちを考える。

・父が百科事典を買ったのは、重い事典を売り歩くセールスマンを①（　　）に思ったからで、いわば人助けのつもりであった。

・今はその百科事典を、紳士おじさんが、亡《な》き②（　　）をしのぶためのよりどころとしている。→再び人の役に立っている。

▼①気の毒　②娘

●ポイント　父は、百科事典がこれほど熱心に読まれるとは予想もしていなかっただろう。百科事典が思いがけない形で人と人を結ぶ役目を果たしたことに感慨を覚えている。

■「百科事典を旅している。」（48・1）とあるが、百科事典の世界が表現されている部分を捉える。

・「そこでは動物が駆け回り……（　　）もまっすぐに延びている。」（47・9〜47・14）に表現されている。

▼アッピア街道

●ポイント　五十音順に配列された項目は、内容的には何の関係もないものが隣り合って雑然としているが、それはまるでこの世界の複雑さそのもののようでもある。そして「アッピア街道」は、百科事典を最初から順に読み進むという行為の象徴となっている。

■「アッピア街道をいっしょに歩いてゆく。」（48・2）という記述と結び付く、過去の場面を捉える。

・「Rちゃんの声に包まれながら、私たちはアッピア街道をどこまでも歩いてゆく。」（42・39）

•ポイント この記述は、百科事典の「アッピア街道」の項目を読み上げるRちゃんの声を聴きながら、「私」がRちゃんや犬のべべといっしょにアッピア街道を歩いていく光景を想像していた場面を思い起こさせる。今は紳士おじさんが、Rちゃんとともに百科事典の世界を旅している。

■「紳士おじさんの来訪は何年も何年も続いた。」（48・3）とあるが、その長い歩みを感じさせる描写を捉える。

・アーケードで①［　　］があったときも、来訪は途切れなかった。

・「私」の②［　　］が亡くなった後も、来訪は続いた。

・百科事典の歩みと比例して、手提げ袋の中身は充実していき、アップリケは③［　　］して、ところどころ糸がほつれていた。

▼①火事　②父　③色落ち

•ポイント 火事や肉親の死といった重大な出来事がさらりと語られている。それらが小さく見えてしまうくらい、長い長い年月が過ぎていったということでもある。

テストに出る！

問 **「ただひたすら百科事典を書き写し続ける」（47・6）紳士おじさんの作業を、「私」はどのような行為として受け止めているか。それが分かる一文を抜き出しなさい。**

答 かつて娘が探索した……踏みしめる。（47・22）

テストに出る！

問 **「それが不安のようでもあり、また一方で、永遠を願う気持ちもあった。」（48・5）とあるが、このときの「私」の思いはどのようなものか。**

答 紳士おじさんは、Rちゃんが行き着けなかった道を身代わりとなってたどっているので、それが終わらなければRちゃんの望みもかなわないことになるので不安だが、紳士おじさんとRちゃんがいっしょに百科事典を旅することができる幸福な時間が永遠に続けばいいのにと願ってもいる。

第五場面 〔48・26〜終わり〕紳士おじさんの「旅」の終わり。

■百科事典の項目を書き写し終えた紳士おじさんの様子と、それに対する「私」の思いを読み取る。

・紳士おじさんの様子…全くふだんと①［　　］、静かに片付けをして去っていった。
　＝ 拳を震わせるでもなく、おえつするでもなく
　（拍子抜けするほど淡々としていた。）

・「私」の思い…本当に終わりが来たことが②［　　］思い。

▼①変わりなく　②信じられない

•ポイント 「果てしのない作業」が終わりを迎えたとき、大きな達成感から感情があふれ出すといった展開も予想されるが、紳士おじさんにはそうした様子は全くなかった。しかし、これまでの長い歩みを知っている読者は、その静けさの中に、Rちゃんへの深い思いを感じ取ることができる。

てびき―解答と解説

教科書の課題を解き、学習内容をしっかりと身につけよう。 教科書50～51ページ

◉人物像や、人物の考えを読み取ろう

❶ Rちゃんと紳士おじさんは、それぞれどんな人物として描かれているだろうか。二人の人物像をまとめよう。

解答 ◆Rちゃん…学校では無口で、同年代の女の子の仲間には入らず、堂々と一人でいることを好み、自分の世界を持っている。読書休憩室では、最初は人を寄せつけないようなふてぶてしさがあったが、「私」と仲良くなってからは、心が解放されたかのように、おしゃべりで、おせっかいな一面を見せた。読書好きで多くの本を読破しており、難しい言葉もたくさん知っていて、児童文学の名作も手厳しく批評したりするなど、大人びたところがある。百科事典を愛読し、世界を形作る物事を探求することに関心がある。落ち着きのある、耳に心地よい声をしている。

◆紳士おじさん…すらりとした体格でスーツがよく似合い、物腰が柔らかく、目もとが理知的。礼儀正しく、遠慮深い。声の響き方がRちゃんによく似ている。

解説 Rちゃんと「私」は、本を読むのが好きという点で共通しているが、本の好みはまるで違っている。「私」は夢見がちな文学少女といった感じだが、Rちゃんは現実的な批評家である。

❷ 「百科事典は大丈夫です。」(48・13)とあるが、「私」は紳士おじさんにどんなことを伝えたかったのだろうか。

解答 Rちゃんの思い出が詰まった百科事典は、火事で焼けることなく無事であること。だから、百科事典を書き写す作業は今後も問題なく続けることができるので、安心してほしいということ。

解説 紳士おじさんにとって読書休憩室にある百科事典は、Rちゃんそのものといっていいほど大切なものである。火事のあった翌朝一番にやってきたのも、その百科事典が失われてはいないかと心配だったからである。「私」もそんな紳士おじさんの心情を理解して、「百科事典は大丈夫です。」と声をかけた。

❸ 「そうして百科事典第十巻を閉じ、表紙をなで、両腕に抱えて本棚にしまった。」(48・36)とあるが、このとき紳士おじさんはどのようなことを考えていたのだろうか。

解答 娘をしのび、娘の願いをかなえるつもりで最後まで読んできたが、無事にそれを達成できて安心した。百科事典を写し終えたことで、娘を失った悲しみに区切りをつけることができた。

解説 全てを書き写し終えると、百科事典とはこれで別れを告げることになる。百科事典に感謝する気持ちや、百科事典を娘の分身のようにいとおしく思う気持ちもあったかもしれない。

◉作品の結末の書き方について批評しよう

❹ 作品の最後が「ンゴマ」についての百科事典の記述(49・5～49・11)で締めくくられていることには、どのような効果があるだろうか。話し合ってみよう。

解説 Rちゃんが読むのを楽しみにしていた「ん」の項目を、父親とともにしっかりと読み終えたことを印象づける効果がある。

Rちゃんが「アッピア街道」の記述を声に出して読んでいたことを思い起こすと、Rちゃんがこの項目を読む声が聞こえてくるようでもある。読者は、百科事典の旅を終えたRちゃんと紳士おじさんの気持ちを想像しながら物語を読み終えることができ、深い余韻が残る。

○広がる言葉

ⓐ「百科事典少女」に見られる、「ご都合主義」(40・37)「甘ったるい」(40・37)などの言葉は、文学や映画、絵画、音楽といった芸術作品などを批評する言葉として用いられることがある。このような言葉を、文章中から探そう。

解答　ハッピーエンド(39・35)、つまらない(41・24)、おもしろい(42・2)、堅苦しい(45・38)、大仰(46・8)など。

ⓑ 例を参考に、1〜3の傍線部を、似た意味や反対の意味の言葉など、さまざまに言い換えてみよう。

解答　1平凡だ／ありきたりだ／秀逸だ／意表をつく　2細やかだ／綿密だ／粗雑だ　3伝統的な／型にはまった／斬新な

ⓒ「百科事典少女」の1・2の文章について、傍線部の物事を批評する言葉としてふさわしいものを、「言葉を広げよう　批評する言葉」(339ページ)から一つ以上選ぼう。

解答　1深遠／興味深い／夢中になる／のめり込む　2心温まる／心にしみ入る／じんわりくる

解説　1Rちゃんにとって百科事典は、興味の尽きない対象。
2「私」にとってRちゃんの声は、心地よいもの。

ⓓ 次の批評する言葉のリストから一つ選び、その言葉を使った短文を作ってみよう。

解説　それぞれの言葉の意味と例文は次のとおり。

- 完璧…欠点がなく完全であること。例完璧な作品ができた。
- 凄絶…ひどくすさまじいこと。例凄絶な争いを繰り広げる。
- マンネリ…同じようなことを繰り返していて新鮮味や独創性がないこと。例最近の恋愛ドラマはどれもマンネリだ。
- 目を見張る…驚きをもって見つめる。例名人の技に目を見張る。
- 恣意的…自分勝手で気ままなさま。思いつき。例社長の恣意的な判断で方針が決められている。
- 斬新…目新しいこと。例斬新なアイデアで新製品を生み出す。
- ドラマチック…劇を見るように変化に富み感動的なさま。例初めての海外旅行はドラマチックな経験となった。
- 伝統的…長年にわたって受け継がれているさま。例能や歌舞伎は日本の伝統的な芸能だ。
- 大ざっぱ…全体を大づかみに捉えるさま。細かさがなく雑であるさま。例大ざっぱな予定だけ決めて旅に出る。
- 類を見ない…似たようなものがない。独特な。例世界に類を見ないお祭りだ。
- 型にはまらない…一定の規格にはまらない。個性的だ。例彼のデザインは、型にはまらない自由さがある。
- 緻密…きめ細かいさま。例緻密な計画を立てて実行する。
- 深刻…事態が切迫して重大なさま。例深刻な悩みを抱えている。

▼話す・聞く　聞く

評価しながら聞こう

教科書52～55ページ

学習目標

● 話の内容や表現の仕方を評価しながら聞き、自分の考えを広げる。

言葉の力　**話の内容や表現の仕方を評価する**

● 根拠が正しいか。また、主張と根拠の結び付きが適切か。
● 主張が明確に伝わる分かりやすい構成になっているか。
● 分かりやすい具体例や印象的なエピソードを用いているか。
● 聞き手の興味をひいたり、説得力を高めたりするために、表現を工夫したり、資料を効果的に活用したりしているか。
● 抑揚《よくよう》や間の取り方など、話し方を工夫しているか。

1　評価の観点を見つける

・教科書53ページの提案A・Bを比べて、どちらがどういう点でよいと思うかを話し合う。

例　**提案Aについて評価した例**

・「言葉や文化を知ることで仲良くなれるかどうかは疑問だ。」
→主張と①□の結び付きが適切かという観点での評価。

・「『まず』『次に』の言葉が用いられ、『言葉』と『文化』の二つが重要であることがつかみやすい。」
→分かりやすい②□になっているかという観点での評価。

・「『オーストラリア独特の表現』として、例えばどんなものがあるのか知りたくなる。」
→聞き手の③□をひくかという観点での評価。

ポイント　他の人がどういう観点で評価しているか、自分の考えと比べながら聞くようにする。

▼①根拠　②構成　③興味

2　評価しながら話を聞く

(1)　教科書54～55ページのスピーチを評価しながら聞いて、よいと思ったことをメモに書き出す。

例
・冒頭にポスターの言葉を引用して、聞き手をひきつけている。
・大きな災害時の助け合いだけでなく、「和牛の全国大会」でのチーム宮崎の団結力や、「総文祭」での高校生のがんばりなどを通して、「共助」のあり方を多角的に伝えている。
・「共助」というキーワードを繰り返し使い、印象づけている。また、「共に助ける」と言い換えて理解しやすくしている。
・「総文祭」のエピソードは中学生の自分にも共感できるし、自分にもできることがあると感じさせてくれる。
・福島の高校生の言葉を、効果的に引用している。
・具体的なエピソードを紹介したうえで、そこから感じ取ったことを述べるという構成になっていて、説得力がある。

(2)　メモをもとに、自分の表現に生かしたい工夫をまとめる。

ポイント　評価の観点を知れば、自分が表現するときに気をつけるべきことも見えてくる。

日本語探検２　間違えやすい敬語

［資料編］敬語のまとめ

教科書56～57、310～311ページ

◉**学習内容の要点を押さえ、練習問題にも取り組んでみよう。**

敬語には、尊敬語・謙譲語・丁寧語の三種類があり、適切に使い分けなければならない。

1　尊敬語と謙譲語の取り違え

尊敬語と謙譲語には、よく似た表現があるので注意が必要である。尊敬語を使うべき場面で謙譲語を使うと、相手を高めるはずが逆に低めてしまうということになる。

①「お(ご)……する」は謙譲語。
「お(ご)……になる」は尊敬語。

例 こちらにお名前を［　書いて　］お待ちください。
↓尊敬語が適切　○お書きになって　×お書きして

例 おいしい料理を［　用意して　］お待ちしています。
↓謙譲語が適切　○ご用意して　×ご用意になって

②「お(ご)……できる」は謙譲語。
「お(ご)……になれる」は尊敬語。

例 この電車には、［　乗車でき　］ません。
↓尊敬語が適切　○ご乗車になれ　×ご乗車でき

例 明日の朝までには［　届けることができ　］ます。
↓謙譲語が適切　○お届けでき　×お届けになれ

③「お(ご)……してくださる」は謙譲語＋尊敬語。
「お(ご)……くださる」は尊敬語。

例 何なりと［　質問して　］ください。
↓尊敬語が適切　○ご質問　×ご質問して

＊「お(ご)……してくださる」は、次のように、二方面に敬意を表すときに用いる。

例 林先生、校長先生にお伝えしてください。
↓「お伝えする」(謙譲語)で校長先生に対する敬意を表し、「くださる」(尊敬語)で林先生に対する敬意を表す。

④「おる」は謙譲語。
「いらっしゃる」は尊敬語。

例 川本先生は職員室に［　い　］ますか。
↓尊敬語が適切　○いらっしゃい　×おり

＊「おられる」(「おる」＋尊敬の助動詞「れる」)という言い方は日常的には通用しているが、尊敬語の動詞「いらっしゃる」を用いるのが正しい。

2　過剰《かじょう》な敬語

敬語を過剰に使うと、かえって失礼になる。

①**敬語を二重・三重に重ねない。(二重敬語・三重敬語)**

例 ×先生がご帰宅になりなさった。
○先生が帰宅なさった。

＊「お(ご)……になられる」は、尊敬語を作る「お(ご)……

になる」に尊敬の助動詞「れる」を重ねた二重敬語に当たる。

②**相手側のものでも、物や動物にまでむやみに敬語を使わない。**

例×先生の猫が、こちらへいらっしゃる。
○先生のお父様が、こちらへいらっしゃる。

3 その他の注意点

①**「なさる」や「れる・られる」の誤用に注意。**

謙譲語に、尊敬語「なさる」や「れる・られる」を付けても、尊敬語にはならない。

例×先生が拝見なさる。
×先生が拝見される。

＊「拝見(する)」は謙譲語。この場合は、尊敬語「ご覧になる」を用いるのが正しい。

②**身内に関する事柄には、尊敬語は使わず、謙譲語を用いる。**

例×母が先生にお電話なさるそうです。
○母が先生にお電話さしあげるそうです。

テストに出る！

問 **次の傍線部は敬語の使い方が適切ではない。その理由を考え、それぞれ正しい使い方に直そう。**

(1) 町内会長は、何時に会場に参りますか。
(2) 母が校長先生にお会いになりたいと言っています。
(3) 夕食は二階のレストランでお召しあがりなさってください。
(4) 当店を雑誌にご紹介してくださってありがとうございました。
(5) 先生の机が傾いていらっしゃるので直しておこう。
(6) この先が工事中なので、どなたもご通行できません。

答
(1) いらっしゃいますか(おいでになりますか)
(2) お会いしたい・申しております
(3) 召しあがってください(お召しあがりください)
(4) ご紹介くださって
(5) 傾いている
(6) ご通行になれません

解説
(1) 町内会長に対する敬意を表すために、尊敬語を用いる必要がある。「参る」は謙譲語だから不適切。なお、「来る」に尊敬の助動詞「られる」を付けた「来られる」は、可能の意味にもとれるので、「いらっしゃる」または「おいでになる」を用いたほうがよい。
(2) 身内の人間である母が校長先生に「会う」ので、ここは謙譲語を用いる必要がある。
(3) 過剰な敬語となっている点が不適切。
(4) 「紹介」したのは相手なので、尊敬語を用いる必要がある。「ご紹介する」は謙譲語であり、それに「くださる」を付けても尊敬表現にはならない。
(5) 敬意を表すべき相手側のものであっても、物である「机」に尊敬語を用いるのは誤り。
(6) 通行しようとする人に注意を促す言葉。「通行」するのは相手なので尊敬語を用いる必要がある。「ご通行できる」は謙譲語なので不適切。

漢字道場２

熟語の構成・熟字訓

教科書58〜60ページ

新出漢字・新出音訓

読みの太字は送り仮名を示す。（　）は中学校では学習しなくてもよい読みを、—線は特別な言葉に限って使われる読みを示す。例は用例を示し、例中の太字は教科書本文中の語句であることを示す。新出音訓の▼は、常用漢字表の「付表」の語を示す。□には漢字を、（　）には読みを書こう。

p.58 **凹** オウ　5画　凵
周囲よりも低い。くぼみ。例 **凹凸**《おうとつ》。凹面鏡《おうめんきょう》。

p.58 **凸** トツ　5画　凵
周囲が低く中央が高い。例 **凹凸**《おうとつ》。凸版印刷《とっぱんいんさつ》。

p.58 **俊** シュン　9画　人
すぐれている。例 **俊英**《しゅんえい》。俊才《しゅんさい》。俊足《しゅんそく》。

p.58 **粛** シュク　11画　聿
①いましめる。おごそかにする。例 **粛々**《しゅくしゅく》。厳粛《げんしゅく》。粛正《しゅくせい》。②つつしむ。例 自粛《じしゅく》。

p.58 **鬱** ウツ　29画　鬯
①気分がふさぐ。例 **鬱々**《うつうつ》。憂鬱《ゆううつ》。②とどこおり、ふさがる。例 鬱積《うっせき》。鬱憤《うっぷん》。③草木が茂る。例 鬱蒼《うっそう》。

p.58 **癒** ユ　いえる　いやす　18画　疒
病気や傷がなおる。例 **治癒**《ちゆ》。平癒《へいゆ》。癒着《ゆちゃく》。

p.58 **珠** シュ　10画　玉
丸いたま。例 **珠玉**《しゅぎょく》。真珠《しんじゅ》。

p.58 **娯** ゴ　10画　女
楽しむ。例 **娯楽**《ごらく》。

p.58 **墾** コン　16画　土
荒れ地を切りひらく。例 **開墾**《かいこん》。墾田《こんでん》。

p.58 **枢** スウ　8画　木
中心にある大切なもの。例 **中枢**《ちゅうすう》。枢軸国《すうじくこく》。

p.59 **双** ソウ　ふた　4画　又
①二つ。例 **双葉**《ふたば》。②両方。つい。例 双方《そうほう》。双子《ふたご》。③ならぶ。力が同じくらいである。例 天下無双《てんかむそう》。双璧《そうへき》。

p.59 **悼** トウ　（いたむ）　11画　心
人の死を惜しみ悲しむ。例 **追悼**《ついとう》。哀悼《あいとう》。

p.59 **喫** キツ　12画　口
食べる。吸い込む。例 **喫茶**《きっさ》。喫煙《きつえん》。満喫《まんきつ》。

p.59 **匿** トク　10画　匸
かくす。逃げかくれる。例 **匿名**《とくめい》。秘匿《ひとく》。

p.59 **累** ルイ　11画　糸
①重ねる。例 **累々**《るいるい》。累積《るいせき》。②次々に。次第に。例 累進《るいしん》。③関わり合い。例 係累《けいるい》。

p.59 **麓** ロク　ふもと　19画　木
ふもと。山のすそ。例 **山麓**《さんろく》。麓《ふもと》。

p.59 **飢** キ　うえる　10画　食
①食べ物がなく腹がへって苦しむ。例 **飢餓**《きが》。②穀物が実らない。例 飢饉《ききん》。

p.59
餓
ガ
15画 食
食べ物がなくてうえる。例 **飢餓**《きが》。餓死《がし》。

p.59
旨
シ（むね）
6画 日
①物事のわけ。例 **要旨**《ようし》。趣旨《しゅし》。主旨《しゅし》。②うまい。味がよい。

p.59
寡
カ
14画 宀
少ない。例 **多寡**《たか》。寡黙《かもく》。

「寡」は、うかんむりの下の部分の形に注意して書きましょう。

p.60
懇
コン（ねんごろ）
17画 心
①親しい。例 **懇親会**《こんしんかい》。懇談《こんだん》。②心の底から、どうしてもと思う。例 懇願《こんがん》。

p.60
潤
ジュン
うるおう
うるむ
うるおす
15画 水
①水分を十分にふくむ。うるおう。例 **潤滑**《じゅんかつ》**油**《ゆ》。湿潤《しつじゅん》。②恵みや利益を与える。例 潤沢《じゅんたく》。利潤《りじゅん》。③つや。かざり。例 潤色《じゅんしょく》。

p.60
杉
すぎ
7画 木
スギ科の常緑針葉樹。例 **杉並木**《すぎなみき》。杉花粉《すぎかふん》。

p.60
籍
セキ
20画 竹
①団体の一員たる資格。例 **無国籍**《むこくせき》。移籍《いせき》。戸籍《こせき》。②書物。ふみ。例 書籍《しょせき》。

p.60
披
ヒ
8画 手
ひらいて見せる。例 **披露宴**《ひろうえん》。披見《ひけん》。

p.60
圏
ケン
12画 口
限られた区域。範囲。例 **首都圏**《しゅとけん》。圏外《けんがい》。北《ほっ》極圏《きょくけん》。経済圏《けいざいけん》。

p.60
叔
シュク
8画 又
父母の弟や妹。例 伯叔《はくしゅく》。

p.60
伯
ハク
7画 人
兄弟姉妹の年長の者。例 伯仲《はくちゅう》。

■**新出音訓**（――線部の読みを書こう。）

①貸借関係にある。p.58（　　）
②今昔物語集。p.58（　　）
③出納係を決める。p.58（　　）
④営業職に就く。p.58（　　）
⑤弟を社長に就ける。p.58（　　）
⑥喫茶店を開く。p.59（　　）
⑦声高に叫ぶ。p.59（　　）
⑧竹刀を振る。p.60（　　）
⑨五月雨が降る。p.60（　　）
⑩小豆を煮る。p.60（　　）
⑪雪崩が起きる。p.60（　　）
⑫固唾をのむ。p.60（　　）
⑬父母の妹を叔母という。p.60（　　）
⑭父母の姉を伯母という。p.60（　　）
⑮父母の弟を叔父という。p.60（　　）
⑯父母の兄を伯父という。p.60（　　）

答
①たいしゃく ②こんじゃく ③すいとう ④つ ⑤つ ⑥きっさ ⑦こわだか ⑧しない ⑨さみだれ ⑩あずき ⑪なだれ ⑫かたず ⑬おば ⑭おば ⑮おじ ⑯おじ

◉学習内容の要点を押さえ、教科書の問題の答えを確かめよう。（□の中には当てはまる言葉を書こう。）

1 熟語の構成

ア　二字が対になるもの　例 前後・善悪・凹凸
イ　二字が似た意味を持つもの　例 樹木・温暖・俊英
ウ　同じ漢字を重ねたもの（畳語）　例 年々・粛々・鬱々
エ　主・述の関係にあるもの　例 頭痛・雷鳴・年長
オ　連体修飾・被修飾の関係にあるもの　例 外国・封書・双葉
カ　連用修飾・被修飾の関係にあるもの　例 最高・切望・追悼
キ　下の字が対象や目的を示しているもの　例 洗顔・喫茶・匿名
ク　接頭語・接尾語が付くもの　例 未知・緑化・劇的
ケ　長い語の一部を省略して短くしたもの
例 高校（＝高等学校）　国連（＝①□）
特急（＝②□）
▼①国際連合　②特別急行

2 三字熟語

ア　三字それぞれが対等の関係にあるもの　例 松竹梅・衣食住
イ　上の一字が下の二字を修飾するもの　例 公文書・冬景色
ウ　上の二字が下の一字を修飾するもの　例 懇親会・潤滑油
エ　二字語に接頭語・接尾語が付くもの　例 不可能・積極的

3 熟字訓

・熟字訓は、漢字の組み合わせ全体に対して訓読みを当てたものである。
・「竹刀」の場合、「竹《し》＋刀《ない》」でも「竹《しな》＋刀《い》」でもなく、「竹刀《しない》」となる。
例 相撲《すもう》・梅雨《つゆ》

○問題 ―― 教科書58〜60ページ

①　対になる漢字、または似た意味を持つ漢字どうしを結び付けて、熟語を作ろう。
解答　治癒　娯楽　出納　開墾　珠玉　貸借　今昔　中枢
解説　「出納」「貸借」「今昔」は対になる漢字の組み合わせ、「治癒」「娯楽」「開墾」「珠玉」「中枢」は似た意味を持つ漢字の組み合わせである。

②　次の（　）の意味になる、漢字二字の熟語を作ろう。
解答　1日没　2人情　3仮定　4就職

③　次の漢字に「未・非・不・無」のいずれかの接頭語を付けて、熟語を作ろう。
解答　1不安　2未開　3無欲　4非行　5無名　6未来　7非番　8不利

④　次の熟語を、その構成から、上の「熟語の構成」のア〜ケのグループに分けてみよう。
解答　1エ　2ウ　3ア　4ケ　5イ　6ク　7キ　8オ　9カ　10カ　11イ　12オ　13ケ　14ク　15キ　16ア　17エ　18ウ

⑤　次の三字熟語を、その構成から、上の「三字熟語」のア〜エのグループに分けてみよう。
解答　1ア　2イ　3イ　4エ　5エ　6ア　7ウ　8ウ

⑥　次の傍線部の熟字訓を読んでみよう。
解答　1かぜ　2さみだれ　3あずき　4なだれ　5やまと　6かたず　7おば　8おじ

学びの扉《とびら》

論理的に読む

教科書62、238〜241ページ

「論理的に読む」とは、文と文、段落と段落などの関係を考えながら読むことである。論理的に読み、複雑な内容を整理して理解しよう。

●問いと答えを考えながら読む

・説明的な文章は、全体を通して何か考えたい**問い**があり、その問いに対する**答え**を示すために書かれている。

・まず全体の①［　　］を考え、それに対する②［　　］を見つけることで、その**文章でいちばん言いたいこと**が分かる。 ▼①問い ②答え

●それぞれの文の役割や関係を捉えながら読む

接続する語句に着目して、次のような関係を捉えよう。

①根拠の関係…根拠から結論を導く。（結論→根拠となる場合もある。）

＊「だから」「なぜなら」などでつながる関係。

例

川は急に増水することがある。	根拠
だから ←	
川の近くに近寄らないほうがいい。	結論

根拠の関係

②解説の関係…具体例を挙げる。詳しく述べる。言い換える。

＊「例えば」「つまり」などでつながる関係。

例

私の父は手先が器用だ。

例えば ▶

壊れた腕時計も自分で直してしまう。

解説の関係

③反対の関係…相反する考えを述べる。

＊「しかし」「だが」などでつながる関係。

例

畑で化学肥料を使っている人は多い。

しかし ↔

私は化学肥料を使わずに野菜を育てている。

反対の関係

教科書238ページの「問題1」の文章を、文と文の関係を捉えて整理すると、241ページの図のようになります。

テストに出る

問 **次の㋐と㋑の文は、根拠・解説・反対のどの関係か。**

(1) ㋐空を飛ばない鳥もいる。
㋑ダチョウは陸上を走ってばかりいる。

(2) ㋐将来は海外で仕事をしたい。
㋑英語の発音をもっと練習するつもりだ。

(3) ㋐私はセミやバッタはかわいいと思う。
㋑妹はどんな虫も触りたくないという。

(4) ㋐天気予報で明日は雨風が強まると言っていた。
㋑明日は外出しないほうがよい。

答 (1)解説 (2)根拠 (3)反対 (4)根拠

3 ▼読む
構成・展開

絶滅の意味

筆者・中静《なかしずか》　透《とおる》

教科書63〜73ページ

学習目標を押さえ、「絶滅の意味」のおおよそを理解しよう。

ガイダンス

学習目標

- 論の進め方や説明の仕方について考える。
- 人間と自然との関わりについて考え、自分の意見を持つ。

言葉の力　**説得力を高めるための論の進め方に着目する**

何らかの主張を述べた文章を読むときには、次のような、説得力を高めるための論の進め方に着目するとよい。

- 主張を支える根拠は、具体例を示すなどして詳しく述べる。
- あえて異なる立場の主張を取り上げ、それに反論する。

文章を読む前に

「絶滅の意味」は、生物の絶滅が急速に進む現状に警鐘を鳴らした文章である。「絶滅」という言葉の意味は多くの人が知っているだろう。しかし、その問題が自分自身とどのように関わるものであるかは、あまり考えたことがないのではないだろうか。この文章を読んで、それを考える手がかりをつかんでほしい。長い論説文だが、論の組み立ては明快で、段落の要点もつかみやすい。筆者が主張やその根拠をどのように示しているか、それを読者に納得してもらうためにどのような工夫をしているかにも注目しながら読み進めよう。

あらまし

「生物の絶滅」が地球環境問題の一つとして取り上げられている。地球の長い歴史の中では、過去にも多くの生物が絶滅しているが、現代の絶滅が問題視されるのは、そのスピードと原因がこれまでとは大きく違うからである。現代の絶滅のスピードは過去の歴史ではありえないほど速くなっている。また、過去の絶滅は環境変化によるものだったが、現代の絶滅は人間の行為によるものである。

　では、生物の絶滅は人間に影響を及ぼすのだろうか。生態系とは、ある地域に存在する生物と、それを取り巻く大気、水、土壌などの環境を含めた全体のことをいう。生態系はそれを構成する多様な生物の相互作用によってその機能を発揮し、個々の生物は生態系に支えられて生存している。私たち人間も生態系の一員として、生存に不可欠な酸素や水、安定した環境、生活に必要な資源、地域の文化を形成する土台など、さまざまな恩恵を受けている。したがって、生物の絶滅は私たち人間にとって見過ごしてはならない問題である。

　これに対して、絶滅してもかまわない生物もいるのではないかと考える人もいる。しかし、ある生物の絶滅が生態系にどのような影響を与えるかは分からないし、人間にとって有用かどうかも現時点で判断できるものではない。生物の絶滅は不可逆的であり、絶滅してからその大切さに気づいても遅いのである。

一つの生物の絶滅を、安易に見過ごしてはいけないんだね。

●文章の構成

・第一段落（初め〜66・10）……生物の絶滅の問題。
・第二段落（66・11〜70・3）…生態系の仕組みと人間との関係。
・第三段落（70・4〜終わり）…絶滅してからでは遅い。

第一段落で、この文章で取り上げるテーマに関する事実を確認し、第二段落で筆者の主張とその根拠を述べている。第三段落では、筆者とは異なる主張を取り上げてそれに反論する形で、筆者の主張の説得力を高めている。

●表現の特色

・さまざまな具体例を挙げている。
↓「例えば」という書きだしだけでも五か所あるが、それ以外にも随所に具体例が盛り込まれている。
・統計資料に基づいて客観的な数値を示している。
↓絶滅危惧種の数を示し、危機的な現状を伝えている。
・要所に「問い」を立てている。
↓「現代の絶滅がどうして問題なのだろうか。」（64・20）、「生物の絶滅は、私たち人間に何か影響を及ぼすのだろうか。」（66・11）、「生態系が私たち人間にもたらす恩恵とは、具体的には何だろうか。」（67・19）と、一つずつ問いを立てて、順に解き明かしていく構成になっており、論理が捉えやすい。
・段落の冒頭に、段落の役割や関係性を示す言葉を用いている。
↓「しかし」「また」「例えば」などの接続詞や、「このように」「第一に」「第二に」といった言葉が適切に使われている。
・視覚資料を効果的に用いて読者の理解を助けている。
↓「生態系の仕組み」を図解で示したり、「日本の伝統色」をその由来となった生物の写真とともに提示したりしている。

●要旨

現代の生物の絶滅は人間の行為によって引き起こされ、過去にない速いスピードで進行している。生態系は多様な生物の相互作用によって成り立ち、人間もその一員として多大な恩恵を受けているのだから、生物の絶滅の問題を真剣に考えなければならない。

第一段落で述べられた、現代の絶滅がなぜ問題なのかという部分と、第二段落の筆者の考えを押さえてまとめると右のようになる。もっと短くするなら、後半部分だけでよい。生物が絶滅することは生態系全体に影響を及ぼす可能性があり、生態系の仕組みが壊れてしまうと、その一員である人間の生存も危うくなる。そうした生態系の仕組みを理解すれば、生物の絶滅の問題が人間にとって重大な問題であることが分かるはずだと筆者は訴えている。

新出漢字・新出音訓

読みの太字は送り仮名を示す。（　）は中学校では学習しなくてもよい読みを、―線は特別な言葉に限って使われる読みを示す。例は用例を示し、例中の太字は教科書本文中の語句であることを示す。新出音訓の▼は、常用漢字表の「付表」の語を示す。□には漢字を、（　）には読みを書こう。

p.63 **昆** コン　8画　日　□
虫。足の多い虫。例 **昆虫**《こんちゅう》。昆布《こんぶ》。

p.63 **惧（懼）** グ　11画　心　□
おそれる。あやぶむ。例 **危惧**《きぐ》。

p.64 **竜** リュウ　たつ　10画　竜　□
①化石で見つかる大型の爬虫類《はちゅうるい》。例 **恐竜**《きょうりゅう》。②大蛇のような想像上の動物。雲を呼び雨を降らせると考えられている。例 竜巻《たつまき》。③雨や水をつかさどる神。例 竜神《りゅうじん》。

p.65 **暦** レキ　こよみ　14画　日　□
こよみ。天体の運行を観察し、それをもとに一年の季節や月日を記録したもの。例 **西暦**《せいれき》。還暦《かんれき》。陰暦《いんれき》。

p.65 **噴** フン　ふく　15画　口　□
勢いよくふき出す。例 **大噴火**《だいふんか》。噴水《ふんすい》。噴出《ふんしゅつ》。

p.65 **遮** シャ　さえぎ**る**　14画　辶　□
さえぎる。へだてる。例 **遮る**《さえぎる》。遮断《しゃだん》。

p.65 **狩** シュ　か**る**　か**り**　9画　犬　□
かりをする。例 **狩り**《かり》。狩猟《しゅりょう》。潮干狩り《しおひがり》。

p.66 **伐** バツ　6画　人　□
①木を切る。例 **伐採**《ばっさい》。間伐材《かんばつざい》。②罪人や敵を攻めうつ。例 征伐《せいばつ》。討伐《とうばつ》。

p.66 **蛇** ジャ　ダ　へび　11画　虫　□
へび。例 **毒蛇**《どくへび》。蛇行《だこう》。蛇口《じゃぐち》。竜頭蛇尾《りゅうとうだび》。

「竜頭蛇尾」とは、始めは勢いがいいのに終わりはぱっとしないことをいいます。

p.66 **壌** ジョウ　16画　土　□
肥えた土地。例 **土壌**《どじょう》。

p.66 **餌（餌）** （ジ）　えさ　え　15画　食　□
①食べ物。例 **餌**《えさ》。食餌《しょくじ》。②動物の飼料。人をひきよせるための利益。例 餌食《えじき》。好餌《こうじ》。

p.68 **循** ジュン　12画　彳　□
めぐる。例 **循環**《じゅんかん》。

p.68 **浄** ジョウ　9画　水　□
①きよめる。例 **浄化**《じょうか》。浄水器《じょうすいき》。清浄《せいじょう》。洗浄《せんじょう》。②けがれがない。例 浄土《じょうど》。

p.68 **御** ギョ　ゴ　おん　12画　彳　□
①防ぐ。例 **制御**《せいぎょ》。防御《ぼうぎょ》。②尊敬や丁寧の意味を表す。例 御覧《ごらん》になる。御礼《おんれい》。御意《ぎょい》。

p.68 **貢** コウ　（ク）　（みつぐ）　10画　貝　□
みつぐ。例 **貢献**《こうけん》。貢《みつ》ぎ物《もの》。年貢《ねんぐ》。

p.68 **献** ケン　コン　13画　犬　□
①物をさしあげる。例 **貢献**《こうけん》。献上《けんじょう》。②賢者の覚えている史実。例 文献《ぶんけん》。③酒や料理。例 献立《こんだて》。一献《いっこん》。

p.70 **鎖** サ　くさり　18画　金　□
①くさり。金属の輪をつないだもの。例 **連鎖的**《れんさてき》。②とじる。しめる。例 封鎖《ふうさ》。鎖国《さこく》。

p.70 **藻** ソウ　も　19画　艹　□
水中に生える植物の総称。水草。例 **海藻**《かいそう》。

○広がる言葉

p.73
衡 コウ　16画　行

①つりあい。つりあいがとれている。例**均**《きん》**衡**《こう》。平衡《へいこう》。②重さのはかり。例度量衡《どりょうこう》。

p.73
沢 タク　さわ　7画　水

①物が多くあってうるおっている。例**潤沢**《じゅんたく》。沢山《たくさん》。②つや。例光沢《こうたく》。③水草の生えている湿地。例沢登《さわのぼ》り。沼沢《しょうたく》。

p.73
羅 ラ　19画　罒

①あみ。例**網羅**《もうら》。②つらねる。つらなる。例森羅万象《しんらばんしょう》。羅列《られつ》。③外国語の「ラ」の音に当てる字。例阿修羅像《あしゅらぞう》。

p.73
妥 ダ　7画　女

周囲との折り合いがついて、おだやかだ。争いがない。例**妥当**《だとう》。妥協案《だきょうあん》。

p.73
抑 ヨク　おさ**える**　7画　手

おさえつける。例**抑制**《よくせい》。抑止《よくし》。抑圧《よくあつ》。

p.73
糾 キュウ　9画　糸

①からまってよじれる。例**紛糾**《ふんきゅう》。②問いただして調べる。例糾弾《きゅうだん》。糾明《きゅうめい》。

語句・文の意味

語義が複数の場合、①に教科書本文中の語義を示してある。類は類義語、対は対義語、文は語句を用いた短文例を示す。
●印は、教科書の脚注に示されている語句である。

▼63ページ

●**危**《き》**惧**《ぐ》　よくない事態を予想して心配し、おそれること。文両国の対立が戦争に発展することを危惧する。

▼64ページ

環境省《かんきょうしょう》**の調査**《ちょうさ》　環境省では、日本の絶滅のおそれのある野生生物の種のリスト(レッドリスト)を作成し公表している。また、レッドリストをもとに、絶滅のおそれのある野生生物種の生息状況などを取りまとめたレッドデータブックを刊行している。レッドリストは一定期間を経過したところで見直しを行い、改訂されている。

●**推**《すい》**定**《てい》　ある事柄について周辺の事実をもとにおしはかって決めること。類推測。推量。

過去《かこ》**にも絶滅**《ぜつめつ》**は起**《お》**こっていることを考**《かんが》**えると、現代**《げんだい》**の絶滅**《ぜつめつ》**がどうして問題**《もんだい》**なのだろうか**　筆者は、「生物の絶滅は過去にも何度も起こっているのだから、大した問題ではない」と考える人がいることを想定し、このような問いを立てている。また、過去の絶滅と比較することで現代の絶滅の問題点を明らかにしようとしている。

▼65ページ

隕《いん》**石**《せき》　流星が大気中で燃えきらず、燃え残りが地上に落ちてきたもの。

外国《がいこく》**や遠**《とお》**く離**《はな》**れた場所**《ばしょ》**から……移入**《いにゅう》**されて繁**《はん》**殖**《しょく》**し**　このように本来の生息場所以外に移入された生物を「外来生物(外来種)」とよぶ。

▼66ページ

●**乱**《らん》**獲**《かく》　鳥・獣・魚などをむやみに捕獲すること。

伐《ばっ》**採**《さい》　山林などに生えている樹木を切り出すこと。

駆《く》**除**《じょ》　害になるものを追い払ったり、取り除いたりすること。

●**捕**《ほ》**食**《しょく》　生物が他の生物をつかまえて食べること。

●**行為**《こうい》 何らかの意思を持ってする、意識的な行い。[類]行動。振る舞い。

●**土壌**《どじょう》 ①地表にある、岩石が風化したものに動植物の遺体などが分解した有機物の混じったもの。②作物を育てるための土。③物事を発生・発展させる基盤。

●**独立**《どくりつ》 ①他から離れて一つだけで存在していること。他からの援助や束縛を受けないこと。[類]自立。孤立。[対]依存。②自分一人の力で生計を立てられること。

▼67ページ

●**供給**《きょうきゅう》 ①必要に応じて物を与えたり補ったりすること。[対]需要。②商品を市場に出すこと。

多様《たよう》 いろいろである様子。変化に富んでいる様子。

●**相互作用**《そうごさよう》 互いに働きかけて影響を及ぼし合うこと。

●**恩恵**《おんけい》 利益となる恵み。いつくしみ。[類]慈恵。おかげ。

▼68ページ

不可欠《ふかけつ》 欠くことができない。ぜひ必要である。[類]必須。必要。

●**制御**《せいぎょ》 ①相手の自由を抑えて自分の思うとおりに支配すること。[類]統制。抑制。②機械などを目的に合った状態で適切に働くように調整すること。

均質《きんしつ》 どの部分をとっても成分・性質・密度などにむらがなく同じであること。[類]等質。

香木《こうぼく》 よい香りのする樹脂を多く含んでおり、材を細かく削ってお香として焚《た》いたり、仏具などの用材にしたりする木の総称。沈香《じんこう》、伽羅《きゃら》、白檀《びゃくだん》などがある。

●**珍重**《ちんちょう》 珍しいものとして大切にすること。

貢献《こうけん》 ある物事や社会に対して力を尽くし役に立つこと。

モチーフ 芸術作品などで、創作のもとになった思想や題材。[文]中学生の恋愛《れんあい》をモチーフにした小説を書く。

●**固有**《こゆう》 そのものだけが持っていること。[類]特有。

認識《にんしき》 ある物事を知り、その本質や意義などを理解し、判断すること。

●**当事者**《とうじしゃ》 その事柄に直接関係している人。[文]事件の当事者に取材して記事を書く。

●**出自**《しゅつじ》 人の生まれ。物事の出どころ。

▼69ページ

●**……に等**《ひと》**しい** ……と同じである。[文]インターネット上に写真を公開することは、町中に写真をばらまくのに等しい。

▼70ページ

●**安易**《あんい》 ①気楽である様子。いいかげんな様子。[文]ここで遊んでも誰にも迷惑はかからないだろうと安易に考えていた。②たやすくできる様子。[類]簡単。

見過《みす》**ごす** ①見て気づいていながら、そのままにしておく。[類]看過する。[文]悪事を見過ごすわけにはいかない。②見ていながら気づかないでいる。[類]見落とす。[文]点検したはずだが見過ごした。

●**容易**《ようい》 たやすいこと。[類]簡単。平易。

●**予測**《よそく》 物事がどのように進行するかを前もっておしはかること。[類]予想。

●**連鎖**《れんさ》 物事がくさりのように互いにつながっていること。

▼71ページ

●**現時点**《げんじてん》 現在の時点。今現在。[文]事件の真相は、現時点では何もつかめていない。

●**進展**《しんてん》 進歩し、発展すること。物事が進行して、新たな事態を迎えること。[類]発展。進歩。

●**不可逆**《ふかぎゃく》 もとの状態にさかのぼることができないこと。物事の変化が、逆の方向には進行できないこと。

読み解こう

段落ごとの内容を捉えよう。［　］の中には当てはまる言葉を書こう。

第一段落 〔初め～66・10〕 生物の絶滅の問題。

■**日本における「生物の絶滅」**(63・1)**の現状を筆者はどのように説明しているかを整理する。**

・二〇〇三年に日本産トキが絶滅。約百年前に①［　］が絶滅。ニホンカワウソも絶滅したと考えられている。

・里山の植物や昆虫、②［　］なども絶滅が危惧される。

・歴史上分かっているだけで、動物四十八種、植物六十二種が既に絶滅し、③［　］種以上の生物が絶滅の危機にある。

▼①ニホンオオカミ　②メダカ　③三千六百

・**ポイント**　筆者は、読者がイメージしやすいように、近年の例である「トキ」をまず挙げ、ほかにも具体的な生物名を示したうえで、統計資料に基づいて詳細な情報を紹介している。

また、統計については、文章では概要を述べ、細かい数値は表に整理して別途示すことで分かりやすくしている。

■**筆者が問題提起している一文を捉える。**

・このように、①［　］にも絶滅は起こっていることを考えると、②［　］の絶滅がどうして問題なのだろうか。(64・19)

▼①過去　②現代

■**「現代の絶滅と過去の絶滅の大きな違い」**(65・1)**を整理する。**

	スピード	原因
過去の絶滅	かなり①［　］。 →恐竜の絶滅の時代でも、千年に一種くらい。	自然現象による②［　］。 →火山の大噴火、隕石《いんせき》の衝突、あるいはそれらによる光や酸素の不足。
現代の絶滅	ありえないくらい速い。 →西暦一六〇〇年から一九〇〇年の間の平均で四年に一種(近年は更に速い)。	③［　］の行為。 →(1)人間が生物を利用しすぎる。 (2)開発によって生物のすめる環境がなくなる。 (3)他から移入された生物が繁殖し、もといた生物をすめなくする。

▼①ゆっくり　②環境変化　③人間

■**「リョコウバト」**(65・17)**が絶滅した原因を読み取る。**

・原因(1)　①［　］として乱獲されたこと。

・原因(2)　急速な②［　］によってすみかを奪われたこと。

▼①食用　②森林の伐採

・**ポイント**　右の表の原因の欄に整理した「人間の行為」(1)と(2)による絶滅の具体例として、リョコウバトが取り上げられている。

■「アマミノクロウサギ」(66・5)が絶滅しそうなほど数を減らした原因を読み取る。

・人間がハブを駆除する目的で導入したフイリマングースがアマミノクロウサギを捕食していること。

・ポイント この事例は、前ページでまとめた表の「人間の行為」(3)の具体例である。

テストに出る

問 **「現代の絶滅がどうして問題なのだろうか。」(64・20)とあるが、現代の絶滅が問題視される理由を二つ答えなさい。**

答 ①現代の絶滅は、過去の地球の歴史ではありえないくらい速いスピードであるから。②過去の大量絶滅の原因は自然現象による環境変化であったのに対し、現代の絶滅の原因は全て人間の行為によるものであるから。

◆「大きな違いは、そのスピードと原因である。」(65・1)を踏まえてまとめる。

テストに出る

問 **「人間の行為が生物に大きな影響を与え、絶滅までも引き起こしている。」(66・9)とあるが、生物に大きな影響を与える人間の行為として、筆者はどのようなことを挙げているか。三つに分けて答えなさい。**

答 ①狩りや漁獲、採集などで生物を利用しすぎること。②森林を農地に変えたり、湖を埋め立てたりなどの開発によって環境を変えること。③外国や遠く離れた場所から、これまでいなかった生物を移入すること。

第二段落 〔66・11〜70・3〕 生態系の仕組みと人間との関係。

■「『生態系』の仕組み」(66・12)についての筆者の説明と具体例を整理する。

〈生態系の仕組み〉

・生態系とは、ある地域に存在する①[　　]と、それを取り巻く大気、水、土壌などの②[　　]を含めた全体のこと。

・生態系の生物は、互いに影響し合って③[　　]を保っている。

・生物どうしの結び付きによって生態系の仕組みや④[　　]が保たれている。

〈具体例〉

・動物が植物や他の動物を餌とする。
・植物が昆虫に花粉を運んでもらい子孫を残す。
・植物が菌類の助けを借りて土壌から栄養を吸収する。

・森林で、ある昆虫が絶滅すると、その昆虫が花粉を運んでいた樹木も子孫が残せなくなり、森林が変容し、森林のさまざまな働きも低下する。

▼①生物 ②環境 ③バランス ④働き

・ポイント 以上の内容を要約しているのが、「このように、生態系はそれを構成する……支えられて生存している。」(67・13)の一文である。また、教科書67ページの図では、生態系内のつながりをイラストを用いて示している。

■「生態系が私たち人間にもたらす恩恵」（67・19）について整理する。

	生態系がもたらす恩恵	具体例
1	人間の生存に不可欠な①□を提供している。	酸素・土壌・栄養・水
2	環境を②□する働きを持っている。	気候の緩和・洪水の抑制・水の浄化・病気や害虫の制御
3	人間生活にとって重要な③□を供給している。	水・食物・燃料・木材・薬品
4	地域の④□を形作るのに大切な役割を果たしている。	色の名前・衣装や装《そう》飾《しょく》

▼①基盤　②調整　③資源　④文化

・ポイント　筆者は、四つの恩恵を段落に分けてまとめ、「第一に」「第二に」と順序立てて述べている。各段落とも、要点を端的に述べてから、複数の具体例を挙げている。

■筆者の主張と根拠を捉える。

主張――生物の①□の問題を、人間に影響のないものと安易に考えて見過ごしてはならない。

根拠――多様な生物から成る生態系は、人間にも多大な②□をもたらしているから。

・ポイント　筆者の主張と根拠は、第二段落末尾の「このように」で始まる段落（70・1〜3）にまとめられている。「A。だからこそ、B。」という文章構成になっており、Aが根拠、Bが主張である。

▼①絶滅　②恩恵

テストに出る！

問　**「このような生物の絶滅は、私たち人間に何か影響を及ぼすのだろうか。」（66・11）という問いに対して、筆者はどのような答えを示しているか。**

答　生態系は多様な生物の相互作用によって成り立っているため、ある生物が絶滅すると生態系の機能が低下して、人間がその恩恵を受けられなくなる可能性がある。

第三段落　［70・4〜終わり］絶滅してからでは遅い。

■筆者とは異なる主張と、それに対する筆者の反論を捉える。

異なる主張…「絶滅してもかまわない生物もいるのではないか」（70・4）

根拠(1)　絶滅しても①□に大きな影響を及ぼしそうにもない生物もいる。

根拠(2)　人間に②□をもたらしそうにもない生物もいる。

筆者の反論…(1)　ある生物の絶滅が生態系にどれくらいの影響を与えるかを予測することは難しい。

(2)　現時点では人間にとって有用でないとしても、将来的に役立つ可能性がある。

▼①生態系　②恩恵

• ポイント 筆者は、「だが実際には」(70・7)以降で、相手の主張の根拠を否定することで反論している。更に最終段落で「生物の絶滅は不可逆的である。」(71・13)という根拠も追加して、説得力を高めている。

■ **「ラッコ」(70・15)を取り巻く生態系のつながりを整理する。**

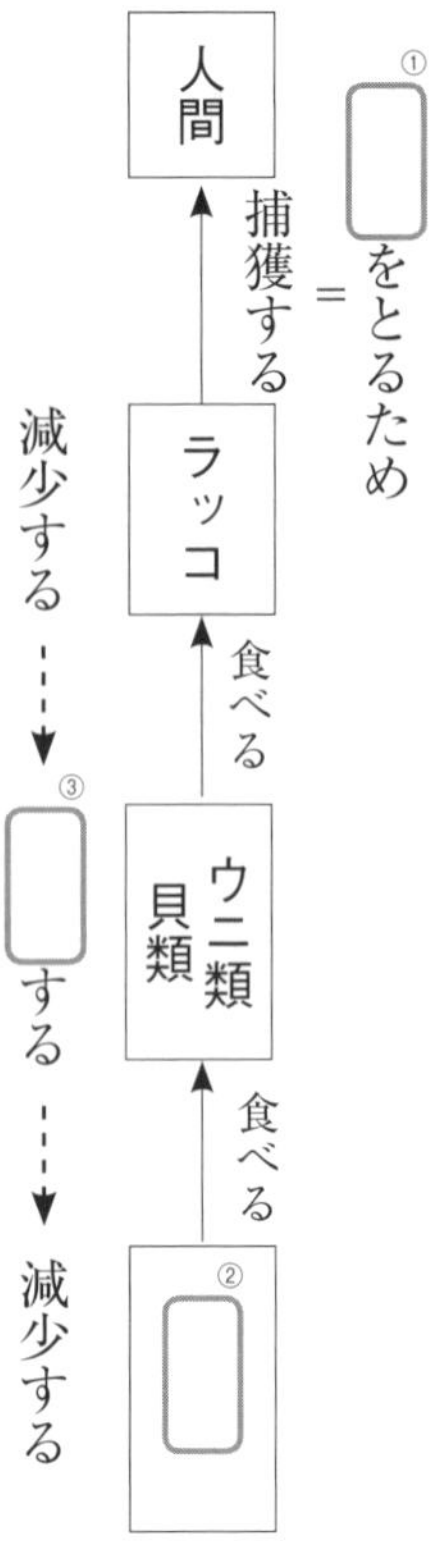

てびき—解答と解説

教科書の課題を解き、学習内容をしっかりと身につけよう。 教科書72〜73ページ

◉論の進め方や説明の仕方について考えよう

❶ この文章を、問題提起、筆者の主張とその根拠、筆者とは異なる主張とそれに対する筆者の反論の、三つのまとまりに分けてみよう。

解答 第一のまとまり…初め〜66ページ10行目。
第二のまとまり…66ページ11行目〜70ページ3行目。
第三のまとまり…70ページ4行目〜終わり。

解説 形式段落の冒頭にある接続詞に着目して、それぞれの段落の役割を捉えながら読もう。第一、第二のまとまりの最後には「このように…」と、説明してきたことを要約している段落がある。

❷ 第二のまとまりから、筆者の主張とその根拠がまとめられている段落を探してみよう。また、それ以外の段落がどのような働きをしているかを考えよう。

• ポイント 乱獲によってラッコが数を減らすだけでなく、食物連鎖によってつながりのある生物が次々に影響を受ける。結果的に人間は、海から得ていた他の恵みも失う可能性がある。

▼①毛皮 ②海藻 ③増加

テストに出る!

問 **「ラッコの話」(70・15)を通して筆者が伝えたかったのはどのようなことか。**

答 ある生物の絶滅が生態系にどれくらいの影響を与えるかを予測するのは極めて難しいということ。

解答 **筆者の主張とその根拠がまとめられている段落**
「このように、多様な生物から成る生態系は……見過ごしてはならないのである。」(70・1〜3)

それ以外の段落の働き
・序盤(66・11〜67・18)…筆者の主張の根拠(＝生態系がもたらす恩恵)を理解するための前提として、「生態系は多様な生物によって成り立つ」ことを述べている。
・中盤(67・19〜69・2)…「生態系が人間にもたらす多大な恩恵」を四つの項目に整理して述べている。これらは、筆者の主張の根拠を具体的に説明したものである。

解説 主張や根拠を端的に述べる場合には、「多様な生物から成る生態系」「恩恵」などの抽象的な言葉を用いることになるが、それだけでは読者に伝わらない。そこで筆者は、それぞれの内容を具体例を交えながら説明しているのである。

❸ 第三のまとまりには、筆者とは異なる主張とその根拠、それに対する筆者の反論が書かれている。その内容を他の人に分かりやすく伝えるつもりで、図や矢印などを使って、フリップに整理してみよう。

解答

筆者とは異なる主張

絶滅してもかまわない生物もいるのではないか。

根拠

①絶滅しても生態系に影響を及ぼしそうにもない生物もいる。

②人間に恩恵をもたらしそうにもない生物もいる。

筆者の主張

生物の絶滅の問題を見過ごしてはならない。

筆者の反論

❶生態系への影響を予測するのは難しい。
→具体例「ラッコ」

❷今は人間に有用でなくても、将来的に役立つ可能性がある。
→具体例「バイオテクノロジーの進展」

反論の補強

生物の絶滅は不可逆的。
（＝一度絶滅したら復活できない。）

解説 ある主張に反論するには、単に逆の主張をぶつければよいわけではなく、相手の主張の根拠に不備があることを指摘する必要がある。

筆者は、自分とは異なる主張が、①②のような根拠に基づいていることを捉えたうえで、その①②が誤りであることを指摘している。根拠に誤りがあれば、主張は説得力を失うからである。さらに筆者は、自分の考えの根拠となる事実を新たに付け加えることで、「生物の絶滅の問題を見過ごしてはならない」という自分の主張に、より説得力を持たせている。

❹ この文章で説得力を感じたところはどこだろうか。具体的な箇所を挙げて、発表し合おう。

解説 主張に説得力があるかどうかは、その根拠に納得できるかどうかにかかっている。筆者が挙げた具体例や事実関係の整理の仕方、反論の仕方などに着目してみよう。

◉ 人間と自然との関わりについて自分の意見を書こう

❺ 筆者の主張について、自分はどのように考えるかを、次の条件で書いてみよう。

［条件］・三百字以上、四百字以内で書く。
・二段落構成とする。第一段落には文章中に書かれている筆者の主張をまとめ、第二段落には自分の意見とその根拠を書く。

解説 まず、第一段落に百～二百字程度で筆者の主張をまとめる。❷で捉えた箇所を中心にするとよい。第二段落には、筆者の主張と関連付けながら、「生物の絶滅」の問題を自分はどう考えるかを述べ、その根拠を書こう。筆者が挙げた根拠のうち説得力があると感じたものを取り入れてもよいし、自分で調べた事実や見解などを根拠にすることも考えられる。

広がる言葉

ⓐ 「絶滅の意味」にある「相互作用」(67・14)という言葉は、「互いに影響し合うこと」の意味で、レポートや論文などによく用いられる硬い言葉・学術的な言葉である。このような言葉を、文章中から探そう。

解答 個体(63・3)、危惧(63・7)、推定(64・15)、捕食(66・8)、不可欠(68・2)、緩和(68・4)、浄化(68・5)、認識(68・20)、出自(68・20)、連鎖的(70・10)、不可逆的(71・13)など。

解説 一般に漢語は和語に比べて硬い印象を与えるが、ここでは特に抽象的な概念を表す言葉に着目してみよう。

ⓑ 例を参考に、1〜3の傍線部の言葉を、硬い言葉に言い換えてみよう。

解答 1測定する・計測する　2真偽　3枯渇《こかつ》する

ⓒ 次の( )に入る言葉として、後のア〜クのどれが適切だろうか。また、その言葉を選んだのはなぜだろうか。

解答 1キ　2エ　3オ　4イ

解説 1「融合」は二つのものが合わさって一つになること。2「スタンス」は立場や意見のこと。3「恒常的」はいつものことであるさま。4「捕捉」は対象を捉えること。ここでは、顕微鏡の視野の中に入れること。

ⓓ 次の硬い言葉・学術的な言葉のリストから一つ選び、その言葉を使った短文を作ってみよう。

解説 それぞれの言葉の意味と例文は次のとおり。

・類推…似たものをもとに推し量る。例過去の事例から類推する。
・検証…物事を調べて証明する。例製品の強度を検証する。
・均衡…釣り合いがとれていること。例勢力の均衡を保つ。
・潤沢…物が豊富にあること。例潤沢な資金で事業を続ける。
・網羅…残らず取り入れること。例地域の人気店を網羅している。
・リスク…危険。例リスクを承知で仕事を引き受ける。
・分布…地理的にどのように存在しているかを示すもの。例高山地帯に分布する植物だ。
・論証…論理的に証明すること。例論証の仕方を身につける。
・因果…原因と結果。例二つの事象の因果関係を探る。
・妥当…判断などが適切なこと。例値上げは妥当だった。
・論破…議論をして相手の論を破ること。例反対意見を論破した。
・諮問…有識者や特定機関に意見を求めること。例教育政策について諮問する。
・僅少…ごくわずか。例僅少の差で勝利した。
・誘発…あることがきっかけで他のことを引き起こすこと。例交差点の構造が事故を誘発している。
・欠乏…不足すること。例鉄分が欠乏して貧血になる。
・仮説…ある事象を合理的に説明するために仮に立てた説。例仮説を立ててから実験を行う。
・抑制…勢いをおしとどめること。例怒りを抑制して平静を保つ。
・紛糾…もつれ乱れること。例議論が紛糾してまとまらない。

学びの扉《とびら》

素材を生かして表現する

文章で何かを表現するときは、実際に体験したことと、知識として知っていたり調べたりしたことをうまく組み合わせて書こう。

●素材となる体験や知識を探して組み合わせる

・体験と知識をうまく組み合わせながら文章を書くことで、内容を深めていくことができる。

教科書の例▼ 「金剛力士像の怒り」の文章の前半――教科書250ページ

金剛力士像を見た体験と、既に知っていた知識、ガイドブックを調べて得た知識などが組み合わされている。

・「近づくにつれて……いくようだった。」→体験
・「南大門の両端に……立っているのを見た。」→体験
・「鎌倉時代の仏師……作られた金剛力士像だ。」→知識
・「何百年もの歳月……驚かされた。」→知識をもとに「何百年もの歳月」と表現しつつ、体験を述べている。
・「激しく怒る表情……寒気を感じた。」→①[　　]
・「ガイドブックによると……とも書かれている。」→②[　　]

▼①体験　②知識

ポイント 〈体験→知識〉〈知識→体験〉〈体験→体験〉〈知識→知識〉と、いろいろな方向に考えをめぐらせてみるとよい。

教科書74、250〜253ページ

●調べた知識を適切に用いる

・資料で調べたことを自分の文章に生かすには、次の二つの方法がある。

(1) 自分の文章になじむように①[　　]。
(2) かぎ括弧《かっこ》などで区切り、元の表現をそのまま②[　　]する。

▼①言い換える　②引用

教科書の例▼ 「金剛力士像の怒り」の文章――教科書250・251ページ

・「ガイドブックによると、…恐ろしい顔をしているという。」
→言い換えて文章に取り入れている。
・「ある記述が目に留まった。『金剛力士像の……見方もある。』」
→「　」をつけて引用している。

ポイント 文章に書くときは、参考にした資料の存在が明らかになるように、表現を工夫する。

①「ガイドブックによると」のように、文章中で資料について触れる。
②体験を述べる場合と区別して、文末表現には「…という。」「…そうだ。」「…らしい。」などを用いる。
③引用の場合は、書名や著者名などの出典の情報を示す。
→文章中または、文章の末尾などに示しておく。
④参考文献についても、書名や著者名などの情報を示す。

▼書く　伝達

編集して伝えよう

「環境」の新聞

教科書75〜81ページ

○学習目標

●環境について調べたいテーマを決め、集めた材料を検討し、伝えたいことを明確にする。

●伝える目的や内容に適した文章の種類を選択し、構成や表現を工夫して書く。

1　題材を決める

（1）　グループのテーマを設定する。

・「環境」に関連するテーマを出し合い、その中から選ぶ。

（2）　個人の題材を決める。

・テーマに関する情報を集め、それぞれが担当する題材を決める。

ポイント　分担して一つの新聞を作るので、編集会議を開き、紙面作りの方向性や記事のバランスを確認しながら進める。

2　材料を集めて吟味《ぎんみ》する

○言葉の力　情報の客観性や信頼性を吟味する

●情報の発信元は誰か。専門家や公的機関などから発信された情報は、比較的、信頼性が高いといえる。

●裏付けの取れている情報か。適切な根拠を挙げて丁寧に説明されているかどうかに留意する。

●最新の情報か。発信された日付の古い情報だと、状況が変わっている可能性がある。日付の不明なものにも注意が必要である。

（1）　書くための情報を集める。

・既に知っていることや、自分が体験したことを書き出す。

・本や新聞、インターネットなどで調べ、必要な情報をメモする。

（2）　情報を吟味して、取捨選択する。

ポイント　一つの事柄について複数の資料やメディアで情報を集め、比較検討してみることも大切である。

3　文章の種類と構成を考え、内容を膨らませて書く

○言葉の力　文章の種類と構成を考え、内容を膨らませて書く

●伝える目的や内容に合った文章の種類と構成を考える。

●ある材料をきっかけに、新たに知りたいことが出てきたら調べたり、関連する体験を思い出したりして、材料を増やす。

●調べて分かったことを自分なりの表現でまとめ直す。または、資料の言葉をかぎ括弧《かっこ》で区切って引用する。資料をまる写しにして、それを自分の文章のように示すことは避ける。

●体験を書くときには、そのときの状況を具体的に描写したり、会話文を取り入れたりするのもよい。

（1）　文章の種類を決める。

・伝える目的や内容に適した文章の種類を選ぶ。

A　調べて分かった事実や出来事を書く。→ ①［　　］文

B　体験や見聞きしたことについての思いを書く。→②［　　］
C　根拠を明確にしながら意見を述べる。→意見文

▼①報道　②随筆

ポイント　編集会議を開き、文章の種類が同じものばかりにならないように調整する。

(2)　紙面の割り付けを決める。
・新聞の割り付け用紙に、題字、見出し、本文の大まかな配置を書き入れて、担当する記事の文字数などを確認する。

(3)　担当する文章の構成を考える。
・文章の種類ごとに典型的な構成があるのでそれを参考にする。

種類	構成の例
報道文	最初に要点をまとめ、後から詳しい内容を書く。
随筆	体験を中心に書き、最後に自分の思いを述べる。
意見文	意見を述べ、根拠を挙げて説明し、最後に意見を示してまとめる。

・構成に沿って、材料を並べる順序を考え、必要な情報があれば追加していく。

(4)　材料をもとに内容を膨らませて文章の下書きをする。
・スペースに応じて、図版(写真・イラスト・グラフなど)も効果的に活用する。

4　下書きを読み合い、推敲《すいこう》して清書する

(1)　編集会議を開いて下書きを読み合う。
・工夫されている点や、疑問に思う点、こうすればもっとよくなるという点を指摘し合い、改善のための手がかりをつかむ。

(2)　下書きを推敲する。
・編集会議での意見を参考に、表現を練り直す。

教科書の例▼　推敲した例　――教科書79ページ

①質問されたところに「日本で」と説明を補足している。
②表現が不自然だとの指摘を受けて「保守」→「保護」に書き換えている。
③重複する「オオムラサキは」を削除して、読みやすくしている。

(3)　紙面に清書する。

教科書の例▼　完成作品例　――教科書81ページ

・「チョウよ、はばたけ」(報道文)…大きな見出しでは印象的な表現で読者の興味をひきつけ、それとは別に内容を要約した見出しも添えている。文章は「要点→問題の背景→具体的な取り組み→書き手の考え」という構成になっている。
・「手ごわい外来種」(報道文)…外来種のうち「ブラックバス」に焦点を当てて説明し、姿が分かるイラストも添えている。
・「ギンとともに」(随筆)…書きだしでは「ギン」が何であるかを伏せて読者の関心をひきつけている。体験、本から得た知識、自分の考えを織り交ぜて書いている。
・「太陽の恵みを活用しよう」(意見文)…文章の構成は、「意見→根拠(1)→根拠(2)→予想される反対意見への反論→意見のまとめ」になっている。

5　読み合って感想を交換する

(1)　完成した新聞をクラスで読み合い、感想を伝え合う。
(2)　学校全体や地域の人々にも新聞を読んでもらい、感想を聞く。

日本語探検３

連語・慣用句

教科書82〜83ページ

新出漢字・新出音訓

読みの太字は送り仮名を示す。（　）は中学校では学習しなくてもよい読みを、—線は特別な言葉に限って使われる読みを示す。例は用例を示し、例中の太字は教科書本文中の語句であることを示す。新出音訓の▼は、常用漢字表の「付表」の語を示す。□には漢字を、（　）には読みを書こう。

p.82　**闘**　トウ　たたか**う**　18画　門　□

たたかう。勝ちを争う。例 **格闘技**《かくとうぎ》。闘争《とうそう》。

p.83　**傘**　（サン）　かさ　12画　人　□

雨・雪・日光などをさけるためにかざす、柄のついた道具。例 **傘**《かさ》。日傘《ひがさ》。

p.83　**采**　サイ　8画　采　□

①えらびとる。例 **采配**《さいはい》。②すがた。かたち。例 風采《ふうさい》。

◉**学習内容の要点を押さえ、練習問題にも取り組んでみよう。**

1　連語

二つ以上の語が組み合わさって一つのまとまった言い方になっているものを連語（コロケーション）という。

例 暑い日はよく汗をかく。

＊「汗をかく」の結び付きは固定していて、「汗を出す」や「涙をかく」などとは言えない。「汗を流す」という表現はあるが、意味が少し違ってくる。

2　慣用句

二つ以上の語がきまった形で結び付き、全体の意味が個々の語の意味の組み合わせからは予測できない、特別な意味を持つ言い方を慣用句という。

例 あの人とは馬が合う。

＊「馬が合う」は、「趣味や性格が似ていて、付き合いやすい」という意味であり、「馬」「合う」などの語の意味を組み合わせただけでは全体の意味は分からない。

ポイント　慣用句の中には、その慣用句と同じ語の組み合わせで、文字どおりの意味で使われるものもある。

例 そんなところで油を売っていないで、さっさと仕事をしなさい。

＊慣用句で、「働かないで無駄なおしゃべりをする」という意味。

例 料理用の油を買いたいが、油を売っている店が休みだった。

＊慣用句ではなく、そのままの意味。

テストに出る！

問　**次の（　）に当てはまる言葉を答えなさい。**

①私は甘いものに（　　）がなく、ケーキも大好きだ。

②ここで逃げたら、それこそ相手の思う（　　）だ。

③（　　）によりをかけた料理をふるまう。

④その話は何度も聞いて耳に（　　）ができた。

⑤彼は（　　）の居所が悪いのか、大声でどなっていた。

答　①目　②つぼ　③腕　④たこ　⑤虫

覚えておきたい　慣用句

●体の部分を表す語を用いた慣用句

足が出る　予算を超えた出費になる。
足を伸ばす　予定より遠くまで行く。
頭が下がる　感心する。敬服する。
頭を抱える　途方に暮れて考え込む。
腕を振るう　技能を存分に発揮する。
顔が広い　交際範囲が広い。
顔に泥を塗《ぬ》る　人の面目《めんぼく》を失わせる。
肩の荷が下りる　責任や負担がなくなって楽になる。
肩を並べる　対等の位置に立つ。
肩を持つ　加勢する。ひいきする。
きびすを返す　ひき返す。
口が滑る　うっかり言ってしまう。
口車に乗る　相手の話にだまされる。
首が回らない　借金などが多くて、やりくりがつかなくなる。
腰が低い　他人に対してへりくだる。
腰を据える　落ち着いて物事を行う。
舌を巻く　驚嘆する。非常に感心する。
手の裏を返す　がらりと態度を変える。
手を焼く　取り扱いに困る。持て余す。
歯が立たない　相手に対抗できない。
歯に衣《きぬ》着せぬ　相手に遠慮せず、思っていることをそのまま言う。
鼻にかける　自慢して得意がる。
鼻につく　あきあきして嫌になる。
腹に据えかねる　怒りを心中に収めておくことができない。我慢できない。
腹を割る　本心を隠さないで話す。
骨を折る　精を出して働く。苦労する。
耳が痛い　他人の言うことが自分の弱点をついていて、聞くのがつらい。
胸をなで下ろす　ほっと安心する。
目と鼻の先　すぐ近く。
目に余る　見過ごせないくらいひどい。

●動物の名前を用いた慣用句

犬猿の仲　仲の悪い間柄のたとえ。
雀《すずめ》の涙　ほんのわずかしかないこと。
鶴の一声　有力者や権力者の一言。
虎の子　大切にして手放さないもの。
猫の手も借りたい　非常に忙しくて、人手が一人でも多く欲しい。
猫の額　土地などが非常に狭いこと。
猫をかぶる　本性を隠して、うわべはおとなしく見せかける。
袋の鼠《ねずみ》　逃げ場のない状態。

●その他の慣用句

脂がのる　仕事に調子が出てはかどる。
板につく　その役割にぴったり合う。
お茶を濁す　その場をごまかす。
折り紙付き　価値や品質が保証されていること。
気が置けない　気楽に付き合える。
釘《くぎ》を刺す　前もって念を押しておく。
ごまをする　相手にこびへつらう。
采配《さいはい》を振る　指図する。
さじを投げる　物事に見込みがないとあきらめて手を引く。
太鼓判を押す　確実だと保証する。
火の車　経済状態が苦しいこと。
水をさす　物事に邪魔を入れる。
横車を押す　無理なことを押し通す。

◆意味を確かめたら、慣用句を用いて短文を作ってみよう。

例・高価な食材を仕入れたら、足が出ることになる。
・天気がいいので、海まで足を伸ばしてみよう。
・毎朝練習する彼には頭が下がる。

漢字道場3 四字熟語

教科書84～85ページ

読みの太字は送り仮名を示す。（　）は中学校では学習しなくてもよい読みを、―線は特別な言葉に限って使われる読みを示す。例は用例を示し、例中の太字は教科書本文中の語句であることを示す。新出音訓の▼は、常用漢字表の「付表」の語を示す。□には漢字を、（　）には読みを書こう。

新出漢字・新出音訓

p.84 **葬** ソウ （ほうむる） 12画 艹 □
死者をほうむる。例 **冠婚葬祭**《かんこんそうさい》。葬送《そうそう》。葬式《そうしき》。

「葬」は、草むらの中に死体をかくすことを表した漢字です。

p.84 **謀** ボウ （ム） （はかる） 16画 言 □
①計画を立てる。例 **深謀遠慮**《しんぼうえんりょ》。無謀《むぼう》。②悪事をたくらむ。例 陰謀《いんぼう》。謀略《ぼうりゃく》。

p.84 **胎** タイ 9画 肉 □
①子供を宿すところ。例 **換骨奪胎**《かんこつだったい》。胎内《たいない》。母胎《ぼたい》。②身ごもる。はらむ。例 胎生《たいせい》。胎児《たいじ》。

p.84 **奔** ホン 8画 大 □
勢いよく走る。例 **東奔西走**《とうほんせいそう》。奔走《ほんそう》。

p.85 **呉** ゴ 7画 口 □
中国古代の国名。例 **呉越同舟**《ごえつどうしゅう》。呉音《ごおん》。呉服《ごふく》。

p.85 **薪** シン たきぎ 16画 艹 □
たきぎ。例 **臥薪嘗胆**《がしんしょうたん》。薪炭《しんたん》。薪拾《たきぎひろ》い。

p.85 **憂** ユウ うれえる うれい （うい） 15画 心 □
心配する。悲しむ。例 **内憂外患**《ないゆうがいかん》。憂慮《ゆうりょ》。

p.85 **帆** ハン ほ 6画 巾 □
船のマストにかかげる布。例 **順風満帆**《じゅんぷうまんぱん》。帆船《はんせん》。帆掛《ほか》け船《ぶね》。

p.85 **尚** ショウ 8画 小 □
①まだ。さらに。例 **時期尚早**《じきしょうそう》。②格が上でりっぱだ。例 高尚《こうしょう》。

「尚」は、真ん中の線を最初に書くよ。

p.85 **閑** カン 12画 門 □
①のんびりしていて、ひま。例 **閑話休題**《かんわきゅうだい》。農閑期《のうかんき》。閑散《かんさん》。②しずか。例 閑静《かんせい》。

p.85 **酌** シャク （くむ） 10画 酉 □
①くみとる。例 **情状酌量**《じょうじょうしゃくりょう》。②酒をつぐ。例 晩酌《ばんしゃく》。

p.85 **騎** キ 18画 馬 □
①馬に乗った兵士。例 **一騎当千**《いっきとうせん》。②馬などにまたがって乗る。例 騎乗《きじょう》。騎手《きしゅ》。

■ **新出音訓** （――線部の読みを書こう。）

① 老若《ろうにゃく》男女 ▼p.84 （　　　）
② 泰然自若 ▼p.84 （　　　）
③ 一朝一夕 ▼p.85 （　　　）

答 ①なんにょ ②じじゃく ③いっせき

◉学習内容の要点を押さえ、教科書の問題の答えを確かめよう。

1 四字熟語の構成

漢字四字が結び付いて、特有の意味を表すものを四字熟語という。次のような構成のものがある。

①四字それぞれが対等の関係にあるもの
例 春夏秋冬・喜怒哀楽 〈○＋□＋△＋◇〉

②対義の二字から成る語を二つ重ねたもの
例 古今東西・老若《ろうにゃく》男女 〈○●＋□■〉

③同じ字の繰り返しを二つ重ねたもの
例 明々白々・時々刻々 〈○々＋□々〉

④意味の似た二字熟語を重ねたもの
例 完全無欠・悪戦苦闘 〈○□＝△◇〉

⑤意味が対になる二字熟語を重ねたもの
例 質疑応答・有名無実 〈○□↔△◇〉

⑥上の二字が下の二字にかかるもの
例 前代未聞《みもん》・大器晩成 〈○□→△◇〉

2 数字を含む四字熟語・故事成語

四字熟語には、数字を含むものや、故事成語であるものも多い。
例 一石二鳥・千客万来・呉越同舟・臥薪嘗胆《がしんしょうたん》

○問題 ——— 教科書84～85ページ

①次の漢字を並べ替えて四字熟語にしよう。

解答 1起承転結 2花鳥風月 3冠婚葬祭

②□に漢字を入れて四字熟語を完成させよう。

解答 1実 2明 3敵 4実 5然 6深 7骨 8西 9外 10晴 11故 12中 13道 14満 15時 16題 17洋 18量

解説 1「虚々実々」は、互いに策略や手段を尽くして渡り合うこと。4「謹厳実直」は、非常にまじめであるさま。7「換骨奪胎」は、骨を取り換え、胎を奪い取って用いる意から、先人の詩文の発想や表現法を利用して、独自の作品を作ること。11「温故知新」は、昔のことをよく学んで新しい知識を得ること。「故《ふる》きを温《あたた》めて新しきを知る」という「論語」の言葉による。15「時期尚早」は、事を行うにはまだ時期が早すぎること。16「閑話休題」は、無駄話はこれくらいにして、という意味。話を本来の話題に戻すときに用いる。17「和洋折衷」は、日本風なものと西洋風なものとをうまく取り入れること。18「情状酌量」は、裁判官が被告の事情を考慮して刑罰を軽くするという意味の法律用語。

③□に漢数字を入れて四字熟語を完成させよう。

解答 1一 2二 3千 4四 5七・八 6千・万

解説 1「一朝一夕」は、ひと朝とひと晩の意から、極めて僅かな期間のこと。4「三寒四温」は、冬季に寒い日が三日ほど続くと、その後四日間ぐらいは暖かいということ。

④次の故事成語の意味と由来を調べよう。

解答
1 意味…目先の違いにとらわれ、結果が同じであることに気づかないこと。また、言葉巧みに人をあざむくこと。
由来(故事)…宋《そう》の狙《そ》公が飼っている猿たちに、「朝三つ、夕方四つトチの実を与えよう。」と言うと猿たちが怒ったので、「それならば朝四つ、夕方三つにする。」と言うと、猿たちは喜んだ。

2　意味…周囲がみな敵となり、孤立すること。

由来(故事)…漢の高祖《こうそ》(劉邦《りゅうほう》)が楚《そ》の項羽《こうう》を包囲して、漢の兵士に楚国の歌を歌わせたところ、項羽は、楚が既に降伏して自分が孤立したと思って嘆いた。

❗覚えておきたい四字熟語

●数字を含むもの

一期一会《いちごいちえ》　(茶道の教えから)一生にただ一度の出会い。
一日千秋《いちじつせんしゅう》　一日が千年に思えるほど待ち遠しいこと。
二束三文《にそくさんもん》　多く売っても利益が出ないほど売値が安いこと。
五里霧中《ごりむちゅう》　状況がつかめず、見通しや方針が立たないこと。
七転八倒《しちてんばっとう》　ひどい痛みなどで、転げ回って苦しみもだえること。
十人十色《じゅうにんといろ》　考え・好み・性質などは、人それぞれであること。
千載一遇《せんざいいちぐう》　千年に一度しかめぐり会えないような絶好の機会。
千差万別《せんさばんべつ》　多くのものがさまざまに違っていること。

●意味の似た二字熟語を重ねたもの

質実剛健《しつじつごうけん》　飾り気がなくまじめで、強くしっかりしていること。
深謀遠慮《しんぼうえんりょ》　遠い先のことまで見通して深く考え、計画すること。
絶体絶命《ぜったいぜつめい》　追いつめられ、非常に苦しい状況・立場にあること。
泰然自若《たいぜんじじゃく》　落ち着いていて、どんなことにも動じないこと。
大胆不敵《だいたんふてき》　度胸がすわっていて、敵を敵とも思わないこと。
優柔不断《ゆうじゅうふだん》　ぐずぐずして、物事をきっぱりと決められないこと。

●意味が対になる二字熟語を重ねたもの

外柔内剛《がいじゅうないごう》　外見はもの柔らかだが、内面はしっかりしていること。
勧善懲悪《かんぜんちょうあく》　よいことを勧め、悪いことを懲らしめること。

晴耕雨読《せいこううどく》　晴れた日は畑を耕し、雨の日は読書をすること。
朝令暮改《ちょうれいぼかい》　命令や法令が次々に変わり、一定しないこと。
内憂外患《ないゆうがいかん》　国内の心配事と外国から迫られる心配事。
半信半疑《はんしんはんぎ》　半分は信じているが、半分は疑っている状態。

●上の二字が下の二字にかかるもの

暗中模索《あんちゅうもさく》　手がかりのないまま、あれこれとやってみること。
疑心暗鬼《ぎしんあんき》　疑う心があると妄想がわいて、怖く感じること。
言語道断《ごんごどうだん》　言葉に表せないほどひどいこと。もってのほか。
自画自賛《じがじさん》　自分で自分のことを褒めること。
順風満帆《じゅんぷうまんぱん》　船が帆に追い風を受けるように、順調に進むこと。
本末転倒《ほんまつてんとう》　根本的な事柄とささいな事柄を取り違えること。

●故事成語であるもの

呉越同舟《ごえつどうしゅう》　敵対していた呉の国の人と越の国の人が同じ舟に乗り合わせ、暴風が来たときに助け合った故事から、仲の悪い者どうしが同じ場所にいること。
臥薪嘗胆《がしんしょうたん》　呉王夫差《ふさ》が父の敵《かたき》の越王勾践《こうせん》を討つため、薪の上に寝て身を苦しめ、また夫差に敗れた勾践がその恥をそそぐため、苦い肝を嘗《な》めて屈辱を忘れまいとしたという故事から、敵を討ったり目的を達成したりするために長い間苦労すること。

▼読む

読書1

読書への招待
恩返しの井戸を掘る

筆者・坂本《さかもと》 達《たつ》

教科書86〜91ページ

ガイダンス

学習目標を押さえ、「恩返しの井戸を掘る」のおおよそを理解しよう。

●学習目標

●読んだ本について感想を交換し、知識を広げ、自分の考えを深める。

●あらまし

一九九六年、自転車での世界一周にチャレンジしていた筆者は、西アフリカ縦断を目指してギニアを走行中、カリヤ村のシェリフ医師のもとに宿泊した。村に滞在中、マラリアと赤痢を発症し、生死の境をさまようことになったが、シェリフの治療と村人たちの献身的な看病のおかげで、一命をとりとめた。村を出るとき、筆者はお礼にお金を渡そうとしたが、シェリフは決して受け取らなかった。

帰国後、筆者は体験を本につづる。更に、本の印税で、助けてくれた人々への恩返しとして井戸を掘ることを思い立つ。村人たちに水管理委員会を組織してもらい、作業に参加してもらうとともに、筆者も現地を訪れて作業を手伝い、二年がかりで井戸が完成した。シェリフや村人たちに助けられ、みんなで力を合わせて成し遂げたことだった。筆者は、出会った人々への感謝の気持ちを新たにし、さらに恩返しを続けていきたいと考えている。

●文章の構成

本文は、一行空きによって大きく二つのまとまりに分けられ、旅の途中のギニアで命を救われた経験と、その恩返しとして井戸の掘削に取り組んだ活動が紹介されている。

・前半（初め〜88・31）……ギニアの人々との出会い。
・後半（88・32〜終わり）…恩返しの井戸掘り。

前半は一九九六年、後半は二〇〇三年から二〇〇五年にかけての出来事である。

●要旨

旅先で出会ったギニアの人々との継続的な交流を通して、感謝の気持ちがいっそう深まり、人間にとって本当に大切なものは何かを考えさせられた。

筆者とギニアの人々の交流は、旅を通しての偶然の出会いに始まり、十年近い年月をかけて深まっていった。旅人を心からもてなした人々、その恩に報いるため井戸作りに奔走した筆者、その熱意に応えてくれた人々。互いを思い合う気持ちが連鎖している。

新出漢字・新出音訓

読みの太字は送り仮名を示す。（ ）は中学校では学習しなくてもよい読みを、—線は特別な言葉に限って使われる読みを示す。例は用例を示し、例中の太字は教科書本文中の語句であることを示す。新出音訓の▼は、常用漢字表の「付表」の語を示す。□には漢字を、（ ）には読みを書こう。

p.86 **泊** ハク　と**まる**　と**める**　8画　水　□

①よそにとまる。例 **泊《と》まる**。**宿泊《しゅくはく》**。寝泊《ねと》まり。②船が港などにとまる。例 停泊《ていはく》。③あっさりとしている。例 淡泊《たんぱく》。

p.86 **療** リョウ　17画　疒　□

病気を治す。例 **診療所《しんりょうじょ》**。**医療《いりょう》**。**治療《ちりょう》**。

p.86 **痢** リ　12画　疒　□

腹をこわす。例 **下痢《げり》**。**赤痢《せきり》**。疫痢《えきり》。

p.86 **蚊** か　10画　虫　□

昆虫のか。例 **蚊《か》**。蚊柱《かばしら》。蚊取《かと》り線香《せんこう》。

p.87 **併** ヘイ　あわ**せる**　8画　人　□

二つのものを一つにする。例 **併発《へいはつ》**。合併《がっぺい》。併合《へいごう》。併記《へいき》。

p.87 **鍋** なべ　17画　金　□

なべ。金属でできた、調理用の器。例 **鍋《なべ》**。鉄鍋《てつなべ》。鍋焼《なべや》きうどん。

p.89 **岳** ガク　たけ　8画　山　□

①高く険しい山。例 **山岳地《さんがくち》**。②妻の父の敬称。例 岳父《がくふ》。

p.89 **維** イ　14画　糸　□

①つなぎとめる。例 **維持管理《いじかんり》**。②国の大本。例 明治維新《めいじいしん》。③つな。糸。例 繊維《せんい》。

p.89 **雇** コ　やと**う**　12画　隹　□

お金を出して人を労働力として使う。例 **雇《やと》う**。雇用《こよう》。解雇《かいこ》。

p.90 **滞** タイ　とどこお**る**　13画　水　□

①とどまる。例 **滞在《たいざい》**。滞留《たいりゅう》。②つかえて動かない。物事がはかどらない。例 停滞《ていたい》。渋《じゅう》滞《たい》。滞納《たいのう》。

p.91 **稚** チ　13画　禾　□

まだよく成長していない。おさない。例 **幼《よう》稚園児《ちえんじ》**。稚魚《ちぎょ》。稚児《ちご》。

■**新出音訓**（——線部の読みを書こう。）

①▼砂利道を歩く。p.91（　　）

答 ①じゃり

語句・文の意味

語義が複数の場合、①に教科書本文中の語義を示してある。類は類義語、対は対義語、文は語句を用いた短文例を示す。●印は、教科書の脚注に示されている語句である。

▼86ページ

担《にな》う　自分の責任として引き受ける。

悪寒《おかん》　発熱した際などに感じる病的な寒気。

▼88ページ

献身的《けんしんてき》　自分を犠牲にして一心に尽くす様子。

死《し》のふちから脱《だっ》する　死にそうなほどの苦しい状況から抜け出す。「ふち（淵）」は水が深くよどんでいる場所を表し、一度はまると簡単には抜け出せない苦境のたとえ。

頑《がん》として　自分の考えや主張を変えず、人の言葉を聞き入れない様子。

▼89ページ

壁《かべ》にぶつかる　困難な事態に直面し、物事を先に進められなくなる。

読み解こう

まとまりごとの内容を捉えよう。□の中には当てはまる言葉を書こう。

前半　［初め～88・31］ギニアの人々との出会い。

■**シェリフ医師と知り合った状況を読み取る。**

・時　…一九九六年、自転車世界一周にチャレンジしていたとき。

・場所…西アフリカのギニア。

・状況…泊まれる所を探したところ、カリヤ村のシェリフ医師を紹介された。

●**ポイント**　筆者の旅は、おおまかな行程は決めてあるものの、行く先々で泊まる場所を探すというスタイル。シェリフ医師との出会いも偶然のことだった。

■**シェリフ医師はどんな人物だったか。**

・①□歳という若さで、地域の医療を一人で担っていた。

・「僕らの国にいる間は、僕らが世話をしたいんだ。」（86・14）と言って筆者を②□し、村を案内してくれた。

▼①三十　②歓迎

●**ポイント**　人々に頼りにされる存在であり、外から来た人にも分け隔てなく接する気さくな人柄である。

■**カリヤ村の人々の暮らしぶりを読み取る。**

・現代的な機械などを使うことなく、昔と変わらない方法で、毎日の暮らしが営まれている。

・物があればみんなで分けて、物がなければ工夫する。

・兄弟や親戚が多く、助け合いながら生きている。

●**ポイント**　現代の日本の生活とは大きく異なる。筆者はそれを新鮮な驚きをもって好意的に受け止めている。

■**マラリアとはどのような病気か。**

・蚊に刺されることでかかる①□症。ハマダラカという蚊に寄生しているマラリア原虫によって引き起こされる病気。

・高熱とそれに伴う②□、頭痛、筋肉痛、関節痛、下痢、吐き気などの症状が出て、重症化すると死に至ることもある。

▼①感染　②悪寒

●**ポイント**　筆者も「恐ろしい病気だ」（87・2）と認識していた。

■**マラリアにかかった筆者に対し、シェリフや村人たちがどのように接したかを読み取る。**

シェリフ…・すぐに注射を打ち、薬を与えて治療をしてくれた。
　→村にあった最後のアンプルを筆者のために使った。
・洗濯をしたり、食べ物を買ってきてくれたりした。
・村のミシン屋でギニアの服を作ってくれた。

村人たち…・みんなが見守ってくれていた。
・日本のおかゆのことを話すと、鍋いっぱいにおかゆを作ってきてくれた。

・ポイント　マラリアは、二十四時間以内に適切な検査と治療を受けることで重症化や死亡を防ぐことができる。医師であるシェリフがそばにいてくれたことは筆者にとっては幸運だったといえる。

テストに出る！

問　筆者が「大声をあげて思いっ切り泣きたかった」(87・23)のはなぜか。

答　村人たちが、日本のおかゆに似せた食べ物をわざわざ工夫して作ってくれ、自分を元気づけるために心を尽くしてくれていることが分かったから。

テストに出る！

問　「本当に申し訳ないことをさせてしまった」(87・37)とあるが、筆者は、①どのようなことについて、②なぜ、「申し訳ない」と思っているのか。

答　①村の最後のアンプルを自分のために使わせてしまったこと。②村人がマラリアにかかったときに助けられなくなるかもしれないから。

後半　[88・32〜終わり] 恩返しの井戸掘り。

■**筆者が再びギニアを訪れるまでの流れを読み取る。**

(1) 旅から帰国して、旅の経験を本につづって出版した。

(2) 本の①□で、助けてくれた人たちに恩返しをしようと考え、その相手として、真っ先に②□が思い浮かんだ。

(3) たくさんの③□を持って、七年ぶりにギニアを訪れた。

▼①印税　②シェリフ医師　③薬

■**筆者がドンゴル村に井戸を掘ることを決めた理由を読み取る。**

・ギニアでは、風土病で命を落とす人が多い。

・風土病の原因は、病原菌や寄生虫によって汚染された水。

↓

・井戸があれば、きれいで①□な水を手に入れることができる。②□を防ぎ、人々の命を救うことができる。

・ドンゴル村　…当時まだ井戸がなく、③□地にあるため、水を手に入れることが特に困難な状況だった。

▼①安全　②風土病　③山岳

・ポイント　筆者は、シェリフの提案を受け、旅で直接世話になったカリヤ村ではなく、井戸の必要性が高いドンゴル村を選んだ。

■**井戸掘りにあたって、それぞれが担った役割を読み取る。**

・筆者…①□を用意して計画を進め、井戸掘り作業も手伝った。

・シェリフ…技術者や業者の手配をするなど、現地の②□となって動いた。

・村人たち…水管理委員会を組織し、井戸の維持費にあてる現金を積み立てた。村人総出で井戸掘りの作業をした。

▼①資金　②責任者

・ポイント　当初は、現地の業者との交渉も筆者がやるつもりでいた。しかし難航したため、シェリフが力を貸してくれた。

■**井戸掘り作業に村人が参加したことには、どのような意義があったと考えられるか。**

・井戸の制作にかかる費用を節約できた。

・村人たちに「自分たちの井戸だ」という気持ちが生まれた。

・井戸がどのような仕組みで作られているのかを村人自身が知ることができ、その後の維持管理を村人の手で行いやすくなった。

■**「関わった全ての人に感謝の気持ちを伝えたくなった」(91・5)とあるが、筆者はどのようなことに対して感謝しているのか。**

・ギニアの人々のために井戸を作りたいという自分の願いが、多くの人々の協力のおかげで実現できたこと。

●**ポイント** 「ギニアの人々のため」に始めたことだが、その過程においてはギニアの人々に大いに助けられた。

■**ギニアの人々との交流を通して、筆者が感じたことを読み取る。**

・人々に心からもてなしてもらい、①[　　]している。

・大切なことにたくさん気づかされた。

→水や命の大切さ、家族の大切さ、分け合うこと、みんなで作りあげることなど。

・②[　　]について考えさせられた。

→水や薬があるからといって豊かになるわけではない。

●**ポイント** ギニアの人々の暮らしは、日本と比べて物資面で不足している点は多いが、家族や村人のきずなや思いやりの心は、むしろ日本の社会よりも豊かであるように筆者は感じている。

▼①感謝　②豊かさ

■**「僕が日本で自分の体験を語ったり、豊かさについて子供たちと考えたりすることも、恩返しの一つだと思う。」(91・20)とあるが、なぜそれが恩返しになるのかを考える。**

・ギニアの人々との交流を通して得たものを多くの日本人と分け合い、生かしていくことができるから。

●**ポイント** ギニアの人々に何かを返すことだけが恩返しではなく、受けた恩に感謝し、他に生かしていくことも恩返しなのである。

テストに出る!

問 **筆者がギニアの人々への恩返しとして「井戸を掘る」ことを決めたのはなぜか。説明しなさい。**

答 ギニアでは安全な水が手に入らず風土病で命を落とす人が多かったため、安全な水が得られる井戸を掘れば、ギニアの人々の命を救うことができるから。

課題 教科書91ページ

○**筆者とギニアの人々との交流からどんなことを考えたか、話し合ってみよう。**

解説 突然やってきた旅人を親切にもてなした村人たち、貴重なアンプルをためらうことなく使ったシェリフ医師、恩返しとして井戸を掘るため奔走した筆者。それぞれの立場から考えてみるとよいだろう。途上国支援の在り方、人から受けた親切に対してどう恩返しすべきか、といった視点から考えてみてもよい。

4 ▼読む 吟味・判断

幸福について

筆者・野矢茂樹《のやしげき》

教科書96〜105ページ

ガイダンス

学習目標を押さえ、「幸福について」のおおよそを理解しよう。

学習目標

● 文章に表れている考えを捉え、吟味する。
● 文章を読んで自分の考えを持ち、議論の仕方を踏まえて話し合う。

言葉の力

文章を読んだり、議論をしたりして、考えを深める

考えを深めるときには、次のことに注意しよう。

● 論点を整理し、何から考えるべきかを決める。
● 前提となっていることを疑ってみる。
● 具体例は抽象化して言い換えたり、抽象的なことは具体例を用いて説明したりしてみる。
● 自分の考えにこだわらず、異なる立場からも検討してみる。

文章を読む前に

三人の人物が幸福について議論する会話を中心とした文章である。筆者は通りすがりにこの会話を聞き、それについて考えをめぐらせるという体裁をとっている。

議論の場面は、劇の台本のようにそれぞれの人物のせりふだけが書かれている。どんな人物かは描写されていない。そのため、読者も筆者といっしょに彼らの話に耳を傾けているような感覚で読むことができる。議論といっても堅苦しいものではなく、友達どうしのふだんの会話の延長のようなものである。

議論をしている三人がそれぞれどのような考えを持っているかや、議論がどのように進んでいるかを意識しながら読もう。

あらまし

公園のベンチに腰かけていると、三人が幸福について議論するのが聞こえた。仮に「カイ」「トッポ」「グー」と名前を付けて、その内容を紹介する。

三人は幸福についての考えを話し始めるが、議論がかみあっていないことに気づく。そこで、「幸福とは何か」という問題に焦点を絞ることにした。さらに議論を進めると、「幸福はその人の気持ちの問題なのか」という疑問が示される。それを受けて、今度は「幸福と幸福感は同じものか、違うのか」ということに議論が進展していく。それぞれが具体例を挙げながら考えを述べていくが、明確な結論には至らなかった。

幸福とは何かという議論に簡単に結論は出ないだろうが、議論をすることで考えが深まっていくところに意義がある。

文章の構成

ここでは、議論の流れに即して、次のような四つのまとまりに区切っておく。

・第一のまとまり（初め〜98・16）……議論の始まり。（場面設定・議論の第一場面）
・第二のまとまり（98・17〜99・19）…幸福とは何か。（議論の第二場面）
・第三のまとまり（100・1〜102・18）…幸福と幸福感について。（議論の第三・第四場面）
・第四のまとまり（102・19〜終わり）…筆者の考えのまとめ。

三人の議論は四つの場面に分かれており、それぞれに筆者の感想や考察が加えられている。また、冒頭の場面設定と末尾のまとめも、筆者の視点から語られている。

●要旨

議論は互いに対立するのではなく、正しい考えを求める共同作業である。問題を明確にして議論することで自分の考えを深めていくことが大切である。

幸福について話し合う三人の会話を一つの具体例として提示しながら、議論の進め方や、心構えなどについて、筆者の考えを述べた文章である。

新出漢字・新出音訓

読みの太字は送り仮名を示す。（　）は中学校では学習しなくてもよい読みを、—線は特別な言葉に限って使われる読みを示す。例は用例を示し、例中の太字は教科書本文中の語句であることを示す。新出音訓の▼は、常用漢字表の「付表」の語を示す。□には漢字を、（　）には読みを書こう。

p.96　**丘**　キュウ　おか　5画　一　□
小高い土地。例**丘**《おか》。丘陵《きゅうりょう》。段丘《だんきゅう》。

p.96　**陰**　イン　かげ　かげる　11画　阝　□
①日が当たらないところ。例**陰**《かげ》。物陰《ものかげ》。陰《いん》影《えい》。②暗い。例陰気《いんき》。陰険《いんけん》。③ひそかな。例陰口《かげぐち》。陰謀《いんぼう》。④時間。例光陰《こういん》。

光が当たってできる黒いかげは「影」と書きます。「人影《ひとかげ》・面影《おもかげ》」のように、形のあるものについて使う場合が多いです。

p.96　**猫**　（ビョウ）　ねこ　11画　犬　□
ねこ。例**猫**《ねこ》。飼《か》い猫《ねこ》。野良猫《のらねこ》。猫《ねこ》かぶり。

p.98　**焦**　ショウ　こげる　こがれる　こがす　（あせる）　12画　火　□
①注意や関心の集中するところ。例**焦点**《しょうてん》。②焼けて黒くなる。例黒焦《くろこ》げ。焦土《しょうど》。③あせる。気をもむ。例焦燥《しょうそう》。焦心《しょうしん》。

p.98　**絞**　（コウ）　しぼる　しまる　しめる　12画　糸　□
①範囲を限定する。例焦点《しょうてん》を**絞**《しぼ》**る**。②ねじるなどしてきつくしめる。例絞《しぼ》り染《ぞ》め。首《くび》が絞《し》まる。③無理に出させる。例声《こえ》を絞《しぼ》る。

p.99　**充**　ジュウ　（あてる）　6画　儿　□
みたす。例**充実感**《じゅうじつかん》。充電《じゅうでん》。拡充《かくじゅう》。補充《ほじゅう》。

○広がる言葉

p.105　**剰**　ジョウ　11画　刀　□
あまる。あます。あまり。例**過剰**《かじょう》。余剰《よじょう》。

p.105　**抹**　マツ　8画　手　□
①ぬる。こする。例**一抹**《いちまつ》。②塗り消す。例抹消《まっしょう》。③こな。例抹茶《まっちゃ》。

語句・文の意味

語義が複数の場合、①に教科書本文中の語義を示してある。類は類義語、対は対義語、文は語句を用いた短文例を示す。
●印は、教科書の脚注に示されている語句である。

▼96ページ

●**たわいもない** 取るに足りない。たいしたことのない。文たわいもない話をして時間を過ごす。

●**つ い** ①意識することなくそうしてしまうさま。思わず。うっかり。文大好物の料理だったので、つい食べすぎてしまった。②ちょっと。文ついさっき出かけたところだ。

▼98ページ

●**耳《みみ》を傾《かたむ》ける** 注意深く聞く。類傾聴する。

●**ありがち** よくあるさま。そうであることが多い様子。

しばしば 同じことを何度も行うさま。たびたび。

●**焦《しょう》点《てん》** ①注意や関心などが集まるところ。②レンズを通った光が屈折して一つに集まる点。

▼99ページ

●**むしろ** どちらかといえば。二つの事柄を比べてどちらかを選ぶ意を表す。文道が混んでいるので、バスに乗るより、むしろ歩いて行ったほうが早い。

●**充《じゅう》実《じつ》** 内容が十分に満たされていること。類満足。充足。

●**前《ぜん》提《てい》** ①ある推論の根拠となっている仮の判断。②ある物事が成り立つために、前もって示されている条件。

●**姿《し》勢《せい》** ①物事に対する態度や心の持ち方。類態度。心構え。②体の構え方。バランスの取り方。

▼101ページ

●**極《きょく》端《たん》** ①ある方向に非常にかたよっていること。文極端な思想の持ち主だ。②ふつうの程度より大きく外れていること。

●**揺《ゆ》らぐ** ①不安定になり、ぐらつく。気持ちや考えが定まらない。類迷う。②ゆれ動く。

逆《ぎゃく》 ここでは、直前でトッポが言っている「その人が幸福だって感じてるのに、周りがそれを否定する」に対して、それぞれの内容を打ち消した「本人が幸福だと感じていなくても、客観的に見て幸福」ということを「逆」と言っている。本人の感じ方と周りの感じ方が異なる場合がありうるかどうかを、逆の内容から確かめようとしている。

客観的《きゃっかんてき》 ①特定の立場にとらわれずに物事を見るさま。②見る人が違っても見え方に違いがないさま。対主観的。

▼102ページ

●**安《やす》らぎ** 穏やかで落ち着いた気分。類平穏。平安。

●**微《び》妙《みょう》** ①細かいところに複雑な要素があり、言葉でうまく言い表せないさま。②何とも言えないよさや美しさがあること。

●**追《つい》及《きゅう》** ①責任や欠点などを問いただすこと。類詰問《きつもん》。尋問。②後ろから追いかけること。類追跡。

・責任を追及する。犯人を追及する。
・利益を追求する。幸福を追求する。
・真実を追究する。原因を追究する。

通《とお》りすがり ①たまたまそこを通ること。また、その人。②通るついで。類通りがかり。

読み解こう

まとまりごとの内容を捉えよう。（　　）の中には当てはまる言葉を書こう。

第一のまとまり 〔初め〜98・16〕議論の始まり。

■「ちょっと待って。」（97・8）とあるが、ここまでの発言から「幸福」に関する意見を読み取る。

カイ……①（　　）がなければ幸福は手に入らない。
↓幸福になるにはお金が必要である。

トッポ…幸福とは、②（　　）を感じることである。

グー……ちょうど欲しかったものが手に入るのはうれしい。

▼①お金　②喜び

・**ポイント**　グーの発言には「幸福」という言葉がないが、「うれしい」は「幸福」を意識したものと考えられる。

■グーが「何《なん》かごちゃごちゃしちゃった」（97・8）と思った理由を捉える。

・ここまでの議論では、「（　　）」という話と、「どうすれば幸福になれるか」という、別の話が交ざっているから。

▼幸福って何だろう

・**ポイント**　カイの発言は「どうすれば幸福になれるか」にあたり、トッポの発言は「幸福とは何か」にあたる。グーの発言は、どちらかといえば「どうすれば幸福になれるか」にあたるといえよう。

■カイが「例えばさ、テレビとは……。」（97・18）と言って「テレビ」を持ち出してきたのはなぜか。

・「（　　）」という抽象的なものだと分かりにくいことでも、「テレビ」という具体的なものに置き換えてみると考えやすくなるから。

▼幸福

・**ポイント**　具体例を挙げたり、別の何かにたとえたりすることは、説明を分かりやすくするのに有効な手段の一つである。

■三人の議論の仕方について、筆者がどう評価しているかを読み取る。

・私は感心した。（98・7）
↑（理由）

・三人は、「幸福とは何か」と「どうすれば幸福になれるのか」という二つの問題を同時に議論していて混乱しかけていたが、

論点をうまく整理して、議論する問題を①（　　）に絞ったから。

‖

・これは議論の仕方のだいじな②（　　）である。（98・12）

▼①一つ　②技術

・**ポイント**　「論点を整理する」とは、何が問題になっているのかを明確にし、異なる問題を分けたり、何を先に議論すべきかを考えたりすること。こうした議論の仕方は、意識して学ぶことで身につけることができる「技術」であると筆者は考えている。

テストに出る!

問 **「お金がなければ幸福は手に入らないよ。」(96・9)というカイの発言について、グーはどういう問題を論じたものだと捉えているか。**

答 どうすれば幸福になれるかという問題。

テストに出る!

問 **この場面で、筆者が「議論の仕方のだいじな技術」(98・12)だと述べているのは、どのようなことか。**

答 区別すべき問題を分けて一つずつ議論していくこと。

第二のまとめ 〔98・17〜99・19〕幸福とは何か。

■**カイとトッポは、それぞれ、具体的にどういう場面を思い浮かべて「幸福」を考えているか。**

カイ……スポーツの練習をしてくたくたになり、今日も頑張ったぞと思うとき。→①□感＝幸せな気持ち。

トッポ…おいしいものを食べているとき。→②□＝幸せな気持ち。

▼①充実 ②喜び

■**「二人とも、幸福ってその人の気持ちの問題だって、考えてるわけ?」(99・8)というグーの発言には、どのような意図があるのかを考える。**

・カイもトッポも、「どんなときに、幸せな気持ちになるか」について考えているが、この問いは「幸福は気持ちの問題だ」ということを前提としている。

・グーは、議論の□となっていることが正しいのかどうかを確かめようとしている。

▼前提

・ポイント 「幸福とは何か」を考えるために、「どんなときに幸せな気持ちになるか」という問いを立てることは間違いではない。ただ、そこに意識していない前提があるとき、その前提もまた議論の対象になりうるのである。

■**「議論の楽しさ」(99・18)はどういうところにあると、筆者は考えているか。**

・①□の発言を聞くことによって、今まで自分が考えていなかったことに気づかされ、何かを②□ことができるところ。

▼①ほかの人 ②学ぶ

第三のまとめ 〔100・1〜102・18〕幸福と幸福感について。

■**「幸福と幸福感は同じものなのか、違うのか」(100・3)という問いに対して、三人はそれぞれどちらの立場に立って考え始めているか。**

カイ……幸福と幸福感は①□という立場

トッポ…幸福と幸福感は②□という立場

グー……幸福と幸福感は③□という立場

▼①違う ②同じ ③違う

・ポイント 議論が進むにつれて、考えが変わってきたり、揺らいできたりすることもあるが、まずはどちらかに立場を決めて、その考えに説得力を持たせる根拠(具体例)を示すことから議論が始まる。

■**「宝くじ」(100・16)や「麻薬」(101・3)の話は、どのようなことの具体例として挙げられているのか。**

・本人が幸福だと思っているのに本当は幸福でないことの具体例。

つまり、「　　」と「幸福」は違うということの具体例。

▼幸福感

■**「逆はどうだろう。」(101・14)とあるが、何に対しての「逆」なのかを捉える。**

・ここでは、「幸福と幸福感は違うんじゃないかな。」(100・8)というグーの意見を受けて、それが正しいかどうかを、次の二つの方向から検討している。

A　本人が幸福だと感じているのに、本当は幸福でない。（主観的に○／客観的に×）

B　本人が幸福だと感じていないのに、本当は幸福である。（主観的に×／客観的に○）

・Aの具体例として「宝くじ」や「麻薬」の例が挙げられたが、トッポはいまひとつ納得しきれていない。そこで、Aの「逆」であるBの場合を考えようとしている。

●**ポイント**　AとBは「逆」の関係にあるが、どちらも「幸福と幸福感は違う」という考えを裏付けるものとなる。

■**「平和の例は微妙」(102・5)とは、どういうことか。**

・平和の例をもとに、「幸福と幸福感は同じものなのか、違うのか」について議論を続けるのは難しいということ。

●**ポイント**　「平和」は「幸福」であるという点では三人の考えは一致しているが、「平和」を「本人が感じるもの(幸福感)」と見なすかどうかという点では、次のように見方が分かれている。

グー……平和に慣れると本人は何も感じないかもしれない。
(＝場合によっては幸福感ではないかも)

トッポ…平和は安らぎだから、結局は本人が感じること。
(＝幸福感である)

カイ……平和は本当にその人の感覚の問題なのかな。
(＝幸福感ではないかも)

こうなると、「平和」とは何かを考えなくてはならなくなるので、今回の議論を進める具体例としては不適切だということである。

■**「何が幸せかはある程度は人それぞれなんだけど、でも、完全に人それぞれではないってことなんじゃないかな。」(102・10)という意見は、どういう見方を示したものかを考える。**

・「幸福と幸福感は同じものなのか、違うのか」という問いに対して、どちらか一方だけを正しいと考えるのではなく、場合によってどちらもありうるという新たな見方を示している。

●**ポイント**　対立する意見のどちらかが正しく、他方は正しくないと決める必要はない。何らかの決定を下さなくてはならない問題であっても、条件を付けて賛成するといった方法が考えられる。

テストに出る!

問　**「何が幸せかは自分がどう思うかによる」(101・10)という考えは、ア「幸福と幸福感は同じ」、イ「幸福と幸福感は違う」のどちらに当たるか。**

答　ア

第四のまとまり 〔102・19〜終わり〕 筆者の考えのまとめ。

■議論の在り方についての筆者の考えを読み取る。

・議論は、敵と味方に分かれて①（　　）することではなく、正しい考えを求める②（　　）である。

・議論を通して、自分の考えを③（　　）ところに楽しさがある。

▼①対立　②共同作業　③深める

テストに出る

問　次のうち、三人の議論を通して考えが深められたと思われるのはどの問いか。

ア　幸福はお金で買うことができるか。

イ　どうすれば幸福になれるのか。

ウ　幸福と幸福感は同じものなのか。

エ　幸福は喜びなのか充実感なのか。

答　ウ

てびき―解答と解説

教科書の課題を解き、学習内容をしっかりと身につけよう。　教科書104〜105ページ

◉文章に表れている考えを捉え、吟味しよう

❶　「カイ」「トッポ」「グー」の三人の「幸福」についての考えを理解するために、三人一組になって、「カイ」「トッポ」「グー」のせりふを分担して演じてみよう。

(1)　議論の第一場面(96・9〜98・6)では、自分が演じた人物は「幸福」についてどのように考えているだろうか。

解答

◆カイ…お金がなければ幸福は手に入らない。お金があれば幸福になれる。(根拠)お金があれば欲しいものが買える。

◆トッポ…幸福とは喜びを感じること。お金があっても幸福を感じるとは限らない。

◆グー…欲しかったものが手に入るとうれしい。

解説　グーの発言には、「幸福」についての明確な考えは示されていない。ただ、「安いものでもちょうど欲しかったものってうれしいよね。」と言っていることから、「うれしい」という気持ちを「幸福」と捉えていると考えられる。

(2)　議論の第三場面(100・2〜101・8)と第四場面(101・12〜102・14)では、自分が演じた人物は、「幸福」と「幸福感」についてどのように考えているだろうか。

解答

◆カイ……幸福と幸福感は違うこともあるかもしれない。完全に同じとは言いきれない。

◆トッポ…幸福と幸福感は同じ。本人が幸福だと感じていることは、その人にとっては幸福だし、それを周りが否定することはできない。

◆グー…幸福と幸福感は違う。本人が幸福だと感じている状態でも、客観的に見て不幸な場合はあるし、逆に、本人が幸福だと感じていなくても幸福ということはある。

(3) **自分が演じた人物の考えの深め方や議論の仕方について、気づいたことを伝え合おう。**

解説 それぞれの人物の発言にはどのような意図があるのかを考えてみよう。

◆カイ…「例えば」と具体例を挙げて説明していることが多い。また、「……という問題はいったん置いといて、……がそもそも問題だってことだね」(100・2)、「逆はどうだろう。」(101・14)のように議論の方向性を示す発言もしている。「話し合ってる間に考えが変わることだってある」(100・14)という姿勢で臨んでいる。

◆トッポ…「幸福というのは喜びを感じること」という考えを一貫して述べる一方で、ほかの人の意見に対して「でも、……」「だけど、……」と反論していることが多い。「どっちの味方なのさ。」(100・12)といった発言もあり、自分の考えを通そうとする傾向がある。

◆グー…論点を整理しようとしたり、議論の前提に疑問を投げかけたりしている。ほかの人の発言をよく聞いて客観的な視点から議論を眺めようとしている。

◉自分の考えを持ち、議論の仕方を踏まえて話し合おう

❷ この文章中に示されている「議論の仕方のだいじな技術」(98・12)をまとめてみよう。

解答

①区別すべき問題をきちんと分けて、一つずつ議論していく。(論点を絞って議論する)

②抽象的な事柄を具体例を用いて説明する。

③問題の関係性を考えて、どの問題から議論するかを決める。

④前提となっている事柄も疑ってみる。

⑤言葉を適切に置き換えながら理解を深める。

⑥意見に説得力を持たせる根拠としての具体例を示す。

解説 右の①~⑥は、教科書の脚注に示されている「ポイント」に対応させてまとめたものである。このほかにも、文章中では「ほかの人の発言から何かを学ぼうとすること」(99・17)や、「対立することではなく、正しい考えを求める共同作業」(103・5)といった心構えも示されている。

❸ ❷でまとめた議論の仕方を踏まえて、幸福について話し合おう。その際、議論とは対立を乗り越えて「正しい考えを求める共同作業」(103・5)だということに注意しよう。

解説 まずは考えるべき問題をはっきりさせ、それについて自分の意見を持つことが大切だ。そのうえで、自分とは異なる立場の意見にも耳を傾け、考えの根拠は何か、その根拠は正しいか、別の見方はないかなど、さまざまな視点から考えていこう。

筆者は最終段落で次のような論点を提示している。

> 幸福とは何《なに》か、それは幸福感と同じなのか違うのか。同じならば、幸福とはどういう気持ちなのか。違うならば、幸福とは何《なん》なのか。(103・6)

文章中の三人の議論は、幸福は気持ちの問題だという前提で進んでいったが、気持ちの問題でないとしたら、何であると考えられるだろうか。日頃あたりまえに思っていることを、あえて疑ってみるのもよいだろう。

広がる言葉

ⓐ「幸福について」にある「微妙」(102・5)や「ある程度」(102・10)は、程度を表す言葉である。次の(　)に入る程度を表す言葉を、さまざまに考えてみよう。

解答　1たいへん・とても・非常に・すこぶる　2やや・少し・いささか　3ほとんど・全く・全然　4だいぶ・ずいぶん・かなり・まあまあ

解説　1は程度が大きいことを表す言葉が入る。2は程度が小さいことを表す言葉が入る。3は下の打ち消しの語と呼応する言葉が入る。4は、上に「たっぷり」とあるので、どちらかといえば程度の大きいことを表す言葉が入る。1と同様の語も入れることができる。

ⓑ次の(　)に入る言葉として、後のア～シのどれが適切だろうか。また、その言葉を選んだのはなぜだろうか。

解答　1エ…「数量がずば抜けて大きい」という意味。　2シ…「全部」という意味。　3イ…打ち消しの語と呼応して、「ほんの少しの…もない」という意。　4ケ…ごくわずかな違いであること。　5ク…「めったにいない・まれである」という意。　6オ…広い範囲にいきわたる様子。

解説　答えに選ばなかった語について、例文を次に掲げておく。ア＝寸暇を惜しんで働く。ウ＝底抜けに明るい性格だ。カ＝彼は優秀なので引く手あまただ。キ＝利益を過少に計上した。コ＝今月の売り上げは雀《すずめ》の涙だ。サ＝結果をつぶさに報告する。

ⓒ次の程度を表す言葉のリストから一つ選び、その言葉を使った短文を作ってみよう。

解説　それぞれの言葉の意味と例文は次のとおり。

・群を抜いて…多くの中で飛びぬけてすぐれている。例彼の足の速さは群を抜いている。
・よほど…一定の基準を超えているさま。例よほど腹が減っていたのだろう。
・過剰…ありすぎること。例過剰なもてなしを受ける。
・一抹…ほんの少し。例今後の成り行きに一抹の不安を覚える。
・ほんの…下に続く語を強く限定する。例山頂がほんの少し見える。
・たった…下に続く語を強く限定する。例客はたった三人だけだ。
・ほぼ…おおよそ。だいたい。例当時の状況がほぼ分かった。
・極めて…非常に。例極めて珍しい動物だ。
・まあまあ…良くも悪くもないさま。例今日の天気はまあまあだ。
・多少…いくらか。例外国の文字も、多少は知っている。
・全然…(下に打ち消しの語を伴って)少しも。全く。例兄弟だが全然似ていない。
・けっこう…相当に。思ったよりも。例値段がけっこう高かった。
・夢にも…(下に打ち消しの語を伴って)少しも。決して。例優勝できるとは夢にも思わなかった。
・冠たる…最もすぐれている。例世界に冠たる工業技術。
・絶世…この世に比べるものがないさま。例絶世の美女。

学びの扉《とびら》

多面的に捉える

教科書106、234～237ページ

物事について考えるとき、ある一つの観点から見ただけで結論を出すのではなく、さまざまな観点から捉えることが大切である。

●一面的ではなく多面的に捉える

・多面的に捉えることで、考えを深め、よりよい結論を出すことができる。

一面的な捉え方	多面的な捉え方
一つの観点だけからしか考えない。 例 歩道橋があれば、A信号待ちをしなくていい。	いろいろな観点から考える。 例 歩道橋があれば、A信号待ちをしなくていいが、B階段を上れない人は困る。横断歩道を作るよりC費用もかかる。

●新たな考え方やものの見方を得る

・多面的に捉えるためには、次のような方法が有効である。

(1) 自分で新しい体験をしたり、他人からさまざまな体験を聞いたり、①[　]を読んだりすることで、視野を広げる。

(2) ②[　]をして、他人の意見に耳を傾けることで、新たな考え方やものの見方を学ぶ。

▼①本 ②話し合い

教科書の例▼ テストについての三人の意見 ――教科書235ページ

優馬「テストはたいへんだから、なくなればいい。」
↓楽かどうかという観点

理奈「テストがないと勉強しないから、あったほうがいい。」
↓勉強する気になるかどうかという観点

コトハ「テストをするとみんなの苦手が先生に分かりやすい。」
↓教える立場からの観点

ポイント 物事の見方は人によって異なるものである。だからこそ、他の人の意見から新たな見方を知ることができる。

●他のものと比較して新しい観点を見つける

・新しい観点を見つけるためには、他のものと比較してみることも有効である。

教科書の例▼ 作品Aと作品Bの比較 ――教科書236ページ

	背景や人物の描き方		絵の印象
作品A	平面的	大げさ	躍動感
作品B	↔立体的	↔写実的	↔静か・安定感

ポイント 一つの物事だけ見て考えるよりも、他のものと比較したほうが特徴を見つけやすくなり、その物事をより深く理解できる。

テストに出る!

問 **学校で使う筆箱を買いたい。売り場の商品を比較するときの観点を五つ以上挙げなさい。**

答 必要な大きさか、使いやすいか、買える値段か、耐久性はあるか、色やデザインが好みか、など。

▼書く　論証・説得

観察・分《ぶん》析《せき》して論じよう
「ポスター」の批評文

教科書107～113ページ

○学習目標
●批評の対象について、観察・分析したり、比較したりして、自分なりの判断を下す。
●論の進め方を考え、資料を参考にしたり引用したりして、説得力のある批評文を書く。

1　批評の対象について知る

ここでは、「食品ロス」についての意識を高めるためのポスターA・B・Cのうち、どれが最も優れているかを考えていく。教科書108ページの参考資料を読んで、「食品ロス」について理解しよう。

【参考資料の着眼点】
・「食品ロス」とは、まだ食べられるのに捨てられている食べ物のこと。これを減らすことが求められている。
・「日本人一人につき、一日で約百三十九グラム」などの具体的数値から、問題の深刻さが読み取れる。
・食品ロスには、企業(商店・飲食店)から出るものと、家庭から出るものとがあるが、一般の人に向けては、家庭から出るものを減らすよう訴える必要がある。
・家庭での食品ロスの原因が説明され、家庭でできる取り組みの例として、「食品を余分に買いすぎず、買ったものは使いきる、食べきるようにする」ということが示されている。

2　対象を観察・分析する

(1)　対象をよく観察して特徴を書き出す。
①イラストや写真について
・何を描いた(写した)ものか。
・形や[①　]、色調などにどんな特徴があるか。
②キャッチコピーなどの文字について
・どんな表現で、どんな[②　]を伝えているか。
・文字の大きさや色、デザイン、配置にどんな特徴があるか。

▼①大きさ　②意味

ポイント　好き嫌いなど個人の主観を交えず、客観的に分かる事実を取り上げる。

(2)　対象の特徴について分析したことを書き加える。
・その表現には、どのような効果があるか。
・見る人は、その表現をどう感じるか。どんな印象が残るか。
・作り手は、どんなねらいがあってそう表現したのか。

教科書の例▼　観察・分析のメモの例――教科書109ページ
・Aのポスターについて、観察して気づいた特徴と、分析して考えたことを対応させながら書いている。
・イラストについて、「ポスターの中央」という位置や、「ご飯の入った茶わんがはかりに載っている」という内容、「吹き出し」が付いていることなどを挙げている。

・「はかり」のイラストから「食べ物の重さに関係がある」ことを読み取っている。
・「イラストだけでは分からない」ことや、吹き出しに「書かれていない」ことがあるという特徴に着目している。
・「こうした謎によって、答えを知りたいと思わせる表現になっている」と、表現の効果や作り手のねらいを考えている。
・キャッチコピーについては、文字の置かれている位置や、コピーの内容、特に大きく目立つ文字などに着目している。

3 対象を比較して判断を下す

言葉の力　複数の対象を比較し、特徴を多面的に捉える

●対象の特徴を一面的に捉えず、さまざまな観点から多面的に捉えるようにする。
●複数の対象を比較することで、それぞれの違いが見えてきて、対象の特徴を多面的に捉えやすくなる。
●複数の対象からよいものを選ぶときには、さまざまな観点から比較したうえで、特に大切だと思う観点を重視して判断する。

(1) 自分の観察・分析をもとに、三つのポスターを比較する。
・ポスターの目的に照らして大切なことは何かを自分なりに考え、重視する観点を決める。

【観点の例】
・「食品ロス」とはどんな問題であるかを伝えているか。
・「食品ロス」を減らすための取り組みを提案できているか。
・食品を無駄にすることはよくないという意識を高められるか。

(2) グループ内で意見を交換する。
・他の人の分析や、判断の観点を参考にして考えを深める。
・意見交換で気づいたことを踏まえて、判断を見直してもよい。

ポイント　他の人の意見を聞くことで、自分では気づかなかった見方や考え方を知ることができ、対象に対する理解が深まる。

4 批評文を書く

言葉の力　説得力のある批評文を書く

●自分の判断の根拠は、できるだけ具体的に示す。
●対象のうち、最も優れていると思ったものだけでなく、他のものについても言及するとよい。
●必要に応じて参考資料の一部を引用してもよい。引用する文章はかぎ括弧《かっこ》に入れて、出典(書名など)を明示する。

(1) 論の進め方を考える。
・先に①[　　]を提示してから、根拠を詳しく説明するとよい。
・対象を比較するときに重視した②[　　]も明確にする。

▼①結論　②観点

ポイント　「どれを選んだか(結論)→なぜそれを選んだか(根拠)→他の対象についてどう考えたか(根拠の補足)→まとめ」といった構成を基本にして考えてみよう。

(2) 表現の仕方を考える。
・例えば、「よい」という評価にも、「優れている」「秀逸だ」「抜群だ」などさまざまな表現がある。教科書339ページの「批評する言葉」を参考にして、表現の幅を広げていこう。

教科書の例 批評文の完成例 ―――― 教科書111ページ

【例① Aを選んだ例】

・次のような構成で書かれている。

1 結論…「Aが最も優れている」という判断を簡潔に述べる。

2 根拠…Aについての分析。Aの特徴として、「『食品ロスとは何か。いったいどんな問題なのか。』ということが鮮明に伝わってくる」という点を挙げ、評価の根拠としている。

3 根拠の補足…Aと比較する形で、B・Cについての分析を示し、2で示した観点においてはAより劣るということを説明する。

4 まとめ…自分が重視した観点を示しながら、改めて「Aを秀逸と評価した」という結論を述べて締めくくる。

【例② Bを選んだ例】

・次のような構成で書かれている。

1 結論…「私たちにできることを提案しているポスターはどれか」と、自分が重視した観点を示しながら、「Bを選んだ」という判断を述べる。

2 根拠…Bについての分析。参考資料を引用することで、「余分に買いすぎず」という提案の大切さに説得力を持たせている。

3 反対意見の検討…予想される反論を取り上げ、それに対して更に反論することで、自分の考えの説得力を高めている。

4 根拠の補足…A・Cのよいところも認めたうえで、自分が重視する観点からは評価できないという考えを述べる。

5 まとめ…改めて、自分が重視した観点を示しながら、「Bが出色の出来映えだ」という結論を述べて締めくくる。

5 読み合って評価する

(1) 完成した批評文を読み合い、感想を話し合う。

・論の進め方や表現の工夫のよかったところなどを伝え合う。

(2) 気づいたことや学んだことを書き留める。

・他の人のものの見方や考え方、文章の書き方などから、今後の学習や生活に生かしていきたいことを見つける。

○問題 ―――― 教科書112〜113ページ

◯ 海外の人々に日本旅行を勧めるポスターのコンクールが開催され、下の三点が候補として残った。A・B・Cのうち、どのポスターが最も優れているだろうか。それぞれのポスターを観察・分析したうえで、六百〜八百字程度で批評文を書いてみよう。

解説 まず、参考資料を読み、訪日外国人にアピールできる魅力として「新旧」「四季」「食」の三つが挙げられていることを押さえよう。これと関連付けるなら、ポスターAは「四季」、Bは「食」、Cは「新旧」をアピールしたものであるといえる。

次に、それぞれのポスターの特徴を客観的に捉え、その意図や効果を分析する。例えば、Aは季節ごとの魅力ある風景を四つの色鮮やかなイラストで表現し、キャッチコピーには「いつでも見頃」とあり、旅行のタイミングの自由さや「美しいものを見て楽しむ」ことを重視する旅行者に訴えかけるものになっている。

それぞれのポスターを分析したら、ポスターの目的や、外国人旅行者の志向などを踏まえ、重視すべき観点は何かを考え、それに基づいて判断しよう。結論とその根拠を明確にすること、他の対象にも言及することに留意して文章にまとめよう。

相手や目的に応じて伝える

教科書114、254～257ページ

学びの扉《とびら》

相手に伝わる説明をするためには、相手や目的に応じて、伝え方を工夫する必要がある。

●適切な話題を選択する

・相手や目的を把握したうえで、適切な話題を選ぶ。

・まずは、①[　]を知ることが重要。相手のことが詳しく分かるほど、②[　]もはっきりし、話の内容も整理しやすくなる。

▼①相手　②目的

教科書の例▼ 話題を選ぶ手順 ―― 教科書254・255ページ

相手　小学三年生…百人一首に触れたことがない。

↓

目的　百人一首とは何かを知ってもらう。

↓

話題　「百人一首の歴史的な由来について」が適切。

●目的に応じて説明内容を整理する

・目的に合わない情報は削り、相手に必要だと思う情報は残す。

教科書の例▼ 情報の取捨選択 ―― 教科書255ページ

㋓百人一首かるたのルール
㋗競技かるたの紹介
㋘自分の体験談

→ 目的に合わないので削る。

㋑読み札の説明
㋒取り札の説明

→ 相手に必要なので残す。

●相手に応じて言葉や表現を工夫する

・相手の知識や①[　]を考えて、相手が理解しやすい表現に言い換えたり、②[　]を加えたりする。

▼①理解力　②説明

教科書の例▼ 書き直したスピーチ原稿 ―― 教科書256ページ

●相手（＝小学三年生）に伝わるよう表現を工夫している。

・「歴史的な由来」を、「どのようにしてできたものなのか」と易しい言葉で言い換えている。

・「和歌」に、「短い詩」という説明を加えている。

・「読み札」「取り札」を、「読む札」「取る札」と言い換えている。

・「下の句」に、「（和歌の）後半部分」という説明を加えている。

・「藤原定家《ふじわらのていか》」について、「今から八百年ほど昔に優れた和歌を作っていた」人物であるという説明を加えている。

・「一首」について、「和歌の数え方」という説明を加えている。

テストに出る！

問 次の文を小学三年生にも理解できるような表現に書き換えなさい。

(1) ここでは、私語を慎んでください。

(2) 町内会主催の自転車安全運転講習会が実施されます。

答 (1) ここでは、おしゃべりはしないでください。

(2) 町の皆さんが自転車の正しい乗り方を教えてくださいます。

▼話す・聞く　話す

場面に応じて話そう

条件スピーチ

教科書115～120ページ

学習目標

●自分の考えを明確にし、相手や目的に応じて話の内容や構成を工夫する。

●場の状況に応じて、自分の思いや考えが分かりやすく伝わるように表現を工夫する。

1 体験を振り返って話す材料を集める

(1) 題材とする体験を決める。

・これまでの中学校生活で行ってきた体験学習を振り返り、社会生活とつながりのある体験を題材として選ぶ。

(2) 体験について思い出すことをメモに書き出す。

ポイント 教科書116ページの例のように、事柄を関連づけながら、なるべく多く、具体的に記しておくとよい。

2 スピーチの内容や構成を考える

言葉の力 **相手や目的に応じて、話の内容や構成を考える**

●聞き手の関心や話の目的に合わせて、話す内容を決める。

●どのような構成で話すと聞き手に分かりやすく、印象的に伝わるかを考える。

●話題について、聞き手が知っていることと知らないことを想像し、説明を補ったり、具体例を示したりする。

●聞き手にとって分かりにくい言葉（地名や人名、専門用語など）は、易しい言葉で説明できるようにしておく。

今回のスピーチでは、次の三つの場面が想定されている。

「A　小学生に体験学習をPRする
B　体験時にお世話になった方々に報告や提案をする
C　体験を通して考えたことを面接で述べる」

(1) それぞれの場面で、気をつけるべきことを考える。

教科書の例▼ **場面に合わせて話す内容を考える** ― 教科書116～117ページ

・Aの場合…PRが目的だから、小学生が「やってみたい。」と思える材料を選び、使う言葉は①[　　]にも分かるような易しいものにする。

・Bの場合…最初に、お世話になった人への②[　　]の気持ちを伝える。

・Cの場合…面接の相手に自分のことを知ってもらえるように、体験したことや、なぜそう考えたのかを分かりやすく伝える。

▼①小学生　②感謝

ポイント お世話になった方々や面接官に向けて話す場合は、適切な敬語を用いる。

(2) 話の内容や工夫をメモにまとめる。

・「相手」「目的」を明記し、常に意識できるようにする。

・「話す内容」と「工夫」を箇条書きで簡潔にまとめる。

ポイント あくまで「メモ」にとどめ、「スピーチ原稿」にはしない。スピーチするときは、聞き手の反応を確かめながら、状況に応じて話し方を工夫するようにする。

教科書の例▼ メモの例（Aの場合）――教科書117ページ

・「白砂《しらすな》海岸のごみ拾い」を選び、活動のきっかけ、具体的な活動内容、体験で感じたことを中心に話そうとしている。

・小学生は「ボランティア活動」の正確な意味を知らない可能性もあるので、最初にその説明を入れている。

・PRするという目的を踏まえ、「聞き手への呼びかけ」で締めくくっている。

3 スピーチの練習をする

言葉の力　相手の様子や場の状況に応じて話す

●聞き手の表情や反応を見ながら話す。

●内容が十分に伝わっていないと感じられたときには、分かりやすく言い換えたり補足したりする。

●話の途中で聞き手に問いかけたり、質問を促したりする。

●ジェスチャーで表したり、資料を活用したりするなど、伝え方を工夫する。

●聞き手に応じた適切な言葉遣いを意識し、間違った敬語やくだけすぎた言葉を使わないように気をつける。

・四人程度のグループになり、順番にスピーチの練習をする。

・A～Cの場面を書いた三枚のカードから、スピーチする人が一枚を選び、その設定で話す。

・ほかの人は聞き手になり、設定された相手（Aの場面なら小学生）になったつもりで聞き、内容や話し方について助言する。

教科書の例▼ Aの場面を想定したスピーチの例――教科書119ページ

・「皆さん、こんにちは。今日は……お話ししたいと思います。」

→最初に聞き手に①［　　］をし、何の話をするのかを述べている。

・「知っていますか？」「分かりますか？」

→話の途中に、呼びかけや②［　　］を入れて、聞き手の興味をひきつけている。

・「ボランティアとは……ことです。」

→聞き手にとって難しい言葉は分かりやすく説明している。

・写真を提示したり、③［　　］で大きさを示したりしている。

→視覚にも訴えかける伝え方を工夫して、聞き手を話に引き込んでいる。

▼①挨拶　②問いかけ　③手

4 スピーチを発表し、感想を交換する

(1) グループやクラス全体の前でスピーチする。

・場面の設定は練習したものでもよいし、改めてカードを引いて決めてもよい。

(2) それぞれのスピーチについて感想を交換する。

ポイント 他の人のスピーチに対して出された感想も、自分の表現に生かせる部分がないか、注意しながら聞こう。

文法の窓1

曖昧な文・分かりづらい文

教科書121、260〜261ページ

◉学習内容の要点を押さえ、教科書の問題の答えを確かめよう。

文を書くとき、注意せずに書くと、一つの文が複数の意味に読み取れてしまったり、分かりづらい文になったりすることがある。

1　曖昧な文・分かりづらい文

①読点（「、」）の打ち方が不十分であったり、漢字を当てていなかったりすることによる曖昧さ。

例 ここではきものをぬいでください。
→ 着物（ア）
→ 履き物（イ）

ア　ここでは、着物を脱いでください。
イ　ここで、履き物を脱いでください。

②修飾語や主語がどこにかかるのかが分からないことによる曖昧さ。

例 本田さんが好きな犬に餌をやった。
→ 犬が本田さんを好き（ア）
→ 本田さんが犬を好き（イ）
「餌をやった」の主語は書き手（＝私）
→ 「餌をやった」の主語は「本田さん」（ウ）

ア　本田さんのことを好きな犬に、餌をやった。
イ　本田さんに好かれている犬に、餌をやった。
ウ　私の好きな犬に、本田さんが餌をやった。

③打ち消しの言い方に伴う曖昧さ。

打ち消しの表現は、どの範囲までを打ち消すのかはっきりしなくなるときがある。

例 林さんのように粘り強く努力することができない人には、上達は望めない。
林さん＝努力する（ア）
林さん＝努力できない（イ）

ア　林さんのような粘り強い努力ができないと、上達は望めない。（林さんは努力している）
イ　林さんは粘り強く努力することができないが、そういう人に上達は望めない。（林さんは努力できない）

2　かかり受けが誤っている文

①主語・述語のねじれ。

例 私の将来の希望は、美容師になりたい。
主語　述語　×対応していない

○ア　私の将来の希望は、美容師になることだ。
○イ　私は、将来美容師になりたい。

3　分かりやすい文

ポイント1　読点や漢字を適切に用いて、区切りを明確にする。

例 森川さんともうみに行った。
ア　森川さんとも、海に行った。
イ　森川さんと、もう見に行った。

ポイント2　かかり受けの関係をはっきりさせる。

例 小さな赤い煙突のある家が、我が家です。
（小さいのは煙突？）（小さいのは家？）

▼「小さいのは家」の場合
[方法1]　意味の切れ目や続き方を考えて、読点を打つ。
→小さな、赤い煙突のある家が、我が家です。
[方法2]　かかり受けを考えて、言葉の順序を入れ替える。
→赤い煙突のある小さな家が、我が家です。

ポイント3　長すぎる修飾語は避ける。

修飾語が長くなりすぎたら、指示語を使うなどして文を分けると、読みやすく分かりやすい文になる。

例 庭にウグイスが訪れて美しく鳴く春が来た。
→庭にウグイスが訪れて美しく鳴く。そんな春が来た。

ポイント4　一つの語句にかかる語句の順番に注意する。

「いつ・どこで」は文頭に置く。それ以外の修飾語は、長いものから順に並べるとよい。また、強調したい言葉は前に出すこともある。読点を打つと、より分かりやすくなる。

例 偶然《ぐうぜん》小学校の同級生と東京で昨日再会した。
→昨日（いつ）　東京で、（どこで）　小学校の同級生と（長い修飾語）　偶然（短い修飾語）　再会した。

○考えよう　―― 教科書121ページ

怪盗Xからの予告状は、傍線部がそれぞれ二通りの意味に取れる。

・標的は、白い女神像がある博物館だ。
A　標的は、**白い女神像**がある、博物館だ。（白いのは女神像）
B　標的は、**白い**、女神像がある**博物館**だ。（白いのは博物館）
・全ての五が付く日が予定日ではない。
C　「全ての五が付く日」が、予定日ではない。
→五が付く日は**どれも**、予定日**ではない**。
D　「全ての五が付く日が予定日」、というわけではない。
→五が付く日の全てではないが、**どれかは**予定日**である**。

以上のことを踏まえ、ヒントの文章を読んでみよう。

【本文中のヒントの場合】

● 白い煙突のある家は、煙突だけ黒い。
（白いのは家。「**白い**、煙突のある**家**」ということ。）
● 全ての窓が四角ではなく、どれも丸い。
（「窓は**どれも**、四角**ではない**」ということ。）

このヒントに対応する予告状の意味は、ＢとＣになる。したがって、警備方針のアドバイスは、次のとおり。

解答

・建物が白い「南博物館」を警戒せよ。

・五の倍数のうち、五、十五、二十五日は警戒しなくてよいので、「十日、二十日、三十日」だけ警戒すればよい。

【下段の「考えよう」のヒントの場合】

１　白い煙突のある家は、屋根も壁も黒い。
（白いのは煙突。「**白い煙突**のある、家」ということ。）

２　全ての窓が四角ではなく、丸い窓もある。
（「窓の**どれかは**四角**である**」ということ。）

このヒントに従うと、予告状の意味はＡとＤになる。よってアドバイスは、次のとおり。

解答

・白い女神像がある、「北博物館」を警戒せよ。

・五の付く日のうちどれが予定日から外れるかは分からないので、「五の倍数の日は全部」警戒すべきである。

○問題　教科書261ページ

１　下の各文を、意味が曖昧にならないように、二通りに書き直そう。

解答

１・母は、楽しげに遊ぶ子供の姿を見つめていた。（楽しげに遊ぶ子供の姿を、母は見つめていた。）

・母は楽しげに、遊ぶ子供の姿を見つめていた。（母は、遊ぶ子供の姿を楽しげに見つめていた。）

２・協力してくれる人がクラスに一人もいないので、委員長も困っていた。

・クラスに協力してくれない人がいるので、委員長も困っていた。

解説

１　「楽しげ」なのは「母」か「子供」かをはっきりさせる。

２　「協力してくれない」のが全員なのか一部なのかが曖昧である。前者の場合は「クラスの誰も協力してくれないので」、後者の場合は「クラスの全員が必ずしも協力してくれるわけではないので」のような言い方もできる。

２　下の各文を、より分かりやすく書き直そう。

解答

１　中学校を卒業したらデザインについて勉強したいと、前から考えている。

２　田中君とは小学校の頃からの親友で、彼の三歳年上のお兄さんとも仲良くしている。そんな田中君とけんかをしてしまった。

解説

１　「前から」が「考えている」に、「デザインについて」が「勉強したい」にかかることを押さえて書き換える。

２　「田中君」にかかる語句が長すぎるので、文を分ける。最初の文で、田中君がどういう人物であるかを述べ、次の文で、「そんな」という指示語を使って、前の内容を受けるようにするとよい。

漢字道場4 送り仮名

教科書122〜123ページ

新出漢字・新出音訓

読みの太字は送り仮名を示す。（　）は中学校では学習しなくてもよい読みを、━線は特別な言葉に限って使われる読みを示す。例は用例を示し、例中の太字は教科書本文中の語句であることを示す。新出音訓の▼は、常用漢字表の「付表」の語を示す。□には漢字を、（　）には読みを書こう。

p.122 **薫** （クン） かお**る** 16画 艹 □
におい。かおる。例**薫《かお》る**。薫風《くんぷう》。

p.122 **賄** ワイ まかな**う** 13画 貝 □
①食事の世話をする。例**賄《まかな》う**。②特別に取り計らってもらうため、ひそかに金品をおくること。例賄賂《わいろ》。収賄《しゅうわい》。

p.122 **漬** つ**ける** つ**かる** 14画 水 □
つけものにする。例**漬《つ》ける**。塩漬《しおづ》け。一夜《いちや》漬《づ》け。

p.122 **漏** ロウ も**る** も**れる** も**らす** 14画 水 □
①水や光などがすきまからもれ出る。例**漏《も》れる**。漏電《ろうでん》。②だいじなことが外へもれ出る。例漏洩《ろうえい》。③必要なことをぬかす。例書《か》き漏《も》らす。

p.123 **岬** みさき 8画 山 □
海や湖に突き出ている陸地の先端。例**岬《みさき》**。室戸岬《むろとみさき》。

p.123 **堀** ほり 11画 土 □
地面を掘って作った水路。例**堀《ほり》**。釣《つ》り堀《ぼり》。

p.123 **又** また 2画 又 □
再び。例**又《また》**。又貸《またが》し。

p.123 **但** ただし 7画 人 □
前に述べたことに、ある条件を加えたり、例外があることを示したりする。例**但《ただ》し**。但《ただ》し書《が》き。

p.123 **煩** ハン （ボン） わずら**う** わずら**わす** 13画 火 □
やっかいで、わずらわしい。例**煩《わずら》う**。**煩《わずら》わす**。煩雑《はんざつ》。

p.123 **砕** サイ くだ**く** くだ**ける** 9画 石 □
①こなごなにする。例**砕《くだ》く**。砕石《さいせき》。粉砕《ふんさい》。②分かりやすくする。③弱らせる。

p.123 **甚** （ジン） はなは**だ** はなは**だしい** 9画 甘 □
程度が激しい。例**甚《はなは》だ**。**甚《はなは》だしい**。

p.123 **漆** シツ うるし 14画 水 □
うるし。うるしのように黒い。例**漆細工《うるしざいく》**。漆黒《しっこく》。漆器《しっき》。

■新出音訓（――線部の読みを書こう。）

①成長が著しい。 p.122 （　　）
②健やかに育つ。 p.122 （　　）
③朗らかに笑う。 p.122 （　　）
④人の命は貴い。 p.122 （　　）
⑤祖先を貴ぶ。 p.122 （　　）
⑥厳かな式典。 p.122 （　　）
⑦幸多き人生を願う。 p.123 （　　）
⑧災いが降りかかる。 p.123 （　　）

⑨商いを始める。p.123（　　）

⑩来る日曜は運動会。p.123（　　）

⑪異常を来す。p.123（　　）

⑫研究を専らにする。p.123（　　）

⑬時間を費やす。p.123（　　）

⑭資金が費える。p.123（　　）

答 ①いちじる ②すこ ③ほが ④とうと ⑤とうと ⑥おごそ ⑦さち ⑧わざわ ⑨あきな ⑩きた ⑪きた ⑫もっぱ ⑬つい ⑭つい

◉学習内容の要点を押さえ、教科書の問題の答えを確かめよう。（□の中には当てはまる言葉を書こう。）

1 活用のある語

・**活用のある語では、**①［　　］**を送り仮名とする**のが原則だが、例外もある。

＊語幹が「し」で終わる形容詞は、「し」から送る。

例 美しい・惜しい・著しい

＊活用語尾の前に「か」「②［　　］」「らか」を含む形容動詞は、そこから送る。

例 暖かだ・健やかだ・朗らかだ

▼①活用語尾 ②やか

・同じ漢字が使われる関連のある語では、送り仮名の付け方をそろえる。

例 動《うご》く―動《うご》かす ―活用語尾は「す」だが、漢字部分の読みが「動く」とそろうように「かす」を送る。

2 活用のない語

・**名詞は、送り仮名を付けない**のが原則。また、活用のある語を元とする語は、元の語の送り方による。ただし、例外もある。

＊最後の字を送るもの。例 辺り・勢い・後ろ

＊活用のある語を元にしているが送り仮名を付けないもの。例 話・係・畳・堀

・**連体詞・副詞・接続詞は、最後の字を送る**のが原則だが、例外もある。

＊特別な送り方をするもの。例 明くる・直ちに

＊送り仮名を付けないもの。例 又

＊他の語と関連があるもの。例 例えば（←例える）

○問題　教科書122～123ページ

① **原則どおりに送り仮名を付ける次の漢字の、送り仮名となる部分に線を引こう。**

解答 1かおる 2まかなう 3あきる 4つける 5もれる 6とうとい 7さわる・ふれる

② **例外的な送り仮名を付ける次の漢字の、送り仮名となる部分に線を引こう。**

解答 1つかまる 2くやしい 3おごそかだ 4すみやかだ

③ **送り仮名となる部分に線を引こう。（　）の送り仮名を参考にしよう。**

解答 1わずらわす 2ついやす 3くだける 4はなはだしい

④ **次の文の（　）の語を［　］の漢字を用いて書くとき、送り仮名となる部分があれば線を引こう。「常用漢字表」（教科書327ページ）も参考にしよう。**

解答 1むかい おろし ふかみ うるし 2あくる すでに ちかく むれ

▼読む 詩

日本語のしらべ 初恋《はつこい》

作者・島崎藤村《しまざきとうそん》

教科書124〜126ページ

ガイダンス

学習目標を押さえ、「初恋」のおおよそを理解しよう。

◦学習目標

●表現の特徴を捉え、リズムを感じ取りながら朗読する。

●詩の形式と構成

四連から成る文語定型詩。起承転結ともとれる、時間の流れに沿った展開となっている。

・第一連(初め〜124・4)……林檎《りんご》畑での「君」との出会い。
・第二連(124・5〜124・8)…「君」に対する恋心の自覚。
・第三連(124・9〜125・3)…寄り添う二人の恋の高まり。
・第四連(125・4〜終わり)…二人で育んできた愛。

●主題

心ときめいた、甘い初恋の思い出。

林檎畑で見初《みそ》めた娘と恋に落ち、その林檎畑に何度も出かけては二人だけの時を過ごし、愛を育む。ふともらした息が相手の髪にかかるほど寄り添って、恋の喜びに浸る。林檎というモチーフが、初恋の胸のときめきや甘く切ない思いを引き立てている。

詩人と作品 島崎藤村　教科書126ページ

・木曽馬籠《きそまごめ》(現在の岐阜《ぎふ》県中津川《なかつがわ》市)に生まれ、一九四三年に七十一歳で亡《な》くなる。
・教師のかたわら詩人として活躍するが、のちに小説家に転身し、自然主義文学を代表する作家となる。
・詩集に「若菜《わかな》集」「夏草《なつくさ》」「落梅《らくばい》集」、小説に「破戒《はかい》」「新生《しんせい》」「夜明け前」などがある。

語句・文の意味

語義が複数の場合、①に教科書本文中の語義を示してある。類は類義語、対は対義語、文は語句を用いた短文例を示す。●印は、教科書の脚注に示されている語句である。

▼124ページ

あげ初《そ》めし前髪《まえがみ》 まだ髪上げをしたばかりの前髪。「髪上げ」は、女性が成人したしるしに髪を結うこと。

見《み》えしとき 見えたとき。

花櫛《はなぐし》 造花で飾ったかんざし。花かんざし。

花《はな》ある 花のような華やかさや美しさがある。

手《て》をのべて 手をさしのべて。

人《ひと》こひ《イ》初《そ》めし 初めて人を恋《こい》しく思った。

▼125ページ

おのづ《ズ》からなる細道《ほそみち》 自然とできた細道。二人が何度も林檎《りんご》畑で落ち合ううちに道ができたのである。

踏《ふ》みそめし 踏み始めた。

かたみ 「形見」で、過去のことを思い出させる記念となるもの、の意。

問《と》ひ《イ》たまふ《ウ》 お尋ねになる。「たまふ」は軽い敬意や親しみを表す。

読み解こう

詩の内容を捉えよう。□の中には当てはまる言葉を書こう。

■**詩全体のリズムや表現の特色を押さえ、その効果を考える。**

・各行が□調で表現され、一定のリズムを刻んでいる。

・大和言葉が多用され、優雅で柔らかい響きがある。

・「初恋」という題名に通じる、「…初《そ》めし」「恋」という言葉が多用されている。

▼七五

■**第一連の情景や作者の思いを捉える。**

・「君」　…まだ髪上げをしたばかり。

→「花ある君」

・作者　…「君」の美しさに目をとめ、心がひきつけられた。

●**ポイント** 「林檎」や「花櫛」が、「君」のかわいらしさや美しさを象徴している。

■**第二連に描かれた情景と表現の効果を捉える。**

・「君」　…やさしく白い手をさしのべて林檎をくれた。

・作者　…秋の実(林檎)が□に色づき始めるのに似た、自身の恋心を自覚した。

▼薄紅《うすくれない》

●**ポイント** 色彩の対比が印象的である。

■**第三連に描かれた作者の思いを捉える。**

・ためいきが髪の毛にかかるほど「君」と親密な関係になった。

・「こころなきためいき」(124・9)が思わずもれるほどの幸せに浸りながら、心が通じ合った喜びを感じている。

■**「誰《た》が踏みそめしかたみぞと／問ひ《イ》たまふ《ウ》こそこひ《イ》しけれ」(125・6)の意味を押さえ、作者の心情を読み取る。**

・林檎畑にできた□を見て、「誰が踏み始めて作った思い出の跡なのでしょうね」と尋ねるあなたに心ひかれる、という意味。

・二人がここで会うために何度も通ったためにできた道であることは知っているのに、あえていたずらっぽく質問して、そのことを確かめようとする「君」を、作者はいとおしく思うのである。

▼細道

●**ポイント** 細道は、二人の恋の過程を感じさせるものとなっている。

テストに出る!

問 **「たのしき恋の盃《さかずき》を／君が情《なさけ》に酌《く》みしかな」(125・2)とはどのようなことを表しているのか。説明しなさい。**

答 まるで楽しい恋の盃を酌み交わすかのように、あなたと心が通じ合った喜びを感じるということ。

課題 教科書125ページ

○**表現の特徴を捉え、リズムを感じ取りながら朗読しよう。**

解説 恋に酔う二人の楽しげな様子や、作者の気持ちの高まり、色鮮やかな林檎畑の情景などを想像しながら読もう。また、七五調のリズムや大和言葉の柔らかな響きを生かすように朗読してみよう。

5
▼古典

万《まん》葉《よう》・古《こ》今《きん》・新《しん》古《こ》今《きん》

教科書128～134ページ

ガイダンス

学習目標を押さえ、「万葉・古今・新古今」のおおよその内容を理解しよう。

学習目標

●和歌が詠《よ》まれた背景や作者の心情を想像しながら音読し、和歌の世界に親しむ。
●和歌の意味や使われている技法に注意して、鑑賞文をまとめる。

文章を読む前に

和歌は、奈良《なら》時代以前から現代まで作られ続けている日本文学であり、日本文化の根幹を形成するものといえる。ここでは、我が国の三大和歌集といわれる「万葉集」「古今和歌集」「新古今和歌集」から、それぞれの代表的な歌人の作品を取り上げている。

和歌の鑑賞に入る前に、「古今和歌集」の序文「仮名序《かなじょ》」の冒頭を読んでみよう。この文章は、和歌の本質をみごとに書き表したものとされている。和歌とはどのような文学なのかを理解したうえで、実際の作品を読み味わっていこう。

三つの和歌集は成立した時代が異なり、作風にも違いがみられる。それぞれの歌集における最も特徴的な美意識や、和歌の修辞(表現技法)についても学んでいこう。

限られた文字数で豊かな内容を表現するために、和歌にはさまざまな修辞が用いられています。

■「万葉集」「古今和歌集」「新古今和歌集」とは　―教科書128～129ページ

①「万葉集」
・奈良時代(八世紀後半)に成立した、現存する最古の歌集。
・大伴家持《おおとものやかもち》が編纂《へんさん》に深く関わったとみられている。
・自然や人間に対する愛情を素直でおおらかに歌っている。
・代表的な歌人に額田王《ぬかたのおおきみ》、柿本人麻呂《かきのもとのひとまろ》、山上憶良《やまのうえのおくら》、山部赤人《やまべのあかひと》、大伴家持などがいる。

②「古今和歌集」
・平安時代(十世紀前半)に成立した。
・醍醐《だいご》天皇の命令で、紀貫之《きのつらゆき》ら四人が編纂した。
・四季の風物や人間の恋愛感情を機知に富んだ表現で優しく細やかに歌っている。
・代表的な歌人に在原業平《ありわらのなりひら》、小野小町《おののこまち》、紀貫之などがいる。

③「新古今和歌集」
・鎌倉時代(十三世紀前半)に成立した。
・後鳥羽《ごとば》上皇の命令で、藤原定家《ふじわらのていか》ら五人が編纂した。
・華やかで技巧に優れた歌がある一方、しめやかで内省的な歌もある。
・代表的な歌人に西行《さいぎょう》法師、式子内親王《しょくしないしんのう》、藤原定家などがいる。

●和歌の基礎知識

①**和歌の形式（定型）**

・長歌…「五七五七……五七七」（……は五七の繰り返し）。

・短歌…「五七五七七」の三十一文字。

②**和歌のリズム（句切れ）**

・五七調（二句切れ・四句切れ）…素朴で雄大な調子。

・七五調（初句切れ・三句切れ）…優美でたおやかな調子。

古典コラム 和歌の修辞 教科書134ページ

和歌の修辞（表現効果を高める技法）としては、次のようなものがある。

①**枕詞**《まくらことば》

・特定の語を導き出すための言葉で、多くは五音である。

・語調を整える働きもあり、普通は現代語訳しない。

例 ちはやぶる →神　あしひきの →山
ひさかたの →光　たらちねの →母

②**序詞**《じょことば》

・ある語句を導き出すための言葉で、枕詞より多い音数から成る。

・その歌一回限りのものが多くある。

例 **むすぶ手《て》の滴《しずく》ににごる山《やま》の井《い》のあかでも人《ひと》にわかれぬる哉《かな》**

→「むすぶ手の……山の井の」は「あかでも」を導き出す序詞。

③**掛詞**《かけことば》

・一つの語に同音の複数の語の意味を重ね合わせるもの。

例 **山里《やまざと》は冬《ふゆ》ぞさびしさまさりける人目《ひとめ》も草《くさ》もかれぬとおもへ《エ》ば**

→「かれぬ」は、「人目も離《か》れぬ」（人の訪れもなくなってしまう）と「草も枯れぬ（草も枯れてしまう）」の二つの意味で使われている。

新出漢字・新出音訓

読みの太字は送り仮名を示す。（ ）は中学校では学習しなくてもよい読みを、―線は特別な言葉に限って使われる読みを示す。例は用例を示し、例中の太字は教科書本文中の語句であることを示す。新出音訓の▼は、常用漢字表の「付表」の語を示す。□には漢字を、（ ）には読みを書こう。

p.128 **託** タク　10画 言 □

①かこつける。口実にする。例 **託《たく》す**。仮託《かたく》。②人に仕事などを頼みまかせる。例 委託《いたく》。託児所《たくじしょ》。③神仏のおつげ。例 神託《しんたく》。

p.129 **鬼** キ おに　10画 鬼 □

おに。例 **鬼神**《おにがみ》。餓鬼《がき》。吸血鬼《きゅうけつき》。

p.129 **穏** オン おだ**やか**　16画 禾 □

物事・性質などが静かで落ち着いている。例 **穏《おだ》やか**。穏和《おんわ》。平穏《へいおん》。穏健《おんけん》。

p.132 **滴** テキ しずく （したた**る**）　14画 水 □

①しずく。したたり。例 **滴**《しずく》。水滴《すいてき》。点滴《てんてき》。②しずくとなって落ちる。例 滴下《てきか》。

■新出音訓（――線部の読みを書こう。）

①表情が和らぐ。▼p.129（　　）

②心を和らげる。▼p.129（　　）

答 ①やわ　②やわ

読み解こう

古今和歌集　仮名序（冒頭）

教科書128〜129ページ

やまと歌《うた》は、人《ひと》の心《こころ》を種《たね》として、よろづ《ズ》の言《こと》の葉《は》とぞなれりける。
和歌は、人の心を種として、多くの言葉になったものである。

世《よ》の中《なか》にある人《ひと》、ことわざ繁《しげ》きものなれば、心《こころ》に思《おも》ふ《ウ》ことを、見《み》るもの、聞《き》くものにつけて、言《い》ひ《イ》出《い》だせるなり。
世の中に生きている人は、（関わる）事柄やするべきことが多いものだから、心に思うことを、見るもの、聞くものに託して、言い表しているのである。

花《はな》に鳴《な》く鶯《うぐいす》、水《みず》にすむ蛙《かわず》の声《こえ》を聞《き》けば、生《い》きとし生《い》けるもの、いづ《ズ》れか歌《うた》を詠《よ》まざりける。
花に（来て）鳴く鶯や、水にすむ蛙の声を聞くと、生きている全てのものの、どれが歌を詠まないということがあろうか。

力《ちから》をも入《い》れずして、天地《あめつち》を動《うご》かし、目《め》に見《み》えぬ鬼神《おにがみ》をもあはれ《ワ》と思《おも》は《ワ》せ、男女《おとこおんな》の仲《なか》をも和《やわ》らげ、たけき武士《もののふ》の心《こころ》をも慰《なぐさ》むるは、歌《うた》なり。
力をも入れないで、天や地を動かし、目に見えない荒々しい神をもしみじみと感じさせ、男女の仲をも打ち解けさせ、勇猛な武士の心をも穏やかにするのが、歌なのである。

●語句の意味

やまと歌《うた》　「漢詩《からうた》」に対して日本の歌のことをいう。和歌。

ことわざ　「事《こと》＋業《わざ》」で、仕事、出来事。

蛙《かわず》　カジカガエル。雄は美声で鳴く。

生《い》きとし生《い》けるもの　生きている全てのもの。

「仮名序」や和歌の内容を捉えよう。［　］の中には当てはまる言葉を書こう。

いづ《ズ》れか歌《うた》を詠《よ》まざりける　どれが歌を詠まないということがあろうか、どれでも歌を詠むのである。反語の表現。

あはれ《ワ》と思《おも》は《ワ》せ　しみじみと感じさせ。

たけき武士《もののふ》　勇猛な武士。「あはれ」というものに縁遠い存在として挙げている。

■和歌とはどのようなものだと述べられているか。

和歌は、人が①［　］に思うことを、見たり聞いたりするものに託して、②［　］で表現したものである。

▼①心　②言葉

■和歌にはどのような効用があるのか。

(1) 天や地を動かす。
(2) 荒々しい神をしみじみと感じさせる。
(3) 男女の仲を①［　］。
(4) 勇猛な武士の心を②［　］。

▼①打ち解けさせる　②穏やかにする

テストに出る！

問　「いづれか歌を詠まざりける。」（129・2）を現代語訳しなさい。

答　どれが歌を詠まないということがあろうか。

万葉集

教科書130〜131ページ

熟田津《にきたつ》に船乗《ふなの》りせむ《ン》と月待《つきま》てば潮《しお》もかなひ《イ》ぬ今《いま》は漕《こ》ぎ出《い》でな

語句の意味

船乗《ふなの》りせむ《ン》　船に乗って出発しよう。出航しよう。

月待《つきま》てば　月の出を待っていると。満月の夜を待つと解釈する説もある。

潮《しお》もかなひ《イ》ぬ　潮も船を出すのに都合よく満ちてきた。

大意・解説

熟田津で船に乗って出発しようと月が出るのを待っていると、(月が出て)潮もちょうどよいぐあいになった。さあ、今漕ぎ出そう。

六六一年、斉明《さいめい》天皇・中大兄皇子《なかのおおえのおうじ》(後の天智《てんじ》天皇)が朝鮮半島の百済《くだら》へ援護軍を派遣するため北九州に向かった際に詠《よ》まれた歌。戦いに向けて士気が高まり、いよいよ出航の時を迎えたことを告げている。

作者

額田王《ぬかたのおおきみ》(生没年未詳)　鏡王《かがみのおおきみ》の娘。大海人皇子《おおあまのおうじ》(後の天武《てんむ》天皇)に愛されて十市皇女《とおちのひめみこ》を生んだが、後に天智天皇の寵愛《ちょうあい》を受けた。「万葉集」の代表的歌人で、才気にあふれた優美で力強い歌を残した。

東《ひんがし》の野《の》にかぎろひ《イ》の立《た》つ見《み》えてかへ《エ》り見《み》すれば月《つき》かたぶきぬ

語句の意味

かぎろひ《イ》　明け方に東の空にさす光。曙光《しょこう》。

かたぶく　太陽や月が沈みかける。

大意・解説

東の野に明け方の光がさすのが見えて、振り返って(西の方を)見ると月が沈みかけている。

広大な原野の東から日が昇り、西に月が沈んでいくという雄大な光景を歌っている。当時十歳の軽皇子《かるのみこ》(後の文武《もんむ》天皇)の狩猟の様子を詠んだ長歌に添えられた反歌四首のうちの一首。作者は、一連の歌を通して軽皇子を亡父(草壁皇子《くさかべのみこ》)の後継者として歌いあげており、この歌は、新しい時代の到来を象徴したものでもある。

作者

柿本人麻呂《かきのもとのひとまろ》(生没年未詳)　持統《じとう》・文武の両天皇に仕え、宮廷歌人として、厳かで格調高い秀歌を多く残した。「万葉集」を代表する歌人として、後に「歌聖」と仰がれ、後世の和歌に大きな影響を与えた。

あしひきの山《やま》のしづ《ズ》くに妹待《いもま》つと我立《われた》ち濡《ぬ》れぬ山《やま》のしづ《ズ》くに

語句の意味

あしひきの　「山」を導き出す枕詞《まくらことば》。

山《やま》のしづ《ズ》くに　「立ち濡れぬ」にかかる。「山のしづく」は、山の木々から落ちてくる水滴。

妹《いも》　あなた。男性が妻や恋人を親しんで呼ぶ語。

立《た》ち濡《ぬ》れぬ　立ったまま濡れてしまう。

大意・解説

あなたを待ってたたずんでいると、私は立ったまま濡れてしまったよ、山のしずくに。

大津皇子《おおつのみこ》が石川郎女《いしかわのいらつめ》に贈った歌。郎女と会う約束をして待っていたが会うことができなかったことをうらめしく思う気持ちを詠んでいる。

●作者
大津皇子《おおつのみこ》(六六三年〜六八六年) 天武天皇の第三皇子。文武に優れていたが、天武天皇の死後、皇太子である草壁皇子に謀反《むほん》の罪で捕らえられ自害させられた。

> 我《あ》を待つと君《きみ》が濡《ぬ》れけむ《ン》あしひきの山《やま》のしづく《ズ》にならましものを

●語句の意味
君《きみ》 あなた。奈良時代には、多く女性が男性に対して用いた。
ならましものを なりたかったのに。「まし」は事実に反することを仮に想定する助動詞。「ものを」は逆接の意味を含んだ詠嘆を表す。「山のしずくになる」というのは現実にはかなわないことなのだが、それを強く願う気持ちが込められている。

●大意・解説
私を待っていてあなたが濡れたとかいう山のしずくに(私は)なりたかったのに。

大津皇子の歌に唱和したもの。「山のしずくになれたら、あなたにお会いできたのに」と、自分は会いたかったのだという気持ちを表すとともに、事情が許さず会えなかったことを残念に思う気持ちを詠んでいる。

●作者
石川郎女《いしかわのいらつめ》(生没年未詳) 「郎女」は若い女性を敬い親しんで呼ぶ語。「万葉集」には草壁皇子が石川郎女に贈った歌も収められており、草壁皇子と大津皇子は石川郎女をめぐる恋のライバルであったことがうかがえる。なお、「万葉集」には石川郎女という人物が七人登場するが、同一人物かどうかは定かでない。

> 春《はる》の野《の》にすみれ摘《つ》みにと来《こ》し我《われ》そ野《の》をなつかしみ一夜《ひとよ》寝《ね》にける

●語句の意味
摘《つ》みにと 摘むためにと。「に」は目的を表す格助詞。
我《われ》そ 「そ」は後の時代の「ぞ」と同じで、強意を表す助詞。「寝にける」の「ける」と係り結びの関係にある。
野《の》をなつかしみ 野に心がひかれて。「なつかし」は、心がひかれて離れたくない気持ちを表す形容詞。「なつかしみ」で「心がひかれるので」という原因・理由を表す。

●大意・解説
春の野にすみれを摘むために来た私は、野に心がひかれて、そこで一晩寝てしまったよ。

すみれの咲く春の野に来たところ、離れがたくなって野宿したことを詠んだもの。春の野の優しい雰囲気の中で、作者が自然に対して深い愛着を抱いたことが感じられる。「すみれ」を乙女のたとえと見て、この一首を恋の歌と解する説もある。

●作者
山部赤人《やまべのあかひと》(生没年未詳) 聖武《しょうむ》天皇に仕えた役人であったらしい。自然を客観的に捉えた清らかですがすがしい歌を多く詠み、柿本人麻呂と並んで「歌聖」といわれる。

瓜《うり》食《は》めば　子《こ》ども思《おも》ほ《オ》ゆ　栗《くり》食《は》めば　まして偲《しぬ》はゆ
いづ《ズ》くより　来《き》たりしものそ　まなかひ《イ》に　もとなかかりて
安眠《やすい》しなさぬ

反歌《はんか》

銀《しろかね》も金《くがね》も玉《たま》も何《なに》せむ《ン》に優《まさ》れる宝子《たからこ》にしかめやも

語句の意味

瓜《うり》食《は》めば　瓜を食べるといつも。「瓜」は、今のマクワウリ。

偲《しぬ》はゆ　しのばれる。そうしようとしなくとも自然と恋しく思われるということ。「ゆ」は、自発を表す助動詞。

まなかひ《イ》　目と目の間。目の前。

もとなかかりて　やたらにちらついて。

反歌《はんか》　長歌の後に添え、長歌の意味を要約したり補足したりする歌。ほとんど短歌で、数首添えられることもある。

玉《たま》　美しい石。宝石。真珠。

何《なに》せむ《ン》に　どうして。

子《こ》にしかめやも　子供に及ぼうか、いや、及びはしない。疑問を投げかけ、それとは反対の考えを強調する、反語の表現。「しか」は、「匹敵する・肩を並べる」という意を表す動詞「しく」の未然形。

大意・解説

瓜を食べると子供たちのことが思われる。栗を食べるとなおのことしのばれる。いったいどこから来たものなのか、子供たちの面影《おもかげ》が目の前にやたらにちらついて、私を安らかに眠らせてくれない。

反歌

銀も金も玉もどうして優れた宝である子供に及ぼうか、いや、及びはしない。

子供に対する親の愛情を率直に歌ったものである。長歌で、何をしていてもその姿が目に浮かぶほど子供たちをいとおしく思う気持ちを歌い、反歌でそれを更に強調している。人々がだいじにする金や銀や宝石と比べても、子供は最高の宝だというのである。

作者

山上憶良《やまのうえのおくら》（六六〇年〜七三三年頃）　奈良時代の学者・歌人。遣唐使の一員として唐《とう》に渡り、帰国後は地方官を歴任した。漢文学に詳しく、人生・社会を題材にして異色の歌を詠んだ。

信濃道《しなのじ》は今《いま》の墾《は》り道《みち》刈《か》りばねに足踏《あしふ》ましなむ《ン》沓《くつ》はけ我《わ》が背《せ》

語句の意味

東歌《あずまうた》　東国地方（現在の静岡県や長野県から東の地方と北の地方）で歌われた民謡的な歌。大半は作者不明である。

信濃道《しなのじ》　信濃の国（現在の長野県）に至る道。木曽路《きそじ》。

今《いま》の墾《は》り道《みち》　新しく切り開いた道。

踏《ふ》ましなむ《ン》　お踏みになってしまうでしょう。

我《わ》が背《せ》　私の夫よ。「背」は、女性が夫や恋人を親しんで呼ぶ語。

大意・解説

信濃への道は新しく切り開いた道です。切り株を足でお踏みになってしまうでしょう。沓をお履きなさい、私の夫よ。

作者は夫のある女性という以外は、どのような人か不明である。旅に出ようとしている夫に語りかけている歌で、夫の身を案じる妻の優しさが感じられ、まるでその声が聞こえてくるようである。

韓衣《からころむ》裾《そ》に取《と》りつき泣《な》く子《こ》らを置《お》きて来《き》ぬや母《おも》なしにして

●語句の意味

防人歌《さきもりのうた》　北九州地方の警備のために諸国から徴集された兵士（防人）の作った歌。七三〇年以後、防人はもっぱら東国から徴集された。

韓《から》　衣《ころむ》　中国風の衣服。「裾」に係る枕詞《まくらことば》という説もある。

置《お》きて来《き》ぬや　置いてきてしまったよ。「や」は詠嘆を表す助詞。

●大意・解説

私の着物の裾に取りすがって泣く子供たちを置いてきてしまったよ。その子供たちの母親もいないのに。

母親のいない子供たちを残して、遠く旅立たねばならない父親の悲痛な声そのものという歌で、胸を打たれる。

新《あらた》しき年《とし》の初《はじ》めの初春《はつはる》の今日《きょう》降《ふ》る雪《ゆき》のいやしけ吉事《よごと》

●語句の意味

新《あらた》しき　古くは「あらたし」だったが、平安時代以降は「あたらし」に変わり、現代語の「あたらしい」になった。

いやしけ　ますます重なれ。「いや」は「いよいよ、ますます」の意を表す接頭語。「しけ」は、「たび重なる」という意を表す動詞「頻《し》く」の命令形。

吉《よ》　事《ごと》　めでたいこと。よいこと。

●大意・解説

新しい年の初めの初春の今日降る雪のように、ますます重なれ、めでたいことが。

「万葉集」の最後に収められた歌。年頭の宴《うたげ》において、国守として国の安泰を願う気持ちを詠んだ歌。「新しき……降る雪の」は、「いやしけ」を導く序詞となっている。「……の」を四つ連ねた表現が、「ますます重なれ」という歌の趣旨に合っている。

●作者

大伴家持《おおとものやかもち》（七一八年頃～七八五年）「万葉集」の代表的歌人で、その編纂《へんさん》にも関わったと考えられている。「万葉集」の他の作品には見られない、繊細で優美な歌風で知られている。

テストに出る！

問　**次の説明文は教科書130～131ページのどの和歌についてのものか。和歌の初句（初めの五音）で答えなさい。**

(1) 我が子を何より大切に思う親心を詠んでいる。
(2) 家族と離れて遠方に赴くつらさを詠んでいる。
(3) 原野で迎えた夜明けの雄大な景色を詠んでいる。
(4) 旅に出る夫の身を案じる妻の気持ちを詠んでいる。
(5) 恋人からの歌に答えて相手への愛情を伝えている。
(6) のどかな自然とそれに親しむ気持ちを詠んでいる。
(7) 機が熟し出発の時を迎えたことを宣言している。
(8) 新年を祝い国の平穏《へいおん》を祈る気持ちを詠んでいる。
(9) 約束の日に恋人に会えなかったつらさを詠んでいる。

答　(1)瓜食めば　(2)韓衣　(3)東の　(4)信濃道は　(5)我を待つと　(6)春の野に　(7)熟田津に　(8)新しき　(9)あしひきの

古今和歌集

教科書132ページ

ちはやぶる神世《かみよ》も聞《き》かずたつた河《がわ》から紅《くれない》に水《みず》くくるとは

語句の意味

ちはやぶる 「神」や神に関係する語を導き出す枕詞《まくらことば》。

神《かみ》世《よ》 神々が国土をつくり、治めた時代。神話の時代。

たつた河《がわ》 竜田《たつた》川。大和《やまと》の国(奈良県)を流れる川。紅葉《もみじ》の名所。

から紅《くれない》 濃く鮮やかな紅色。

くくるとは くくり染め(絞り染め)にするとは。

大意・解説

不思議なことがあったという神代の昔にも聞いたことがない。この竜田川の水を濃く鮮やかな紅色にくくり染めにするとは。

詞書《ことばがき》(和歌に添える前書き)によると、屏風《びょうぶ》に描かれた「竜田川に紅葉が流れている様子」を題にして詠《よ》んだ歌で、実景を見て作られたものではない。川面《かわも》に紅葉が少しずつかたまりながら流れていく様子を絞り染めに見立てた、色彩の華やかな歌である。なお、この歌は、藤《ふじ》原《わら》定家《ていか》撰《せん》の「小倉《おぐら》百人一首」にも収められている。

「……神世も聞かず」は「……水くくるとは」を受けるものだが、それを倒置して強調しており、二句切れになっている。

作者

在原業平《ありわらのなりひら》(八二五年〜八八〇年) 六歌仙《ろっかせん》(平安時代初期を代表する六人の優れた歌人)の一人。容姿と歌才に恵まれた貴公子として、自由奔放な恋の情熱を詠んだ。歌物語の「伊勢《いせ》物語」には業平の歌が多く収められ、その主人公に見立てられている。

山里《やまざと》は冬《ふゆ》ぞさびしさまさりける人目《ひとめ》も草《くさ》もかれぬとおもへ《エ》ば

語句の意味

冬《ふゆ》ぞさびしさまさりける 「ぞ」は強意を表す助詞で、「ける」と係り結びの関係にある。

人《ひと》目《め》 ①人の訪れ。人の往来。②他人の見る目。世間の目。

かれぬ 「かれ」は、「人目も離《か》れ(人の訪れもなくなる)」と「草も枯れ(草も枯れる)」との掛詞《かけことば》。「ぬ」は、完了の助動詞。

大意・解説

山里はいつも寂しいが、冬こそ寂しさのいちだんとまさる季節だったのだなあ。人の訪れもなくなり、心を慰めてくれる草もすっかり枯れ果ててしまうと思うと。

都や人里に比べて、山里はもともと寂しいものだが、冬はいちだんと寂しさが募るといい、その理由を人の訪れの遠ざかることと草木の枯れることという人事と自然の両面から、謎解き風に説明する。人の訪れの「離れ」と草の「枯れ」との掛詞が二重の寂しさを効果的に表現しており、冬の山里に住む者のわびしい気持ちが伝わってくる。

上の句(五・七・五)と下の句(七・七)が倒置されており、三句切れになっている。

作者

源《みなもとの》 宗于《むねゆき》(?年〜九四〇年) 光孝《こうこう》天皇の皇子《おうじ》是忠《これただ》親王の子だが、皇族の身分を離れ、源の姓を与えられた。

テストに出る！

問 **「人目も草もかれぬ」(132・5)を現代語訳しなさい。**

答 人の訪れもなくなり、草も枯れてしまう。

うたたねに恋《こい》しき人《ひと》を見《み》てしより夢《ゆめ》てふ《チョウ》物《もの》は頼《たの》みそめてき

●語句の意味

うたたね　うとうと寝ること。少しの間、浅く眠ること。

夢《ゆめ》てふ《チョウ》物《もの》　夢というもの。「てふ」は、「といふ《ウ》」が変化したもの。

頼《たの》みそめてき　頼りに思い始めるようになった。「そめ」は「初め」で、「…し始める」の意。「てき」は、「…てしまった」という意味で、ある瞬間から特にそうなったことを表す。

●大意・解説

うとうとと寝ている間に恋しい人の姿を夢に見てしまってから、夢というものを頼りに思い始めるようになったことだ。

本来頼りにならないはずの夢に期待することから、現実に会うのが難しい相手であることが分かる。当時は、相手が自分のことを思ってくれていると、自分の夢の中にその人が現れると考えられていた。夢のようなはかないものまでも頼みにして、ひたすら恋しい人に会いたいと思うせつない女心が表現されている。

●作者

小野小町《おののこまち》（生没年未詳）　六歌仙の中で、ただ一人の女性。歌才に恵まれ、美貌《びぼう》であったと伝えられるが、史実は不明である。歌風は繊細・優艶《ゆうえん》で、人の世のはかなさや愛のうつろいを詠んだ歌を残した。「小倉百人一首」に選ばれた「花《はな》の色《いろ》は移《うつ》りにけりないたづら《ズ》にわが身《み》世《よ》にふるながめせしまに」の歌は有名である。

テストに出る！

問　**「夢てふ物は頼みそめてき」(132・7)を現代語訳しなさい。**

答　夢というものを頼りに思い始めるようになった(ことだ)。

むすぶ手《て》の滴《しずく》ににごる山《やま》の井《い》のあかでも人《ひと》にわかれぬる哉《かな》

●語句の意味

むすぶ　手を合わせてすくい上げる。

山《やま》の井《い》　山の中で、岩の間から自然とわき出る清水。

あかでも　満足できないまま。「あか」は、「十分満足する」意を表す動詞「飽《あ》く」の未然形。「で」は打ち消しを、「も」は強意を表す助詞。「むすぶ手の滴ににごる山の井の」は、「あかでも」を導く序詞《じょことば》。

哉《かな》　感動や詠嘆の意を表す助詞。

●大意・解説

手を合わせてすくい上げた水の滴で濁るような山中の清水が渇きをいやすのに十分ではないように、満足できないままあなたとお別れしてしまうのですね。

詞書によると、京都から近江《おうみ》（滋賀県）の志賀《しが》へ抜ける山越えの際、清水のそばで、親しい人と別れるときに詠んだ歌である。作者は、名残《なごり》が尽きない人との別れを詠むにあたり、その別れの場所をうまく歌の中に取り入れている。山の井は水が少なく浅いため、すくおうとすればすぐに濁って十分に飲めないところから、上の句は「あかでも」を導く序詞となるのだが、同時に実際の情景の描写ともなっている。

●作者

紀貫之《きのつらゆき》（八七一年頃～九四六年頃）　古今時代を代表する歌人で、「古今和歌集」の撰者《せんじゃ》に任じられ、中心的役割を果たした。土佐守《とさのかみ》の任期を終えて帰京するまでの出来事をつづった「土佐《とさ》日記」は、仮名で書かれた最初の日記として有名である。

新古今和歌集

春《はる》の夜《よ》の夢《ゆめ》のうき橋《はし》とだえして峰《みね》にわかるる横雲《よこぐも》の空《そら》

教科書133ページ

語句の意味

うき橋《はし》　いかだや船の上に板を渡した仮設の橋。「夢のうき橋」は、はかない夢のたとえ。

とだえして　途切れて。夢が途切れて目が覚めたのである。

峰《みね》にわかるる　雲が峰から離れることを擬人的に表現したもの。

横《よこ》雲《ぐも》　明け方、東の空にたなびく雲。

大意・解説

春の夜の浮き橋のようにはかない夢が途切れて、（まだ覚めきらない心持ちで見やると）峰のあたりから横にたなびく雲が離れていく明け方の空よ。

上の句は人間の様子を、下の句は自然の情景を描いている。夢が途切れて、ふと外に目をやると、峰から雲の離れていく明け方の情景が、覚めきらぬ夢の続きのように見えたというのである。「夢のうき橋」の語は「源氏物語」の最後の巻名によっており、「春の夜の夢」や「わかるる」は男女の恋愛を暗示しているとも受け取れる。

作者

藤原定家《ふじわらのていか》（一一六二年～一二四一年）「定家《さだいえ》」とも。藤原俊成《しゅんぜい》（「俊成《としなり》」とも）の子。歌道の家に生まれ、歌才に恵まれて、後鳥羽《ごとば》上皇の歌壇の重鎮として活躍した。「新古今和歌集」の撰者《せんじゃ》を務め、また和歌の学問である歌学を大成した。歌風は観念的傾向が強いが、華麗・妖艶《ようえん》で、特に恋の歌に秀歌が多い。

テストに出る！

問　**「夢のうき橋とだえして」（133・3）とはどういうことか。簡潔に説明しなさい。**

答　夢から覚めたということ。

道《みち》のべに清水《しみず》ながるる柳《やなぎ》かげしばしとてこそ立《た》ちとまりつれ

語句の意味

道《みち》のべ　道ばた。道のほとり。

柳《やなぎ》かげ　柳の木陰。

しばしとてこそ立《た》ちとまりつれ　ほんの少しの間と思って立ち止まったのに。「こそ」は強意を表す助詞で、結びの語は「つれ」。この係り結びには逆接の詠嘆の意が込められており、涼しさゆえに思わず長居してしまったことを暗示している。

大意・解説

道のほとりの、清水が流れているところにある柳の木陰よ。しばらくの間と思って立ち止まったのに。（あまりに涼しいのでつい長く立ち止まってしまったよ。）

旅をしている人が、清水の流れのそばに柳の木陰を見つけてひと休みし、その涼しさについ時を過ごして、はっと気づいたときの気持ちがそのまま歌となったものである。夏の日差しと、柳の緑や清水の涼しさが対照的で、爽やかな情感に満ちている。

作者

西行法師《さいぎょうほうし》（一一一八年～一一九〇年）鳥羽《とば》上皇に仕える武士であったが、二十三歳で出家し、諸国を遍歴しながら和歌を詠《よ》んで生涯を過ごした。自然・人間・宗教の融合した歌の境地をひらき、平明・率直に詠んだ歌は、後の世代の歌人に多大な影響を与えた。

テストに出る！

問 **「しばしとてこそ立ちとまりつれ」(133・5)の後にはどのような内容を補うことができるか。現代語で簡潔に書きなさい。**

答 気持ちがよくて思いがけず長居してしまったよ。

さびしさはその色《いろ》としもなかりけり真木《まき》たつ山《やま》の秋《あき》の夕暮《ゆうぐれ》

語句の意味

その色《いろ》としも　特にどの色がそうだということも。「色」は、色彩を含む様子のこと。「しも」は、強意を表す助詞。

なかりけり　「けり」は、今そのことに気づいて詠嘆する意を表す。ここで句切れとなる(三句切れ)。

真木《まき》たつ山《やま》　「真木」は、杉やひのきなど良材の常緑樹の総称。このような木が生えているのは、人里離れた奥深い山である。

大意・解説

この寂しさは、特にどの色がそうだということもないのだなあ。(山全体からなんとなく寂しさがわきあがってくるのだ。)杉やひのきが生い茂る山の秋の夕暮れよ。

常緑樹の山は深緑一色で、一見、秋らしくない。そんな山の夕暮れ時に言いしれぬ寂しさを感じた作者は、それが何によるものなのかを考えてみた。そして、具体的な何かに原因があるわけでなく、山の夕暮れそのものが寂しいのであり、そう感じる自分の心が寂しいのだと思い至る。常緑樹の奥山で感じた寂しさを巧みに詠んだ歌である。「新古今和歌集」には、この歌の後に「秋の夕暮」で終わる歌が二首あり(西行法師・藤原定家の歌)、あわせて「三夕《さんせき》の歌」とよばれる。

作者

寂蓮法師《じゃくれんほうし》(一一三九年頃～一二〇二年)　伯父に当たる藤原俊成の養子になったが、定家(俊成の実子)が生まれた後に出家した。西行を慕い、各地に旅して繊細な歌を詠み、「新古今和歌集」の撰者に任じられたが、その完成を見ずに没した。

玉《たま》の緒《お》よ絶《た》えなば絶えね
ながらへ《エ》ば忍《しの》ぶることの弱《よわ》りもぞする

語句の意味

玉《たま》の緒《お》よ　私の命よ。「玉の緒」は、ここでは「命、生命」の意。「玉」に「魂《たま》」を掛け、魂を肉体につなぎ止めるひもという意味から。

絶《た》えなば絶《た》えね　絶えてしまうなら、絶えてしまえ。

ながらへ《エ》ば　生き永らえていると。

忍《しの》ぶる　(恋心を知られないように)じっと堪える。

弱《よわ》りもぞする　弱まると(人に分かってしまって)いけないから。恋心が表に出ることを心配しているのである。「もぞ」は、悪い事態を予測して危《あや》ぶむ表現で、「～すると困る」「～すると大変だ」の意を表す。

大意・解説

私の命よ、絶えてしまうなら、絶えてしまえ。生き永らえていると、恋心を知られないようにじっと堪える気持ちが弱まり、心中に秘《ひ》めた思いが人に分かってしまうといけないから。

「忍ぶ恋」の代表的名歌とされ、「小倉《おぐら》百人一首」にも選ばれている。

世間はもちろん、思いを寄せる相手にも知られまいとする恋を詠み、心に秘めた恋の苦しさに押しつぶされそうになった瞬間を歌った絶唱である。

●作者
式子内親王《しょくしないしんのう》（一一四九年～一二〇一年）「式子《しきし》」とも。新古今時代を代表する歌人。後白河《ごしらかわ》天皇の皇女で、藤原俊成に和歌を学び、定家とも交遊があった。情熱を秘めた、繊細で格調高い秀歌を残す。

テストに出る！

問 「忍ぶること」(133・9)とは、どのようなことを表しているか。説明しなさい。

答 自分の恋心を他人に知られないように、じっと堪える気持ち。

てびき—解答と解説

教科書の課題を解き、学習内容をしっかりと身につけよう。 教科書134ページ

◉背景や作者の心情を想像しながら音読しよう

1 和歌のリズムに注意して、繰り返し声に出して読んでみよう。

解説 和歌は、五音と七音の組み合わせで作られている。音読するときは、一首の和歌を一気に読むのではなく、五音と七音を意識して、意味を考えながら読まなければいけない。

また、句切れがある和歌は、そこで一呼吸おいて読むようにしたい。二句切れ・四句切れの和歌は五七調、初句切れ・三句切れの和歌は七五調になる。

例 ちはやぶる神世も聞かず／たつた河から紅に水くくるとは
→二句切れ

例 さびしさはその色としもなかりけり／真木たつ山の秋の夕暮
→三句切れ

どこで息継ぎすれば自然か、どこで意味が切れるかに注意しながら音読しよう。

2 脚注を参考にして、それぞれの和歌の意味を考えたり、情景を想像したりしよう。

解説 和歌の意味については、それぞれ、本書の次のページに示されている●大意・解説を参考にしよう。

・「万葉集」…………100～103ページ
・「古今和歌集」……104～105ページ
・「新古今和歌集」…106～108ページ

◉意味や技法に注意して、和歌の鑑賞文をまとめよう

3 好きな和歌を一首選び、鑑賞文をまとめてみよう。

解説 鑑賞文には、次のようなことを書くとよい。

・和歌の意味や使われている技法（修辞）の説明。
・和歌が詠まれた背景について調べて分かったこと。
・どんな情景や心情が読み取れたか。どんなことを想像したか。
・自分の経験などと関連づけて思ったことや感じたこと。

5 ▼古典

おくのほそ道《みち》

教科書135〜143ページ

学習目標を押さえ、「おくのほそ道」のおおよそを理解しよう。

ガイダンス

学習目標

● 当時の状況や作者の思いを捉え、古典の世界に親しむ。
● 構成や表現の特徴と、その効果について考える。

文章を読む前に

松尾《まつお》芭蕉《ばしょう》の紀行文「おくのほそ道」から、旅への思いを述べた冒頭部と、平泉《ひらいずみ》を訪れた際の一節を取り上げている。芭蕉が旅と人生をどのように考えていたか、旅で見聞したものをどう受け止めていたかを読み取ろう。その他、「おくのほそ道」の旅程図と旅で詠《よ》んだ名句を取り上げ、江戸から大垣《おおがき》に至るまでの旅の行程を簡単に紹介しているので、作品全体の概要も捉えることができるだろう。

■「おくのほそ道」とは　教科書135ページ

・江戸時代に俳人の松尾芭蕉が著した紀行文。
・元禄《げんろく》二(一六八九)年、芭蕉が四十六歳のとき、門人曽良《そら》を連れて北関東・東北・北陸地方を旅行した経験を、後日、虚構も交えながら書き記したもの。
・旅での経験によって生まれた名句をちりばめ、格調高い文章で構成されている。

古典コラム　俳諧《はいかい》の歴史　教科書143ページ

室町時代	・**連歌《れんが》**が流行…和歌の長句(五七五)と短句(七七)を何人かで交互に詠み継いでいく。 ↓ ・俳諧の連歌…連歌に日常の話し言葉を用いて滑稽さを求めたもの。
江戸時代	・**俳諧**が発展…俳諧の連歌の発句《ほっく》(最初の一句)に独立した価値が広く認められるようになり、文芸の一つとして栄えた。 ＊多くの優れた俳人が現れた。 **松尾芭蕉**…遊戯的だった俳諧を芸術的に高めた。 **与謝《よさ》蕪村《ぶそん》**…叙情《じょじょう》的で知的な句を詠んだ。 「菜の花や月は東に日は西に」など。 **小林《こばやし》一茶《いっさ》**…日常的な題材を親しみやすい言葉で詠んだ。 「我と来て遊べや親のない雀《すずめ》」など。
明治時代	・正岡《まさおか》子規《しき》が俳諧改革を唱え、近代俳句が確立。

教科書137〜138ページ（折込表）

■「おくのほそ道」の旅程と俳句

元禄二（一六八九）年旧暦三月末、芭蕉は、門人曽良を伴い、「おくのほそ道」の旅に出た。江戸から北関東・東北・北陸を巡って大垣に至る、約二千四百キロメートルに及ぶ長旅である。芭蕉は、その間の出来事を文章に記しただけでなく、多くの名句を残している。

①日光《にっこう》（栃木県）…旧暦四月一日

あらたふ《トウ》と青葉《あおば》若葉《わかば》の日《ひ》の光《ひかり》〔季語＝若葉　季節＝夏〕

大意 ああ、尊いことだ。この日光山《にっこうさん》に初夏の日の光が降り注ぎ、青葉若葉も照り輝いて、東照宮《とうしょうぐう》も厳かなたたずまいを見せている。

②蘆野《あしの》（栃木県）…四月二十日

田一枚《たいちまい》植《う》ゑ《エ》て立《た》ち去《さ》る柳《やなぎ》かな〔季語＝田植ゑ　季節＝夏〕

大意 西行《さいぎょう》ゆかりの柳の木陰で昔をしのんでいるうちに、ふと気づくと早くも一枚分の田植えが終わっている。思いを残しつつ、私も柳から立ち去ることだ。

＊西行法師の「道のべに清水《しみず》ながるる柳かげしばしとてこそ立ちとまりつれ」（本書106ページ参照）を踏まえている。

③立石寺《りゅうしゃくじ》（山形県）…五月二十七日

閑《しず》かさや岩《いわ》にしみ入《い》る蟬《せみ》の声《こえ》〔季語＝蟬の声　季節＝夏〕

大意 辺りはひっそりと静まり返っている。聞こえてくるものは蟬の声だけ。まるでそれが岩肌に深くしみ込んでいくようだ。

④最上川《もがみがわ》（山形県）…六月三日

五月雨《さみだれ》を集《あつ》めて早《はや》し最上川《もがみがわ》〔季語＝五月雨　季節＝夏〕

大意 折から両岸の山々に降る五月雨を一つに集め、満々たる水をみなぎらせて、いちだんと流れの速い最上川よ。

＊「五月雨」とは、旧暦五月頃に降る長雨のこと。つまり、梅雨の長雨。

⑤象潟《きさかた》（秋田県）…六月十七日

象潟《きさかた》や雨《あめ》に西施《せいし》がねぶの花《はな》〔季語＝ねぶの花　季節＝夏〕

大意 象潟の雨に煙る風景を見ると、あの古代中国の美女西施が物思わしげに目を閉じている姿を連想させる合歓《ねむ》の花が、雨にぬれている。

⑥出雲崎《いずもざき》（新潟県）…七月四日

荒海《あらうみ》や佐渡《さど》に横《よこ》たふ《ウ》天《あま》の河《がわ》〔季語＝天の河　季節＝秋〕

大意 眼下に日本海の荒波が押し寄せている。そのかなたには佐渡島《さどがしま》が浮かび、大空には、佐渡島にかけて天の川が横たわっている。

⑦那谷寺《なたでら》（石川県）…八月五日

石山《いしやま》の石《いし》より白《しろ》し秋《あき》の風《かぜ》〔季語＝秋の風　季節＝秋〕

大意 ここ那谷寺の石山は、あの近江《おうみ》（滋賀県）の石山寺《いしやまでら》の石よりも白く、吹きわたる秋風は、石の肌よりいっそう冷たく身にしみる。

⑧大垣《おおがき》（岐阜県）…九月六日

蛤《はまぐり》のふたみに別《わか》れ行《ゆ》く秋《あき》ぞ〔季語＝行く秋　季節＝秋〕

大意 蛤の蓋《ふた》と身が分かれるように、つらい思いで親しい人々と別れ、過ぎ去っていく秋にも別れを告げて、伊勢《いせ》（三重県）の二見《ふたみ》が浦《うら》に旅立つことだ。

新出漢字・新出音訓

読みの太字は送り仮名を示す。（　）は中学校では学習しなくてもよい読みを、―線は特別な言葉に限って使われる読みを示す。例は用例を示し、例中の太字は教科書本文中の語句であることを示す。新出音訓の▼は、常用漢字表の「付表」の語を示す。□には漢字を、（　）には読みを書こう。

p.142　**扉**　（ヒ）とびら　12画　戸　□

開き戸。例 **扉**《とびら》。玄関扉《げんかんとびら》。

p.142　**朽**　キュウ　くちる　6画　木　□

①くさる。例 **朽**《く》**ちる**。②おとろえる。例 老《ろう》朽《きゅう》化。不朽《ふきゅう》の名作。

■**新出音訓**　（―線部の読みを書こう。）

①紀行文を著す。→p.135　（　　）

②百代《はくたい》の過客。→p.135　（　　）

③お経を唱える。→p.142　（　　）

答　①あらわ　②かかく　③きょう

語句・文の意味

語義が複数の場合、①に教科書本文中の語義を示してある。類は類義語、対は対義語、文は語句を用いた短文例を示す。
●印は、教科書の脚注に示されている語句である。

▼135ページ

月日《つきひ》は百代《はくたい》の過客《かかく》にして　月日は永遠の旅人であって。「百代」は永遠の時間、「過客」は旅人のこと。月日が絶えず過ぎ去ることを旅にたとえた表現。

行《ゆ》き交ふ《かウ》年《とし》　来ては去り、去っては来る年。

舟《ふね》の上《うえ》に……迎ふる《むかウ》者《もの》　舟の上で一生を過ごすのは船頭で、馬のくつわを取って老いるのは馬子《まご》。当時の主な交通運搬手段は舟と馬だったので、職業的に旅にゆかりのある者として挙げたのである。

旅《たび》を栖《すみか》とす　旅をすることがそのまま日常の人生になっているということ。

古《こ》人《じん》　昔の人。ここでは、日本の西行法師《さいぎょうほうし》や宗祇《そうぎ》、中国の李白《りはく》や杜甫《とほ》など、芭蕉《ばしょう》が敬慕していた歌人や詩人を指す。

▼136ページ

予《よ》も　「予」は、自称の代名詞。「予も」は、「古人も」に対応した表現で、自分も「古人」と同じように旅に死ぬ覚悟を決めていることを表している。

片雲《へんうん》の風《かぜ》に誘は《さそワ》れて　ちぎれ雲が風に誘われるように。自分を雲にたとえている。

漂《ひょう》泊《はく》　さまよい歩くこと。格別な目的もなくあちらこちらを歩き回ること。

江上《こうしょう》の破屋《はおく》　川のほとりのあばら屋。深川《ふかがわ》の芭蕉庵《ばしょうあん》を指す。「江」は大河の意で、ここでは隅田川《すみだがわ》のこと。

蜘蛛《くも》の古巣《ふるす》　旅に出て留守にしていた間に、蜘蛛が巣を張っていたのである。

やや　しだいに。そのうちに。

春立《はるた》てる霞《かすみ》の空《そら》　新春になって霞の立つ空。「立てる」は、「春立てる」と「立てる霞」とを掛けている。「春立つ」とは、立春を迎えること。

そぞろ神《がみ》　なんとなく人の心を旅に誘惑する神。後の「道祖神」と対になるものとして芭蕉の作った言葉とされる。

ものにつきて　「ものにつく」は、神などの霊力のあるものが人の身にとりついて、その心を支配すること。

道祖神《どうそじん》　道の分かれ目などにまつられていて、道行く人を守護する神。

股《もも》引《ひき》　腰から下を包むように仕立てた男性用の下ばき。なお、「股引の破れを……灸《きゅう》据《す》ゆる」は、旅の支度である。

松島《まつしま》の月《つき》まづ《ズ》心《こころ》にかかりて　松島は、有名な歌枕《うたまくら》(和歌に詠《よ》まれる名所)で、月の名所として知られていた。

別《べっ》墅《しょ》　別荘《べっそう》。別宅。

草《くさ》の戸《と》も……(句)　このような草庵にも、あるじの住み替わる時節がやってきたことだ。私のような世捨て人の住んでいたときとは違い、雛《ひな》人形も飾られて華やかになることであろう。季語は「雛」、季節は春。

表八句《おもてはちく》　百句続ける連句の、初めの八句。二つ折りにした懐紙《かいし》を四枚重ね、その一枚目の表に書き記す、発句《ほっく》以下の八句。

▼141ページ

一睡《いっすい》のうちにして　ひと眠りの間に見た夢のようにはかないもので。「一睡」は、「一炊の夢」という故事成語を踏まえた表現。昔、盧生《ろせい》という若者が邯鄲《かんたん》の町で仙人《せんにん》から借りた枕で寝たところ、人生一代の栄華を夢に見たが、目覚めると黄粱《こうりょう》(粟《あわ》)の飯も炊きあがらないわずかな時間であったという。この故事から、人生の栄華のはかないことを表す「一炊の夢」という言葉が生まれた。

一里《いちり》こなたにあり　一里ほど手前にある。「こなた」は「こちらのほう」の意。

北上川《きたかみがわ》　岩手県の北境を水源とし、県のほぼ中央を南流し、石巻湾《いしのまき》に注ぐ、東北地方随一の大河。

和泉《いずみ》が城《じょう》を巡《めぐ》りて　(秀衡《ひでひら》の三男、忠衡《ただひら》の居城だった)和泉が城の周りを流れていて。弓なりに曲がった衣川《ころもがわ》の流れの内側に城が築かれ、川が天然の堀となっていた。

南部口《なんぶぐち》　南部地方へと通じる関門。

差《さ》し固《かた》め　厳しく守って。厳重に警戒して。

夷《えぞ》　東北から北海道にかけて住み、朝廷に服従しなかった人々。朝廷は、奈良時代からしばしば討伐を試みた。

さても　それにしても。

すぐつ《グッ》て　優れたものを選び抜いて。

功名一時《こうみょういちじ》の叢《くさむら》となる　功名を立てたのも一時のはかないことで、今は草むらになっている。人間の営みがはかなく、何も残らないことをいう。

国破《くにやぶ》れて……草青《くさあお》みたり　杜甫の詩「春望《しゅんぼう》」を踏まえた表現。芭蕉は、長い時がたっても変わらない自然と対比して、人間の営みのはかなさを嘆いている。

夏草《なつくさ》や……(句)　一面に生い茂る夏草。ここは昔、功名を夢見て武士たちが命がけで戦い、はかなく夢のように散っていった戦場の跡なのだ。季語は「夏草」、季節は夏。

卯《う》の花《はな》に……(句)　真っ白に咲く卯の花を見ると、白髪《しらが》の兼房《かねふさ》が奮戦する姿がしのばれる。季語は「卯の花」、季節は夏。

▼142ページ

かねて　かねがね。以前から。

耳驚《みみおどろ》かしたる　話に聞いて驚いていた。すばらしいと話に聞いていた。

開帳《かいちょう》　寺院で、厨子《ずし》の扉を開き、秘仏などを一般の人に拝ませること。

三代《さんだい》の棺《ひつぎ》　藤原清衡《ふじわらのきよひら》・基衡《もとひら》・秀衡の棺。

珠《たま》の扉《とびら》　珠玉をちりばめた扉。

しばらく千歳《せんざい》の記念《かたみ》とはなれり　長い年月の流れから見れば、それもしばらくのことだが、遠い昔をしのぶ記念物となっているということ。

五月雨《さみだれ》の……(句)　五月雨も、その場所だけは降らないで、残しておいたのだろうか。数百年の時を経た今もなお、こうして光堂《ひかりどう》は光り輝いている。季語は「五月雨」、季節は夏。

読み解こう

まとまりごとの内容を捉えよう。［　］の中には当てはまる言葉を書こう。

冒頭部分　旅立ち

135・上1〜136・上13

月日《つきひ》は百代《はくたい》の過客《かかく》にして、行《ゆ》き交《か》ふ《ウ》年《とし》もまた旅人《たびびと》なり。

月日は永遠にとどまることのない旅人であり、やってきては去ってゆく年もまた旅人である。


舟《ふね》の上《うえ》に生涯《しょうがい》を浮《う》かべ、馬《うま》の口《くち》とらへ《エ》て老《お》いを迎《むか》ふ《ウ》る者《もの》は、

(船頭として)舟の上で一生を過ごす人や、(馬子《まご》として)馬のくつわを取りながら老いを迎える人は、

日々《ひび》旅《たび》にして、旅《たび》を栖《すみか》とす。古人《こじん》も、多《おお》く旅《たび》に死《し》せるあり。

毎日が旅であって、旅を住まいとしているのである。古人にも、旅の途中で死んだ者は多い。

予《よ》も、いづ《ズ》れの年《とし》よりか、片雲《へんうん》の風《かぜ》に誘《さそ》は《ワ》れて、漂泊《ひょうはく》の思《おも》ひ《イ》や
私も、いつの年からか、ちぎれ雲が風に誘われるように、当てもなくさすらい

まず、海浜《かいひん》にさすらへ《エ》て、去年《こぞ》の秋《あき》、江上《こうしょう》の破屋《はおく》に蜘《く》
たいという気持ちがやまず、海辺をさまよっていたが、去年の秋、川のほとりのあばら屋に

蛛《も》の古巣《ふるす》を払《はら》ひ《イ》て、やや年《とし》も暮《く》れ、春立《はるた》てる霞《かすみ》の空《そら》に、白河《しらかわ》
(帰り)蜘蛛の古巣を取り払って、そのうちに年も暮れたが、新春になって霞の立つ空を見ると、白河の

の関《せき》越《こ》えんと、そぞろ神《がみ》のものにつきて心《こころ》を狂《くる》は《ワ》せ、道祖神《どうそじん》の
関を越えようと、そぞろ神がとりついて(私の)心をおかしくさせ、道祖神からも

招《まね》きにあひ《イ》て取《と》るもの手《て》につかず、股引《ももひき》の破《やぶ》れをつづり、笠《かさ》の
(旅へと)誘われて何も手につかず、股引の破れ目を繕い、笠の

緒付《おつ》け替《か》へ《エ》て、三里《さんり》に灸据《きゅうす》ゆるより、松島《まつしま》の月《つき》まづ《ズ》心《こころ》にかかり
ひもを付け替えて、三里に灸を据えると、松島の月が真っ先に気になって、

て、住《す》める方《かた》は人《ひと》に譲《ゆず》り、杉風《さんぷう》が別墅《べっしょ》に移《うつ》るに、
住んでいた家は人に譲り、杉風の別宅に移るときに、(次のような句を詠《よ》んだ。)

草《くさ》の戸《と》も住《す》み替《か》は《ワ》る代《よ》ぞ雛《ひな》の家《いえ》

表八句《おもてはちく》を庵《あん》の柱《はしら》に掛《か》けおく。

表八句を庵の柱に掛けておいた。

※俳句の解釈は、本書112ページ参照。

■「旅」や「人生」に対する芭蕉の考え方を捉える。

・芭蕉は、絶えず過ぎ去る時間(月日・年)を［　］と捉え、人間も旅人であり、人生そのものが旅なのだと考えていた。

▼旅人

■「古人」(135・上4)とは、具体的に誰を念頭に置いているのか。

・日本の［①　］や宗祇《そうぎ》、中国の李白《りはく》や杜甫《とほ》など、［②　］の道における先人のこと。

▼①西行法師　②詩歌

■「古人」(135・上4)が、芭蕉にとってどういう存在だったのかを理解する。

・いずれの人物も旅の中で多くの名作を残し、旅先、あるいは故郷を遠く離れた地で死んでいる。

・俳句の道に進み、人生を旅と考える芭蕉にとって、彼らは理想の存在だった。

■**文章中の対句的な表現を捉え、その表現効果を考える。**

月日は百代の過客にして
行き交ふ年もまた①（　　）なり
舟の上に生涯を浮かべ
馬の口とらへて老いを迎ふる者は、
そぞろ神のものにつきて心を狂はせ
道祖神の②（　　）取るもの手につかず
股引の破れをつづり
③（　　）付け替へて

▼①旅人　②招きにあひて　③笠の緒

・**ポイント**　対句的表現は、きびきびとした格調高いリズムを生む効果がある。

■**旅に出ようとする芭蕉の心構えを読み取る。**

・「住める方は人に譲り」（136・上10）とあり、住まいを手放している。旅に生きるという決意や、江戸にもどれないかもしれないという覚悟がうかがえる。

テストに出る!

問　**「おくのほそ道」への旅に出たくて、いてもたってもいられない芭蕉の気持ちを表している箇所を文章中から抜き出しなさい。**

答　そぞろ神のものにつきて……取るもの手につかず（136・上6）

テストに出る!

問　**「草の戸も…」の句について、①季語を抜き出し、季節を答えなさい。また、②切れ字を抜き出しなさい。**

答　①雛・春　②ぞ

「おくのほそ道」旅程図・平泉の歴史

折込 137〜140ページ

■**芭蕉一行が江戸から平泉に至るまでの旅程を地図で確認する。**

・旧暦三月末に①（　　）を出発し、東北の②（　　）まで北上。その後、北陸を通って、九月初旬に③（　　）に着いている。五か月余りをかけて、約二千四百キロメートルを旅した。

▼①江戸　②平泉　③大垣

■**平泉の歴史について理解する。**

・平泉は、平安時代末期、豪族の①（　　）氏が清衡《きよひら》・基衡《もとひら》・秀衡《ひでひら》の三代にわたり、約百年間、栄華を極めた地。

・源②（　　）が、兄の頼朝《よりとも》と対立して、三代目の秀衡のもとに身を寄せるが、頼朝を恐れた四代目の泰衡《やすひら》に攻められて死んだ。

・同じ年、泰衡も頼朝に滅ぼされ、奥州藤原氏の歴史は幕を閉じた。

▼①藤原　②義経

平泉が栄えていたのは、芭蕉の時代から更に五百年も前のことなんだね。

平泉①　平泉の栄華の跡

141・1〜141・10

三代《さんだい》の栄耀《えよう》一睡《いっすい》のうちにして、大門《だいもん》の跡《あと》は一里《いちり》こなた

藤原氏三代の栄華はひと眠りの夢のようにはかなく消え、平泉館《ひらいずみのたち》の南大門の跡は一里ほど

にあり。秀衡《ひでひら》が跡《あと》は田野《でんや》になりて、金鶏山《きんけいざん》のみ形《かたち》を残《のこ》す。まづ《ズ》

手前にある。秀衡の館の跡は田野になって、金鶏山だけが形を残している。まず

高館《たかだち》に登《のぼ》れば、北上川《きたかみがわ》、南部《なんぶ》より流《なが》るる大河《たいが》なり。衣川《ころもがわ》

高館に登ると、北上川が見下ろせるが、これは南部地方から流れてくる大河である。衣川は

は和泉《いずみ》が城《じょう》を巡《めぐ》りて、高館《たかだち》の下《もと》にて大河《たいが》に落《お》ち入《い》る。泰衡《やすひら》らが

和泉が城の周りを流れてから、高館の下で大河の北上川に流れ込んでいる。泰衡たち藤原

旧跡《きゅうせき》は、衣《ころも》が関《せき》を隔《へだ》てて南部口《なんぶぐち》を差《さ》し固《かた》め、夷《えぞ》を防《ふせ》ぐと見《み》

一族の旧跡は、衣が関を間に挟んで南部地方への出入り口を厳重に警戒して、蝦夷《えぞ》の侵入を防いでい

えたり。さても、義臣《ぎしん》すぐっ《グッ》てこの城《しろ》に籠《こ》もり、

るように見える。それにしても、(義経が)忠義の臣たちをえりすぐってこの高館に立てこもり、

功名一時《こうみょういちじ》の叢《くさむら》となる。「国破《くにやぶ》れて山河《さんが》あり、

功名を立てたのも一時のはかないことで、今は草むらになっている。「国破れて山河あり、

城春《しろはる》にして草青《くさあお》みたり。」と、笠《かさ》打《う》ち敷《し》きて、

城春にして草青みたり。」と(杜甫の詩を思い浮かべながら)、笠を敷いて腰を下ろし、

時《とき》の移《うつ》るまで涙《なみだ》を落《お》としはべりぬ。

時刻の移るまで懐旧の涙を流していました。

夏草《なつくさ》や兵《つわもの》どもが夢《ゆめ》の跡《あと》

卯《う》の花《はな》に兼房《かねふさ》見《み》ゆる白毛《しらが》かな　曽良《そら》

※俳句の解釈は、本書112ページ参照。

■**高館からの眺めはどのようなものだったかを捉える。**

・藤原秀衡の館跡は①（　）となり、金鶏山や南部地方から流れてくる②（　）が見えるばかりである。

▼①田野　②北上川

■**芭蕉が杜甫の詩の一節「国破れて山河あり、城春にして……」を連想した理由を考える。**

・藤原氏三代の栄華や義経主従の奮戦の名残《なごり》を全く感じさせない原野に生い茂る①（　）を見て、人間の営みの②（　）を痛感した芭蕉は、同じようなことを詠《よ》んだ杜甫の詩を連想した。

▼①夏草　②はかなさ

•ポイント　杜甫の詩「春望」では「草木深し」とあるところを、芭蕉の句では「草青みたり」としているのは、夏草が青々と茂る、眼前の実景につなげるためである。

■**芭蕉の句と、曽良の句の違いを捉える。**

・芭蕉の句…自然のたくましさを捉えた「夏草や」と、人間の営みのはかなさを捉えた「兵どもが夢の跡」を対比させることによって人の世の無常を印象づけている。

・曽良の句…兼房という一人物への追憶に焦点を絞っている。

•ポイント　目の前の情景から昔を想像している点は同じであるが、芭蕉の句はそこから自然と人間との対比に思いをめぐらせている。

テストに出る

問 「夏草や……」の句と同じ情景を述べている一文を文章中から抜き出しなさい。

答 さても、義臣すぐつて……一時の叢となる。（141・6）

平泉② 千歳の記念となった光堂

142・1〜142・5

かねて耳驚《みみおどろ》かしたる二堂開帳《にどうかいちょう》す。

以前からすばらしいと話に聞いていた二つの堂が開帳されていた。

経堂《きょうどう》は三将《さんしょう》の像《ぞう》を残《のこ》し、

経堂は三代の武将の像を残し、

光堂《ひかりどう》は三代《さんだい》の棺《ひつぎ》を納《おさ》め、三尊《さんぞん》の仏《ほとけ》を安置《あんち》す。

光堂は三代の将軍の棺を納め、三尊の仏を安置している。

七宝《しっぽう》散《ち》りうせて、珠《たま》の扉《とびら》風《かぜ》に破《やぶ》れ、金《こがね》の柱《はしら》霜雪《そうせつ》に朽《く》ちて、

（光堂を飾っていた）七宝は散りうせて、珠玉をちりばめた扉は風によって壊れ、金箔《きんぱく》をはった柱は霜や雪に朽ちて、

既《すで》に頽廃空虚《たいはいくうきょ》の叢《くさむら》となるべきを、四面《しめん》新《あら》たに囲《かこ》みて、

とうに崩れ廃れて何もない草むらとなってしまうはずのところを、（鞘堂《さやどう》を造り）四方を新たに囲んで、

甍《いらか》を覆《おお》ひて風雨《ふうう》をしのぎ、しばらく千歳《せんざい》の記念《かたみ》とはなれり。

瓦の屋根をふいて風雨をしのぎ、（そのおかげで）当分は遠い昔をしのぶ記念物となっている。

五月雨《さみだれ》の降《ふ》り残《のこ》してや光堂《ひかりどう》

※俳句の解釈は、本書112ページ参照。

■「二堂」（142・1）とは何を指すか。

・中尊寺《ちゅうそんじ》の①□と②□を指す。

▼①経堂 ②光堂

・ポイント 芭蕉は以前からそのすばらしさを話に聞いていて、今回の旅で訪れることを楽しみにしていた。

■対句的な表現を捉える。

・経堂は 三将の像を残し、 ・三代の棺を納め、
　光堂は ①□の棺を納め、 　三尊の仏を安置す。

・珠の扉 風に 破れ、
　②□ 霜雪に 朽ちて、

▼①三代 ②金の柱

■光堂を拝した芭蕉の感動を捉える。

・光堂は、鞘堂に覆われたことで①□をしのぎ、荒廃をまぬかれて、かつての輝きを残していた。
→「千歳の記念」…②□をしのばせる記念物。

・五月雨の降り残してや光堂

▼①風雨 ②遠い昔

・ポイント 高館で人間の営みのはかなさを痛感した後だけに、芭蕉は、自然の圧力に負けまいとする人間のわざにいっそうの感動を覚えたのだろう。

テストに出る

問 「かねて耳驚かしたる」（142・1）の意味を答えなさい。

答 以前からすばらしいと話に聞いていた

テストに出る

問 「五月雨の……」の句について、①季語を抜き出し、季節を答えなさい。②切れ字を抜き出しなさい。

答 ①五月雨・夏 ②や

てびき—解答と解説

教科書の課題を解き、学習内容をしっかりと身につけよう。

教科書143ページ

◉当時の状況や作者の思いを捉えよう

❶優れた表現や文体の特徴に注意して、音読してみよう。

解説　「おくのほそ道」の文章では、対句的な表現や漢文調の言い回しがきびきびとした格調の高いリズムを生んでいる。対句的な表現については、本書114ページ、116ページで整理したので、そこを見直してみよう。「百代《はくたい》」「過客」「片雲」「江上《こうしょう》」など、ふだん使うことのない漢語にも注意したい。

❷芭蕉《ばしょう》は「旅」をどのようなものと捉えていただろうか。また、旅立ちにあたってどんな思いを抱いていたのだろうか。冒頭の文章から読み取ってみよう。

解答　芭蕉は、人生そのものを旅と捉えており、漂泊の旅の中で自らの俳諧を高めたいと考えていた。旅立ちにあたっては、旅の途中で死んでもかまわないという思いを抱いていた。

解説　芭蕉は、漂泊の旅の中で多くの名作を残して死んだ西行《さいぎょう》法師《ほうし》や宗祇《そうぎ》、李白《りはく》や杜甫《とほ》に詩人の理想像を見て、自分も旅を通して俳諧の道を究めたいと考えていた。「古人も、多く旅に死せるあり。」を受けて、「予も」と述べているところから、芭蕉が旅の途中で死んでもかまわないと思っていたことが分かる。旅立ちにあたって、それまで住んでいた芭蕉庵《あん》を人に譲ったのも、芭蕉の並々ならぬ決意の表れと考えられる。

❸平泉で芭蕉が詠《よ》んだ二句「夏草や……」「五月雨の……」には、それぞれどんな思いが込められているだろうか。地の文と関連させながら考えてみよう。

解答　◆「夏草や……」の句…芭蕉は、義経《よしつね》主従の奮戦の跡が一面の草むらとなっているのを見て、長い時がたっても変わらない自然に対して人の営みがあまりにもはかないことを嘆いている。

◆「五月雨の……」の句…芭蕉は、鞘堂《さやどう》で覆われたことにより、かつての輝きを残して藤原氏の栄華を伝える金色の光堂《ひかりどう》を見て、自然の力に負けまいとする人の行いに感動している。

解説　「夏草や……」の句は「さても、義臣すぐつてこの城に籠《こ》もり、功名一時の叢《くさむら》となる。」、「五月雨の……」の句は「珠《たま》の扉風に破れ……千歳《せんざい》の記念《かたみ》とはなれり。」と関連させて、芭蕉の心情を考えてみよう。

◉構成や表現の特徴と、その効果について考えよう

❹「おくのほそ道」では、文章と句が組み合わされている。それがどのような効果をもたらしているかを考え、話し合ってみよう。

解説　俳句は、地の文で描いてきた情景や心情を凝縮したものになっている。また、漢文調の地の文の中に、大和言葉の俳句が置かれることによって、文章のリズムに変化が生まれ、めりはりが効いている。

もし地の文だけだったら、あるいは俳句だけだったら、文章や俳句に対する理解や味わい方がどのように違ってくるか考えてみるとよい。

5 ▼古典

論語《ろんご》

教科書144〜147ページ

ガイダンス

学習目標を押さえ、「論語」のおおよそを理解しよう。

○学習目標

● 古典の言葉を読み味わい、自分の文章に生かす。

● 古典の言葉を引用し、自分の考えを書く。

・文章を読む前に

孔子《こうし》とその弟子たちの言行を記録した「論語」から、人間の在り方について述べた章句を五つ取り上げている。漢文独特の言い回しに注意して読み、現代にも通じる孔子の考え方を捉えよう。

■「論語」とは ―― 教科書144ページ

・古代中国の思想家である孔子（前五五一年頃〜前四七九年）とその弟子たちの言行を記録したもの。

・孔子は、人間が互いに愛情をもって接し合い、人格や道徳を高めることで世の中が平和に治まるということを理想として、それを諸侯に説いて回ったが、受け入れられなかった。

・孔子は、顔淵《がんえん》・子路《しろ》など、多くの優れた弟子を育て、その理想は儒教として次第に広く人々の間に知られるようになった。

・「論語」は、古くから日本にも伝えられ、人々の思考や行動の規範として大きな影響を与えてきた。

古典コラム　漢文の読み方 教科書147ページ

漢文を日本語として読むための工夫として返り点・送り仮名がある。返り点には、これまでに学習したレ点や一・二点のほかに次のようなものがある。

①一レ点…下から一字返り、更に二字以上隔てて上に返って読むことを示す。

例 一言《ニシテ》而可《ベキ》二以《ツテ》終身行《フ》レ之《ヲ》

1 2 × 8二 3 4 5 7レ 6

②上・下点…一・二点を挟み、更に返って読むことを示す。

例「有《リ》下一言《ニシテ》而可《ベキ》二以《ツテ》終身行《フ》レ之《ヲ》者上乎《やト》。」

10下 1 2 × 8二 3 4 5 7レ 6 9上 11

なお、右の例の「而」のように、原文にはあっても訓読する際には読まない文字を置き字という。（ただし、これらの字は常に読まないというわけではなく、読む場合もある。）

新出漢字・新出音訓

読みの太字は送り仮名を示す。（ ）は中学校では学習しなくてもよい読みを、─線は特別な言葉に限って使われる読みを示す。例は用例を示し、例中の太字は教科書本文中の語句であることを示す。新出音訓の▼は、常用漢字表の「付表」の語を示す。□には漢字を、（ ）には読みを書こう。

孔 コウ　p.144　4画　子　□
①人の姓。例**孔子**《こうし》。②つきぬけている穴。例鼻孔《びこう》。気孔《きこう》。

秩 チツ　p.144　10画　禾　□
物事の順序を立てる。例社会**秩序**《しゃかいちつじょ》。無秩序《むちつじょ》。

侯 コウ　p.144　9画　人　□
大名。領主。例**諸侯**《しょこう》。王侯《おうこう》。

儒 ジュ　p.144　16画　人　□
孔子の教え。例**儒教**《じゅきょう》。儒者《じゅしゃ》。儒学《じゅがく》。

範 ハン　p.144　15画　竹　□
①きまり。手本。例**規範**《きはん》。模範《もはん》。師範《しはん》。②くぎり。わく。例範囲《はんい》。

施 シ（セ）ほどこす　p.146　9画　方　□
①行う。計画を実行する。例**施す**《ほどこす》。実施《じっし》。施設《しせつ》。施行《しこう》。②恵みを与える。例お布施《ふせ》。

■**新出音訓**（──線部の読みを書こう。）

①混迷の時代。p.144（　　）
②己を知る。p.146（　　）

答 ①こんめい ②おのれ

語句・文の意味

語義が複数の場合、①に教科書本文中の語義を示してある。類は類義語、対は対義語、文は語句を用いた短文例を示す。
●印は、教科書の脚注に示されている語句である。

▼144ページ

顔淵《がんえん》**・子路**《しろ》　ともに孔門十哲《じってつ》（孔子《こうし》の弟子の中で最も優れた十人）の一人。

▼145ページ

子《し》　男子の敬称。ここでは、「先生」の意で、孔子を指す。

曰《い》**はく**《ワ》　言うこと。言うことには。

是《これ》　前で述べたことを受けて、「これこそ……だ」という意味を表す。

謂《い》**ふ**《ウ》　批評や評価を下すときに用いる。

矣　訓読する際には読まない置き字。詠嘆や強い断定の気持ちを表す。

君子《くんし》　徳が備わっており、見識・人格ともに優れたりっぱな人。

和《わ》**して**　「和す」は、人と調和すること。他人とうちとけて仲良くすること。

同《どう》**ぜず**　「同ず」は、人に同調すること。相手の機嫌をとって従うこと。

小人《しょうじん》　徳が少なく、度量の狭い人。

罔《くら》**し**　はっきりしない。ここでは、物事の道理がつかめていない状態をいう。

殆《あや》**ふ**《ウ》**し**　危険である。しっかりしていない。ここでは、自分勝手な考えに陥ることの危険性をいう。

▼146ページ

者《もの》　「〜こと」という意味。上の語句を名詞化する働きがある。

如《し》**かず**　及ばない。匹敵しない。

子貢《しこう》　孔門十哲の一人。弁舌《べんぜつ》に優れていた。

終身《しゅうしん》　一生。「身を終えるまで」の意。

恕《じょ》　思いやりや慈《いつく》しみ。自分を思うのと同じように相手を思いやること。

勿《な》**かれ**　してはならない。禁止の表現。

読み解こう

章ごとの内容を捉えよう。[　　] の中には当てはまる言葉を書こう。

子《し》曰《いわ》はく、「過《あやま》ちて改《あらた》めざる、是《これ》を過《あやま》ちと謂《い》ふ。」と。

先生が言われた、「過ちをしたことに気づいても改めない、これを（本当の）過ちというのだ。」と。

子 曰《ハク》、「過《チテ》 而 不《ざル》レ 改《メ》、是《ヲ》 謂《フ》レ 過《チト》 矣。」

■「過ち」についての孔子の考えを読み取る。

・自分が過ちを犯したと気づいたら、それを率直に認めて[　　]べきだと考えている。　▼改める

・ポイント　人間なら誰でも過ちはある。間違ってはいけないというのではなく、間違っていたと気づいた後の姿勢が重要なのである。過ちを改めようとしない人は、同じ過ちをする可能性が高いだろう。また、過ちを率直に認めようとしない態度は、ついには性格的な欠陥にもなりかねない。

テストに出る!
問　「是《ヲ》 謂《フ》レ 過《チト》 矣」を書き下し文に改めなさい。
答　是を過ちと謂ふ

テストに出る!
問　「過」を「あやまち」の意味で用いた熟語を答えなさい。
答　過失・過誤　など

子《し》曰《いわ》はく、「君子《くんし》は和《わ》して同《どう》ぜず。小人《しょうじん》は同《どう》じて和《わ》せず。」と。

先生が言われた、「君子は人と調和するが何にでも同調はしない。小人は何にでも同調するが人と調和はしない。」と。

子 曰《ハク》、「君 子《ハ》 和《シテ》 而 不《ず》レ 同《ゼ》。小 人《ハ》 同《ジテ》 而 不《ずト》レ 和《セ》。」

■「和す」と「同ず」の意味の違いを押さえる。

・和す　…自分の考えを持ったうえで他者と①[　　]する。

・同ず　…自分の考えを持たず他者の意見に何でも②[　　]する。　▼①調和　②同調

・ポイント　「和す」は、自分と他者に違いがあっても、それはそれとして、互いに理解し歩み寄ることができる態度である。

■「君子」と「小人」の違いを押さえる。

・君子　…教養があって[　　]の高い人。

・小人　…教養に乏《とぼ》しく[　　]の低い人。　▼徳

■「君子」と「小人」の人との交わり方の違いとその理由を考える。

・君子　…自主性を持ち、自らの個性を生かして人と接するから、真に人と調和することができる。

・小人　…自主性を持たず、人と接するときもすぐ相手に調子を合わせるから、人の言うことに何でも同調してしまう。

テストに出る！

問 「和《シテ》而不レ同《ゼ》」を書き下し文に改めなさい。

答 和して同ぜず

子《し》曰《い》は《ワ》く、「学《まな》びて思《おも》はざれば則《すなわ》ち罔《くら》し。思《おも》ひて学《まな》ばざれば則《すなわ》ち殆《あやう》ふし。」と。

先生が言われた、「学ぶだけで考えなければ本当の理解には到達しない。（それとは逆に、）考えるだけで学ばなければ（独断に陥って）危険である。」と。

子曰《ハク》、「学《ビテ》而不《ざレバ》レ思《ハ》則《チ》罔《シ》。思《ヒテ》而不《レバ》レ学《バ》則《チ》殆《フシト》。」

■「学ぶ」と「思ふ」の違いを捉える。

・学ぶ　…書物を読み、先生から教わって、さまざまな知識を得ること。

・思ふ　…自分の頭でよく［　　］こと。

▼考える

●ポイント

「思ふ」は、思考する、思索する、という意味である。

■「殆ふし」とはどういう状態なのか。

・自分では全て理解したと思っているが実は足りないところがあり、独りよがりな考えから間違った判断をする危険がある状態。

テストに出る！

問 孔子が理想とする学問の仕方とはどのようなものか。説明しなさい。

答 人や書物から知識を学び、更に自分でもよく考えて理解を深めること。

子《し》曰《い》は《ワ》く、「之《これ》を知《し》る者《もの》は、之《これ》を好《この》む者《もの》に如《し》かず。之《これ》を好《この》む者《もの》は、之《これ》を楽《たの》しむ者《もの》に如《し》かず。」と。

先生が言われた、「これを知るということだけでは、（まだ、）これを好むことに及ばない。これを好むということは、これを楽しむことには及ばない。」と。

子曰《ハク》、「知《ル》レ之《ヲ》者《ハ》、不《ず》レ如《カ》二好《ム》レ之《ヲ》者《ニ》一。好《ム》レ之《ヲ》者《ハ》、不《ずト》レ如《カ》二楽《シム》レ之《ヲ》者《ニ》一。」

■この章で語られている三つのことについて、その違いを捉える。

・之を①［　　］…その物事について知識として知っている状態。

・之を②［　　］…その物事が好きで、興味・関心を持っているが、まだ対象との間に距離がある状態。

・之を③［　　］…対象と自分が一体となって、そのことを楽しんでいる状態。

▼①知る　②好む　③楽しむ

・ポイント 「好む」と「楽しむ」の違いは、趣味の世界を例に考えてみると理解しやすいだろう。

■「AはBに如かず。」は、どういう意味になるのか。

・現代語訳すると、「AはBに①□。」

つまり、「②□のほうが③□よりもよい。」という意味。

▼①及ばない ②B ③A

テストに出る!

問 **「之を知る者」「之を好む者」「之を楽しむ者」のうち、孔子が最も上位に位置づけているものはどれか。**

答 之を楽しむ者

子貢問《しこうと》ひて曰《い》はく、「一言《いちげん》にして以《も》つて終身之《しゅうしんこれ》を行《おこな》ふべき者《もの》有《あ》りや。」と。子曰《しい》はく、「其《そ》れ恕《じょ》か。己《おのれ》の欲《ほっ》せざる所《ところ》は、人《ひと》に施《ほどこ》すこと勿《な》かれ。」と。

子貢がお尋ねして言った、「一言で（表せて）一生行うにふさわしいことがあるでしょうか。」と。先生は言われた、「まあ恕だね。自分がしてほしくないことは、他人にしてはならない。」と。

子 貢 問《ヒテ》 曰《ハク》、「有《リ》下 一 言《ニシテ》 而 可《ベキ》二 以《ツテ》 終 身 行《フ》レ 之《ヲ》 者上 乎《やト》。」子 曰《ハク》、「其《レ》 恕 乎《か》。己《ノ》 所《ハ》レ 不《ざル》レ 欲《セ》、勿《カレト》レ 施《スコト》二 於 人《ニ》一。」

■子貢が孔子に「一言にして以つて終身之を行ふべき者有りや。」と問うたのはなぜかを考えてみる。

・子貢は、師の孔子が一生実行していくに値すると考えていることは何であるかを知り、自分もそれを実行したかったのであろう。

■「恕」とはどういうことを表しているのか。

・「恕」とは、他人に対する□の心であり、自分を大切にするのと同じように相手を大切にすることである。

▼思いやり

■孔子は、「恕」を実践《じっせん》するには、具体的にどうすればよいと述べているか。

・□を、他人にしないようにする。

▼自分がしてほしくないこと

・ポイント 「己の欲せざる所は、人に施すこと勿かれ。」の部分が具体的内容に当たる。自分がされて嫌なことは他人も嫌なはずである。そのように、他者の立場に立って考えることが大切なのである。

テストに出る!

問 **「恕」の意味を答えなさい。**

答 思いやりや慈《いつく》しみ。他人に対する思いやりの心。

テストに出る!

問 **「勿《カレ》レ施《スコト》二於 人《ニ》一」を書き下し文に改め、現代語訳しなさい。**

答 人に施すこと勿かれ・他人にしてはならない

てびき—解答と解説

教科書の課題を解き、学習内容をしっかりと身につけよう。

教科書147ページ

◉古典の言葉を読み味わおう

1 「論語」の訓読文を見て音読ができるように、繰り返し練習しよう。

解説 訓読文を読むときには、まず返り点に注目して、漢字を読む順番を正しく捉える必要がある。そのうえで、漢字一字一字の読み方と送り仮名に注意して音読しよう。音読を繰り返すうちに漢文独特の言い回しや対句的表現にも慣れて、初めて見る訓読文でもそれほど迷わずに読めるようになるだろう。

2 現代語訳と対照させながら、それぞれの言葉に表れている孔子《こうし》の考え方を捉えよう。

解答

◆「過ちて改めざる…」の章…自分が過ちを犯したと気づいたら、それを率直に認め、速やかに改めることが大切である。

◆「君子は和して同ぜず…」の章…人と交わる際は、主体性を保つべきであり、むやみに他人に同調することなく、自らの個性を生かして他人と調和を図るようにしたい。

◆「学びて思はざれば…」の章…人や書物から知識を得ることと自分の頭で考えることの両方があってこそ真の理解が得られる。

◆「之を知る者は…」の章…知識として知るということだけでなく、そのことを好きになり、さらには楽しむことによって、より深く理解することができる。

◆「一言にして……」の章…徳を高めるために一生実行していくに値する行為は、他者を思いやることであり、具体的には自分がしてほしくないことは他人にしないということだ。

解説 「一言にして……」の章について。孔子が最高の徳としたのは「仁」であった。それは、社会の秩序を保つための生活規範にのっとった自己抑制と他者への思いやりから達成されるものである。子貢《しこう》の問いに対して、孔子が「仁」でなく「恕《じょ》」と答えたのは、「恕」つまり他者への思いやりが「仁」に到達する最も具体的な方法だからであろう。「己の欲《ほっ》せざる所は、人に施すこと勿《な》かれ。」というのは、それを更に分かりやすく、行動の指針として示したものである。

◉古典の言葉を引用して、自分の考えを書こう

3 「論語」の言葉に当てはまるような体験や事例を発表し合おう。

解説 これまでに体験したことや身近に見聞したことから、孔子の言葉に当てはまるような事例を探してみよう。例えば、相手の機嫌を取ろうとして心にもないお世辞を言った、自分で考えて賛成したのではなく周りの空気を読んで賛成した、人が嫌がることをわざとしてしまったなど、思い当たることがあるのではないだろうか。

4 古典の言葉を一つ選び、その言葉を引用しながら自分の考えを書いてみよう。

解説 どこで出会った言葉なのか、どういう場面で思い起こす言葉なのかなど、具体的なエピソードも交えて書こう。思い当たる言葉がないときは、次ページからの「古典コラム・古典の言葉」を読んで、心に響いた言葉を選んでみよう。

▼古典コラム

古典の言葉

教科書148〜149ページ

古典作品には、先人たちの知恵や思いが詰まった美しい言葉がある。それらを読み味わい、話や文章の中で引用してみよう。

①　**和《わ》を以《もッ》て貴《とうと》しとし、忤《さか》ふ《ウ》ること無《な》きを宗《むね》とせよ。**

大意　人の和を貴び、逆らい背くことのないようにしなさい。

解説　聖徳太子《しょうとくたいし》(厩戸王《うまやどのおう》)が定めた「十七条の憲法」の第一条に見える言葉。当時の天皇を中心とした国家体制下での政治の在り方を示したものだが、「和を以って貴しとす」という調和を重んじる考えは日本人の心に深く根付いている。

②　**時《とき》に、初春《しょしゅん》の令月《れいげつ》にして、気《き》淑《よ》く風《かぜ》和《やわ》らぐ。梅《うめ》は鏡前《きょうぜん》の粉《ふん》を抜《ひら》き、蘭《らん》は珮後《はいご》の香《こう》を薫《かお》らす。**

大意　折しも、初春のよい月で、気は澄みわたって風は穏やかにそよいでいる。梅は鏡の前のおしろいのように咲いていて、蘭の花は飾り袋の香りのように匂っている。

解説　「令和」という元号の典拠となった言葉。天平《てんぴょう》二年(七三〇年)正月十三日、大宰府《だざいふ》の長官であった大伴旅人《おおとものたびと》の邸宅で開かれた宴会の様子を述べた詩序の一節。「万葉集」ではこの詩序の後に宴会で詠《よ》まれた梅花の歌三十二首が掲載されている。

③　**色《いろ》見《み》えでうつろふ《ウ》物《もの》は世中《よのなか》の人《ひと》の心《こころ》の花《はな》にぞありける**

大意　草花ならば、色あせていくさまが見えるけれど、見えずに色あせてしまうものは、人の心に咲く花であったのだなあ。

解説　恋人の心変わりを嘆いた歌。「世の中」とは、ここでは男女の仲を表す。「花」は美しいが、「実」とは対照的にはかないものでもある。人の心の頼りなさを「花」にたとえている。

④　**人木石《ひとぼくせき》にあらざれば皆情《みななさ》けあり。**

大意　人は木や石ではないので誰もが情を持ち、情に動かされるものだ。

解説　「源氏物語《げんじものがたり》」第五十二帖《じょう》(蜻蛉《かげろう》)で、薫《かおる》が口ずさむ言葉。思いを寄せていた女性(浮舟《うきふね》)が死んでしまい、心の整理がつかずにいる場面である。中国の詩人・白居易《はくきょい》の詩「李《り》夫人」の一節。平安時代の貴族は漢詩文の素養を身につけていて、こうした詩句が自然と口をついて出てくるのである。

⑤　**窮鳥懐《きゅうちょうふところ》に入《い》る、人倫《じんりん》これを哀《あわ》れむ。**

大意　窮地に立つ者が助けを求めてきたとき、哀れんで救済するのが人の道である。

解説　「平家物語《へいけものがたり》」において、慶秀《けいしゅう》という老僧の発言の中で引用されている言葉。原典は、「顔氏家訓《がんしかくん》」(中国の顔之推《がんしすい》という人が子孫のために書き残した家訓)の一節。平安時代末期の僧侶がこうした書物を熟知していたということである。

⑥　**花《はな》は盛《さか》りに、月《つき》はくまなきをのみ、見《み》るものかは。**

大意　桜の花は真っ盛りに咲いているのだけを、月は曇りなく輝いているのだけを、観賞するものなのだろうか。

解説 完全なものだけが観賞に値するというわけではなく、むしろ欠けたところがあるものこそが味わい深い、という考えを述べている。「徒然草《つれづれぐさ》」第百三十七段の冒頭の一文。

⑦ **秘《ひ》すれば花《はな》なり。秘《ひ》せずば花《はな》なるべからず。**

大意 秘密にすれば人を感動させられる。秘密にしなければ人を感動させることはできない。

解説 能を大成した世阿弥《ぜあみ》が芸能論を述べた「風姿花伝《ふうしかでん》」の一節。「花」とは、芸能において人を感動させる魅力のこと。「花」がなければ人を感動させることはできないが、ここぞというところで出してこそ「花」となるのである。

⑧ **人《ひと》は城《しろ》人《ひと》は石垣《いしがき》人《ひと》は堀《ほり》、情《なさ》けは味方《みかた》讎《あた》は敵《てき》なり**

大意 人は城であり石垣であり堀であるから、情けは人をつなぎ止めて国を繁栄させるが、恨みを増やすと国は滅びる。

解説 戦国時代の武将、武田信玄《たけだしんげん》の言葉（歌）として伝えられている。人材の大切さ、人の心をつかむことの大切さを説いている。

⑨ **古人《こじん》の跡《あと》を求《もと》めず、古人《こじん》の求《もと》めたるところを求《もと》めよ。**

大意 古人の果たしたことを追い求めるのではなく、古人の理想としたものを追い求めなさい。

解説 過去の偉人たちが残した、形の見える成果をまねるのではなく、彼らが何を目指していたのかを考え、自分なりにそれを追求していくことが大切であるということ。

⑩ **たのしみは朝《あさ》おきいでて昨日《きのう》まで無《なか》りし花《はな》の咲《さ》ける見《み》る時《とき》**

大意 （私の）楽しみは、朝起き出して、昨日まではなかった花が咲いているのを見るときである。

解説 毎日世話をしていた庭の花が咲いた、そんな日常のささやかな出来事に喜びを見いだせる心の豊かさが感じられる。作者は他にも「たのしみは……とき」という歌を数多く詠んでいる。

⑪ **一家《いっか》の遺事《いじ》人《ひと》知《し》るや否《いな》や 児孫《じそん》の為《ため》に美田《びでん》を買《か》わず**

大意 我が家の遺訓を人は知っているかどうか。子や孫のためにりっぱなたんぼは買い残さないのである。

解説 西郷隆盛《さいごうたかもり》が詠んだ漢詩「偶成《ぐうせい》」の一節。子孫のために財産を残すと、それに頼ってしまうので、あえて財産は残さず、苦労をさせるということである。

⑫ **天《てん》に在《あ》りては願《ねが》わくは比翼《ひよく》の鳥《とり》と作《な》り 地《ち》に在《あ》りては願《ねが》わくは連理《れんり》の枝《えだ》と為《な》らん**

大意 天上では比翼の鳥になりましょう。地上では連理の枝になりましょう。

解説 相思相愛の二人が愛を誓い合った言葉。「比翼の鳥」とは、二羽の鳥の片方ずつが合わさって一羽となったもの、「連理の枝」とは、二本の木が枝の部分で一つになったもの。要するに二人は一心同体だということ。中国の詩人・白居易《はくきょい》が、唐《とう》の玄宗《げんそう》皇帝と楊貴妃《ようきひ》との悲恋を詠んだ長編の詩「長恨歌《ちょうごんか》」の一節。

日本語探検 4　言葉の移り変わり

教科書150～151ページ

読みの太字は送り仮名を示す。（　）は中学校では学習しなくてもよい読みを、┃線は特別な言葉に限って使われる読みを示す。例は用例を示し、例中の太字は教科書本文中の語句であることを示す。新出音訓の▼は、常用漢字表の「付表」の語を示す。□には漢字を、（　）には読みを書こう。

新出漢字・新出音訓

p.151　**彙（彙）**　イ　13画　彑　□

同類の仲間。例 語彙《ごい》。

■ **新出音訓**（――線部の読みを書こう。）

①山寺で修行する。 p.151（　　）

答 ①しゅぎょう

◉ **学習内容の要点を押さえ、練習問題にも取り組んでみよう。**

1　時代による言葉の変化

・言葉は時がたつにつれて変化し、隔たった時間が長いほど変化の度合いも大きくなる。

→江戸時代（約二百年前）の会話の言葉は、現代とは違う点はあるものの、案外よく分かるが、平安時代（約千年前）の言葉になると、理解するのが難しいところが多い。

ポイント　言葉の移り変わりには、次の三つがある。言葉は今も変化し続けている。

①**語彙の変化**

例・「いと」…今では使われなくなった。
・「はしたなし」…今でも使うが昔とは意味が違う。
・「出《い》づ」…現代語では「出《で》る」になった。

②**音声の変化**

例 古語の「けづりひ（削り氷）」を現代の人が発音すると「けずりひ」だが、平安時代には、「けどぅりふぃ」のように発音されていた。

③**文法の変化**

例 形容詞の終止形が「～し」から「～い」に変わった。

2　言葉の世代差

言葉は常に変化するものだから、新しい言葉遣いを全て間違いと考える必要はないが、世代の違う人たちとのコミュニケーションでは言葉の世代差に心配りをしたい。

テストに出る！

問 **次の傍線部の言葉を、どの世代の人にも通じる言い方に直しなさい。**

①初めて聞く花の名前だったので、ググってみた。
②あの定食はやばいよね。また食べに行こうよ。

答 ①インターネットを使って調べてみた
②すごくおいしいよね

漢字道場5

他教科で学ぶ漢字(2)

教科書152ページ

新出漢字・新出音訓

読みの太字は送り仮名を示す。（ ）は中学校では学習しなくてもよい読みを、―線は特別な言葉に限って使われる読みを示す。例は用例を示し、例中の太字は教科書本文中の語句であることを示す。新出音訓の▼は、常用漢字表の「付表」の語を示す。□には漢字を、（ ）には読みを書こう。

p.152 **帝** テイ 9画 巾 □
みかど。天子。君主。例 **帝**国主義《ていこくしゅぎ》。皇帝《こうてい》。帝位《ていい》。帝王《ていおう》。

p.152 **閥** バツ 14画 門 □
出身を同じくする者や、利害関係を共通にする者が団結して、利益をはかるつながり。例 **財閥**《ざいばつ》。派閥《はばつ》。学閥《がくばつ》。

p.152 **繭** （ケン） まゆ 18画 糸 □
まゆ。蚕が糸をはいて作る、さなぎの覆い。例 蚕《かいこ》の**繭**《まゆ》。繭玉《まゆだま》。

p.152 **訴** ソ うった**える** 12画 言 □
裁きを求めて申し出る。例 民事《みんじ》**訴訟**《そしょう》。起訴《きそ》。

p.152 **訟** ショウ 11画 言 □
うったえる。例 刑事《けいじ》**訴訟**《そしょう》。争訟《そうしょう》。

p.152 **賠** バイ 15画 貝 □
人に与えた損害を埋め合わせる。つぐない。例 **賠償**《ばいしょう》。自賠責保険《じばいせきほけん》。

p.152 **毀** キ 13画 殳 □
こわす。破壊する。例 名誉《めいよ》**毀損**《きそん》。廃仏毀釈《はいぶつきしゃく》。

p.152 **倫** リン 10画 人 □
人として守るべき道。例 生命**倫理**《せいめいりんり》。人倫《じんりん》。

p.152 **齢** レイ 17画 歯 □
とし。例 **高齢**化社会《こうれいかしゃかい》。年齢《ねんれい》。樹齢《じゅれい》。

p.152 **詐** サ 12画 言 □
いつわる。あざむく。だます。例 **詐欺**《さぎ》。学歴詐称《がくれきさしょう》。詐取《さしゅ》。

p.152 **臼** キュウ うす 6画 臼 □
①うすの形のもの。例 **脱臼**《だっきゅう》。臼歯《きゅうし》。②穀物をついたり粉をひいたりする器具。例 石臼《いしうす》。

p.152 **梗** コウ 11画 木 □
ふさぐ。ふさがる。例 心筋**梗塞**《しんきんこうそく》。

■ **新出音訓** （――線部の読みを書こう。）

①相似の図形。 p.152 （ ）

答 ①そうじ

■ **教科書の問題の答え**

1 ていこく
2 ざいばつ
3 まゆ
4 そしょう
5 ばいしょう
6 きそん
7 そうじ
8 さくい
9 はいじゅんかん
10 ぶんれつ
11 わくせい
12 りんり
13 ろうでん
14 せいぎょ
15 てんぽ
16 こうれい
17 さぎ
18 だっきゅう
19 こうそく

6 ▼読む　文学二

故郷

作者・魯《ろ》《ルー》迅《じん》《シュン》
訳者・竹内《たけうち》好《よしみ》

教科書154〜170ページ

ガイダンス

学習目標を押さえ、「故郷」のおおよそを理解しよう。

学習目標

●登場人物の思いについて考えながら、作品を読み深める。
●作品を読んで考えを深め、社会の中で生きる人間について、自分の意見を持つ。

言葉の力　人間関係の変化に着目する

●作品中に主要な人物が何人か登場する場合、それぞれの人物には異なった特徴が設定されていることが多い。
●立場や考え方の異なる人物が登場し、さまざまな出来事が起こることで、人間関係が新たに生まれたり変化したりしながら場面は展開していく。
●人間関係の変化を捉え、その背景や理由を考えることは、作品を読み深めるうえで大切である。

文章を読む前に

「故郷」は清朝《しんちょう》末期の中国を舞台にした、魯迅の小説である。魯迅は中国の近代化に力をそそいだ作家で、社会の矛盾に疲れて誇りを失った民衆の姿に対する悲しみと新しい時代に対する希望とを描く。この小説には、彼の思想と文学の本質がよく表れている。久しぶりに帰った故郷の貧しい現実に失望しながら、新しい時代の訪れを信じようとする主人公の姿は、そのまま作者魯迅を思わせる。近代化という激動の時代、内乱や凶作が続く厳しい社会情勢の中で生きる登場人物の心情を意識しながら、作品を読み深めよう。

あらすじ

住み慣れた家を明け渡すために、「私」は二十年ぶりに故郷を訪れた。「私」の記憶の中の美しい故郷はなく、真冬の村々の様子はわびしく、いささかの活気もないように感じられた。故郷の人々もすっかり変わっていた。かつては豆腐屋小町とよばれていたヤンおばさんは、「私」の家の道具をねらってやってくる。少年の「私」に胸の躍るような冒険を語った小英雄ルントーも、貧しい生活に疲れ果て、「私」を「だんな様」と呼ぶ。「私」は二人の間を隔てる厚い壁を感じた。しかしルントーの息子シュイションと「私」の甥《おい》のホンルとの間には、若い友情が育っていた。「私」は彼らが「私たち」の知らない新しい生活を経験して、互いに心を一つにするようにと願う。希望とは、あるものともないものとも言えないが、多くの人が希望を持てば、やがてそれは実現するものだと、「私」は考えた。

●文章の構成

時間の流れに沿って、(1)二十年ぶりに故郷へ帰った日、(2)その翌日(我が家へ帰った日)、(3)ルントーが訪ねてきた日、(4)旅立ちの日の出来事が描かれている。(2)では、母との会話の最中に「私」の脳裏によみがえった過去の思い出が挿入されているので、これを一つの場面として捉え、全体を六つの場面に分けて考える。

・第一場面(初め～155・2)……わびしい故郷の光景と「私」の心境。
・第二場面(155・3～155・19)…我が家での母との会話。
・第三場面(155・20～159・11)…少年時代のルントーとの思い出。
・第四場面(159・12～161・16)…ヤンおばさんとの再会。
・第五場面(161・17～165・15)…ルントーとの再会と失望。
・第六場面(165・16～終わり)…故郷を離れる船上での思い。

●登場人物

・「私」　…物語の語り手。二十年ぶりに故郷へ帰る。少年時代は、家庭は比較的裕福であった。
・母　…「私」の母。故郷の家に暮らしている。
・ホンル　…「私」の甥。
・ルントー　…繁忙期に「私」の家に来て働いていた男性の息子。少年時代には、「私」と仲が良かった。
・ヤンおばさん　…かつては、「私」の家の筋向かいにあった豆腐屋の看板娘で、今は五十歳くらい。
・シュイション　…ルントーの五番目の子供。

●表現の特色

・情景描写に、「私」の心境が反映されている。

帰郷した際の「空模様は怪しくなり……」(154・2)、「鉛色の空の下、わびしい村々が……」(154・4)などは、「私」の寂寥《せきりょう》感を映し出している。一方、「紺碧《こんぺき》の空に金色《こんじき》の丸い月」(155・20)などの情景描写は、思い出の中の美しい故郷を象徴している。

・人物の姿や表情が細かく描写されている。
・会話文に、人物の人柄や心情が表れている。

特にルントーは、少年時代の快活な話し方と、大人になってからの遠慮がちな話し方とが対照的に描かれている。

・比喩表現が多く用いられている。

「こんなコンパスのような姿勢」(160・16)、「まるでフランス人のくせに……を知らぬのを嘲るといった調子で」(160・20)、「まるで石像のように」(165・2)、「手製の偶像」(168・4)、「それは地上の道のようなものである」(168・8)など。

●主題

二十年ぶりに訪れた故郷への失望を感じながらも、困難でも新しい生活や新しい時代への希望を持ち続けようと決意する心境を描く。

「私」の心の中には、片時も忘れることのなかった美しい故郷があったはずだが、二十年ぶりに帰った故郷は、真冬の空の下に活気もなくわびしく横たわっていた。人々も変わり果てていた。しかし、「私」は失望に沈んでしまうのではなく、人々を変えてしまった原因である社会の仕組みへの批判、そして新しい世代への希望へと考えを深めていく。

新出漢字・新出音訓

読みの太字は送り仮名を示す。（　）は中学校では学習しなくてもよい読みを、ー線は特別な言葉に限って使われる読みを示す。例は用例を示し、例中の太字は教科書本文中の語句であることを示す。新出音訓の▼は、常用漢字表の「付表」の語を示す。□には漢字を、（　）には読みを書こう。

p.154　**隙**　（ゲキ）　すき　13画　阝　□
①すきま。物と物との空間。例 **隙間**《すきま》。間隙《かんげき》。空隙《くうげき》。②あき時間。ひま。③気のゆるみ。

p.155　**戚**　セキ　11画　戈　□
みうち。親類。例 **親戚**《しんせき》。外戚《がいせき》。

p.155　**紺**　コン　11画　糸　□
青と紫の間の色。例 **紺碧**《こんぺき》。濃紺《のうこん》。

p.156　**股**　コ　また　8画　肉　□
また。脚の付け根。例 **股**《また》。股間《こかん》。

p.156　**吟**　ギン　7画　口　□
①深く味わう。例 **吟味**《ぎんみ》。吟醸《ぎんじょう》。②詩歌《しいか》を口ずさむ。例 詩吟《しぎん》。③うめく。例 呻吟《しんぎん》。

p.156　**艶**　（エン）　つや　19画　色　□
①光沢があって美しい。例 **艶**《つや》のいい顔《かお》。肌《はだ》の色艶《いろつや》。②あでやかで美しい。なまめかしい。例 艶美《えんび》。妖艶《ようえん》。

p.157　**溺（溺）**　デキ　おぼ**れる**　13画　水　□
①度を超して夢中になる。例 **溺愛**《できあい》。②水におぼれる。例 溺死《できし》。

p.157　**殻**　カク　から　11画　殳　□
①かたい外皮。例 **貝殻**《かいがら》。かき殻《がら》。②ぬけがら。例 せみの殻《から》。③物の表面。例 地殻《ちかく》。

p.159　**塀**　ヘイ　12画　土　□
家のまわりを囲う壁。例 **塀**《へい》。土塀《どべい》。

p.159　**贈**　ゾウ｜ソウ　おく**る**　18画　貝　□
金品をおくる。例 **贈り物**《おくりもの》。贈答《ぞうとう》。寄贈《きぞう》。

p.160　**唇**　（シン）　くちびる　10画　口　□
くちびる。例 **唇**《くちびる》。上唇《うわくちびる》。

p.160　**塗**　ト　ぬ**る**　13画　土　□
ぬる。表面に液体状のものをなすり付ける。例 **塗る**《ぬる》。塗料《とりょう》。塗装《とそう》。

p.160　**蔑**　ベツ　さげす**む**　14画　艹　□
あなどる。見下す。例 **蔑む**《さげすむ》。軽蔑《けいべつ》。蔑視《べっし》。

p.161　**嘲（嘲）**　チョウ　あざ**ける**　15画　口　□
ばかにして笑う。からかう。例 **嘲る**《あざける》。嘲笑《ちょうしょう》。自嘲《じちょう》。

p.161　**乏**　ボウ　とぼ**しい**　4画　ノ　□
物資がない。まずしい。とぼしい。例 **貧乏**《びんぼう》人《にん》。欠乏《けつぼう》。窮乏《きゅうぼう》。

p.162　**腫**　シュ　は**れる**　は**らす**　13画　肉　□
①はれる。むくむ。例 **腫れる**《はれる》。浮腫《ふしゅ》。②できもの。例 腫瘍《しゅよう》。

p.165　**遇**　グウ　12画　辶　□
①出くわす。思いがけなく出あう。例 **境遇**《きょうぐう》。遭遇《そうぐう》。奇遇《きぐう》。②もてなす。例 待遇《たいぐう》。冷遇《れいぐう》。

p.165　**凶**　キョウ　4画　凵　□
①作物の出来が悪い。例 **凶作**《きょうさく》。②悪い。よ

こしまだ。例凶暴《きょうぼう》。凶悪《きょうあく》。③縁起が悪い。
例凶事《きょうじ》。大凶《だいきょう》。

p.165 **炉** ロ 8画 火
火を入れて燃え続けさせておく道具。例**香炉**《こうろ》。暖炉《だんろ》。炉辺《ろへん》。

p.165 **忙** ボウ いそがしい 6画 心
いそがしい。例**忙**《いそが》**しい**。多忙《たぼう》。繁忙期《はんぼうき》。

p.166 **墨** ボク すみ 14画 土
すみ。すすを練り固めたもの。例**薄墨色**《うすずみいろ》。墨汁《ぼくじゅう》。白墨《はくぼく》。水墨画《すいぼくが》。

木を燃やして作る「炭」とは違うんだね。

p.166 **鶏** ケイ にわとり 19画 鳥
にわとり。例**鶏**《にわとり》。養鶏《ようけい》。鶏舎《けいしゃ》。

p.166 **柵** サク 9画 木
木などで作った囲い。例**柵**《さく》。鉄柵《てっさく》。

p.167 **距** キョ 12画 足
へだてる。間がある。例**距離**《きょり》。

p.167 **麻** マ あさ 11画 麻
①しびれる。例**麻痺**《まひ》。麻酔《ますい》。②クワ科の植物。あさ。例麻糸《あさいと》。麻布《あさぬの》。

p.168 **偶** グウ 11画 人
①人形。例**偶像崇拝**《ぐうぞうすうはい》。土偶《どぐう》。②たまたま。思いがけなく。例偶然《ぐうぜん》。偶発《ぐうはつ》。③二つ並ぶ。例対偶《たいぐう》。偶数《ぐうすう》。④つれあい。例配偶《はいぐう》。

「偶」「遇」「隅」を間違えないようにしよう。

p.168 **崇** スウ 11画 山
①あがめる。例**偶像崇拝**《ぐうぞうすうはい》。②たっとい。例崇高《すうこう》。

広がる言葉

p.170 **詮（詮）** セン 13画 言
①効果。例**詮**《せん》**ない**。②くわしく調べる。例詮索《せんさく》。詮議《せんぎ》。

p.170 **刹** （サッ） セツ 8画 刀
①短い時間。例**刹那**《せつな》。②寺。例古刹《こさつ》。

p.170 **冶** ヤ 7画 冫
①ねりあげて、りっぱなものにする。例**陶冶**《とうや》。②金属を溶かす。例冶金《やきん》。

p.170 **遜（遜）** ソン 13画 辶
①へりくだる。例**不遜**《ふそん》。謙遜《けんそん》。②おとる。見おとりする。例遜色《そんしょく》のない仕上がり。

■**新出音訓**（――線部の読みを書こう。）

①脳裏に広がる。 p.155 （　　）
②財布のひもを締める。 p.161 （　　）
③小英雄の面影。 p.166 （　　）
④名残惜しい。 p.166 （　　）
⑤香炉を所望する。 p.168 （　　）

答 ①のうり ②さいふ ③おもかげ ④なごり ⑤しょもう

語句・文の意味

語義が複数の場合、①に教科書本文中の語義を示してある。類は類義語、対は対義語、文は語句を用いた短文例を示す。
●印は、教科書の脚注に示されている語句である。

▼154ページ

わびしい　貧しくてみすぼらしい。貧弱で華やかさがない。類寂しい。さびれた。

いささかの　下に打ち消しの語を伴って「少しの(〜もない)」という意味。

●**覚《おぼ》えず**　自分でも意識しないでする様子。知らず知らず。類思わず。知らぬ間に。

●**寂《せき》寥《りょう》**　もの寂しい様子。

影《かげ》　面影。心に思い浮かべる姿や様子。

言葉《ことば》は失《うしな》われてしまう　言い表すことができなくなってしまう、ということ。

●**心《しん》境《きょう》**　心の状態。気持ち。特にその気持ちを改めて思い出すときなどに用いる。文当時の心境を語る。

▼155ページ

旧《きゅう》暦《れき》　月の満ち欠けを基準として作った暦。

異郷《いきょう》の地《ち》　よその土地。「故郷」に対して、なじみの薄い土地を意味する。

説《と》き明《あ》かし顔《がお》　説明しているような様子である、の意。「やれ茎《ぐき》」を擬人化した表現。

ひっそりかん　静まりかえった様子。静かであることを表す「ひっそり」と「かん(閑)」からできた言葉。

●**やるせない**　悲しさなどのつらい気持ちを晴らす手段がない様子。

●**脳《のう》裏《り》**　頭の中。心の中。

不思議《ふしぎ》な画面《がめん》が繰《く》り広《ひろ》げられた　少年時代に話に聞いた光景が、まるで画面を見ているように思い浮かんだということ。

紺《こん》碧《ぺき》　黒みがかった濃い青色。

▼156ページ

坊《ぼっ》ちゃんでいられた　家が豊かで生活の苦労などを知らないで過ごせた。

供《く》物《もつ》　神仏に供える物。

祭《さい》器《き》　祭りに使う道具。

吟味《ぎんみ》する　品質や内容をよく調べて選ぶ。

日決《ひぎ》めで働《はたら》く　一日を単位として、賃金や働く日数を決めて働く。

傍《かたわ》ら　……する一方で。その合い間に。

かねて　以前から。前もって。

▼157ページ

溺《でき》愛《あい》　むやみにかわいがること。

その首輪《くびわ》でつなぎ止《と》めてあるのだ　災難よけの願をかけた首輪で、ルントーの命を守ろうとしているということ。

つっかい棒《ぼう》をかう　物を支える棒をあてがう。

くずもみ　もみがらのついたままの米で、砕けるなどして使うことのできないもの。

▼158ページ

獰《どう》猛《もう》　荒々しくて強いこと。類凶暴。

滑《すべ》っこい　滑りやすい。とても滑《なめ》らかだ。

五《ご》色《しき》　いろいろな色。もともとは、青・黄・赤・白・黒の五色を指す。

▼159ページ

こんな危険《きけん》な経歴《けいれき》　すいかが、穴熊などの動物に食べられるおそれがあることを、「(すいかの)危険な経歴」と擬人法で表現している。

高《たか》い塀《へい》に囲《かこ》まれた中庭《なかにわ》から四角《しかく》な空《そら》を眺《なが》めているだけ　ルントーとは正反対の、屋敷内にこもりがちな閉ざされた生活を表す。

電《でん》光《こう》　いなずま。

●**一挙《いっきょ》に**　ひといきに。物事を一度にする様子。類いちどきに。いっぺんに。一気に。

●**口《こう》実《じつ》**　自分の行いなどを正当化するためにつける言い訳。

▼160ページ

ひげをこんなに生《は》やして　「私」がひげを生やしているのを見て、大人になったという驚きとともに、えらそうにしているという皮肉を込めて言ったもの。

五十《ごじゅう》がらみ　五十歳くらい。「……がらみ」は、だいたいそのくらいという意味を添える接尾語。

口添《くちぞ》え　そばで言葉を補うこと。言葉を添えて、うまく取り計らうこと。

筋向《すじむ》かい　斜めに向かい合っていること。特に、道を挟んで斜めに向かい合っていること。はす向かい。

コンパスのほうでは　「コンパス」はヤンおばさんのこと。ヤンおばさんの姿をおかしみを込めてたとえた表現。

蔑《さげす》む　能力・人格などが劣っているものとしてばかにする。

まるでフランス人《じん》のくせにナポレオンを知《し》らず、アメリカ人《じん》のくせにワシントンを知《し》らぬのを嘲《あざけ》るといった調子《ちょうし》　その国の人間なら知っていて当然のことを知らないというたとえを用いて、自分のことを知らないはずはないだろうと言わんばかりの様子を表現している。

▼161ページ

●**嘲《あざけ》る**　ばかにして悪く言ったり笑ったりする。類あなどる。蔑む。

●**冷笑《れいしょう》**　見下して冷たく笑うこと。文的外れの質問は、みんなの冷笑を誘った。

●**どぎまぎする**　不意をつかれたり、あがったりしてあわてる。類うろたえる。ろうばいする。文突然意見を求められてどぎまぎする。

知事様《ちじさま》　「私」が実際に知事になったわけではなく、「私」を裕福だとみたヤンおばさんが誇張して言ったものと考えられる。

お妾《めかけ》　正妻以外に、愛し面倒を見る女性。

返事《へんじ》のしようがないので　ヤンおばさんの言ったことは事実ではないが、訂正しても、彼女が納得するはずもないと思って返事をしなかったことをいう。

金《かね》がたまれば財布《さいふ》のひもを締《し》める。財布《さいふ》のひもを締《し》めるからまたたまる　「財布のひもを締める」は、お金を使わないようにすること。金持ちほどけちってお金を使わないから余計にお金がたまるということ。「私」の一家から思ったほど道具類を分けてもらえなかったことに対する、ヤンおばさんの嫌み。

行《い》きがけの駄賃《だちん》　何かをするついでに他のことをするたとえ。馬子《まご》が問屋へ荷物を取りに行くついでに他の荷物を運んで賃金を得ることからきた言葉。

母《はは》の手袋《てぶくろ》をズボンの下《した》へねじ込《こ》んで　ヤンおばさんが母の手袋を盗んで帰ったことを表す。

似《に》もつかない　全く似ていない。

▼162ページ

太《ふと》い、節《ふし》くれ立《だ》った、しかもひび割《わ》れた、松《まつ》の幹《みき》のような手《て》　ルントーの貧しく厳しい生活を想像させる描写。「節くれ立つ」は、骨ばってごつごつしている様子。

●**思案《しあん》**　いろいろ考えを巡らすこと。「思案がつかぬ」で、考えがまとまらない。文文化祭の演目について思案する。

●**数珠《じゅず》つなぎ**　数珠の玉を一本の糸につなぐように、多くの物や人をひとつなぎにすること。ここでは、言いたいことが次々と浮かんでくること。文入場待ちで人が数珠つなぎになっている。

●**うやうやしい**　礼儀正しく丁寧な様子。類丁重だ。

悲《かな》しむべき厚《あつ》い壁《かべ》　ここでは、階級や境遇の違いから生じる隔たりのこと。

▼164ページ

●**おどおどする**　こわがったり、不安だったりして態度が落ち着かない様子。[文]おどおどしていないで堂々と話しなさい。

ご隠居様《いんきょさま》 「私」の母を指す。「隠居」は、年をとって社会的な活動から身を引いた人。

他人行儀《たにんぎょうぎ》 他人のようによそよそしく振る舞うこと。

●**滅相《めっそう》** とんでもない様子。法外な様子。「滅相もない」という使われ方でも同じ意味を表す。

●**わきまえ** 道理をよく知っていること。心得。[文]何のわきまえもなく行動する。

首《くび》を振《ふ》る よくない、うまくいかない、という返事の代わりに首を振っている。

●**……放題《ほうだい》** 思いのままにすること。[文]千円でケーキ食べ放題の店。

作柄《さくがら》 農作物のできぐあい。

元《もと》は切《き》れる 原価を割る。作物を売っても、高い税金や小作料を支払うと利益は出ず、元手もなくなるのである。

▼165ページ

しわが畳《たた》まれている 畳んだようにはっきりとしたしわが刻まれている。

まるで石像《せきぞう》のように ルントーの、生活苦のために感情をなくしたような顔つきをたとえた表現。

●**すべ** 手段。やり方。[類]方法。手段。

●**境遇《きょうぐう》** 巡り合わせ。その人を取り巻く環境。

●**寄《よ》ってたかって** 大勢で寄り集まって。[文]記者やレポーターが寄ってたかって彼に質問を投げかけた。

でくのぼう あやつり人形。転じて、気のきかない人、役に立たない人のこと。

燭台《しょくだい》 ろうそくを立てる台。

●**とりとめのない** まとまりがない。

●**……がてら** 何かをするついでに他のことも合わせてする意を表す。[文]散歩がてらスーパーで買い物をした。

▼166ページ

●**ひたすら** ただそのことだけに心を集中している様子。[類]もっぱら。いちずに。

●**胸《むね》を突《つ》かれる** 驚かされる。ふいに強く心を動かされる。[文]何気ない母の一言に、胸を突かれる。

手柄顔《てがらがお》 自分がりっぱな行いをしたと思っている自慢げな顔つき。

じれる 物事が思うようにならないでいらいらする。[類]いらだつ。

名残《なごり》 別れ。別れるときの心残り。

●**気《き》がめいる** 元気がなくなり、落ちこむ。[文]雨が続いて気がめいる。

●**面影《おもかげ》** 記憶の中から思い浮かべる顔や姿。

▼167ページ

●**慕《した》う** 恋《こい》しく思う。離れたくないと思う。

隔絶《かくぜつ》 他のものとかけ離れて関係がなくなること。ここでは、ルントーと「私」のように階級や境遇の違いのために、心を通わせられなくなることを指す。

魂《たましい》をすり減《へ》らす 精神的に苦しい思いをし続ける。

●**打《う》ちひしがれる** 精神的な衝撃などを受けて、意欲や気力を失う。[文]悲しみに打ちひしがれる。

心《こころ》が麻痺《まひ》する ルントーの、感情をなくしたような様子を表している。

やけを起《お》こす 自分の思い通りにならなくて、前後のみさかいもなく行動する。

●**野放図《のほうず》** 気ままで勝手なこと。

▼168ページ

●**所望《しょもう》** 欲しいと望むこと。

手製《てせい》の偶像《ぐうぞう》 自分自身で作り出した偶像。「私」のいう希望も、ルントーの偶像と同じ、効力のない理想だということ。

●**まどろむ** 少しの間、眠る。うとうとする。[文]木陰でまどろむ。

読み解こう

場面ごとの内容を捉えよう。　［　　］の中には当てはまる言葉を書こう。

第一場面 ［初め～155・2］ わびしい故郷の光景と「私」の心境。

■第一場面の季節や天候の設定の効果を考える。

季節や天候…・厳しい①［　　］の中――真冬の候。
・怪しい空模様、冷たい風。

故郷の様子…・②［　　］色の空の下、わびしい村々が、
いささかの③［　　］もなく横たわる。

私の心境
寂寥《せきりょう》の感が胸に込み上げた。

●ポイント　季節や天候が、「私」の心境にふさわしく設定されており、寂寥感を強調する効果をあげている。

▼①寒さ　②鉛　③活気

■「私」が二十年ぶりの故郷に対してどのような思いを抱いているかを詳しく捉える。

・目の前の故郷の様子が、自分の記憶にある故郷の①［　　］とはまるで違うことに戸惑い、寂寥感を抱いている。

・住み慣れた家を明け渡し、故郷に②［　　］を告げなければならないことに、寂しさを感じている。

▼①美しさ　②別れ

テストに出る!

問　「私は、こう自分に言い聞かせた。」(154・10)について、①「こう」が指す部分を抜き出し、初めと終わりの五字で答えなさい。また、②このときの「私」の気持ちを説明しなさい。

答　①もともと故～のだから。(154・10～12)
②故郷の変化を受け入れられず、故郷が記憶と違って見えるのは自分の寂しい心境のせいだと無理に納得しようとしている。

第二場面 ［155・3～155・19］ 我が家での母との会話。

■「私たちが長いこと一族で住んでいた古い家」(154・13)の現在の様子を読み取る。

・今は他人の持ち物であり、①［　　］の期限が迫っている。

・屋根には一面に②［　　］のやれ茎が風になびいている。

・いっしょに住んでいた親戚たちは既に引っ越してしまい、家の中は③［　　］としている。

▼①明け渡し　②枯れ草　③ひっそりかん

●ポイント　かつては多くの人が暮らしたりっぱな家であったことがうかがえるが、今は活気もなく荒れている。

■「母は機嫌よかったが……すぐ引っ越しの話は持ち出さない。」(155・8)とあるが、ここでの母の気持ちを読み取る。

・帰郷した①［　　］との再会を喜んでいて、機嫌がよい。

・住み慣れた②［　　］を手放すことの寂しさと、その寂しさを解決できないつらさが「③［　　］表情」として表れている。

▼①「私」　②家　③やるせない

・ポイント　引っ越しの話をするとつらい気持ちが強まり、再会の喜びに水を差すことになるので、その話題をなるべく避けている。

テストに出る！

問　**「この古い家が持ち主を変えるほかなかった理由」(155・4)として、どのようなことが考えられるか。簡潔に答えなさい。**

答　「私」の一族の没落。

第三場面　〔155・20〜159・11〕少年時代のルントーとの思い出。

■**「私の脳裏」(155・20)に繰り広げられた情景を、第一場面の故郷の情景と関連づけて考える。**

・紺碧《こんぺき》の空に①［　　］の丸い月が懸かっている。

・見わたす限り②［　　］のすいかが植わっている。

・③［　　］の首輪をした少年が、刺叉《さすまた》を手にして立っている。

・第一場面では言葉に表せなかった、「もっとずっとよかった」(154・7)と思える故郷の美しさを象徴する情景であるといえる。

・第一場面で描かれた「鉛色の空の下」の「わびしい」情景とは対照的である。

（子供の頃にルントーが語ってくれた情景。故郷にいた頃の**美しい思い出**。）

▼①金色　②緑　③銀

■**「私」の思い出の中のルントーはどのような少年か。**

・「私」の家の雇い人の息子で、「私」と同じ年頃。

・艶のいい①［　　］で、毛織りの帽子、銀の首輪を身につけていた。

・人見知りであったが、「私」とはすぐに②［　　］なった。

・わなを掛けて小鳥を捕るのがうまかった。

・海で貝殻を拾ったり、月の晩にすいかを食べにくる動物と格闘したり、自然の中でいきいきとした生活を送っている。

▼①丸顔　②仲良く

・ポイント　「高い塀に囲まれた中庭から四角な空を眺めているだけ」(159・6)の「私」やその遊び仲間とはまるで違う世界を生きているようなルントーに、「私」は憧れを抱いていた。

■**「何だっているぜ。」(157・12)、「おまえも来いよ。」(157・17)などの言葉遣いから、ルントーと「私」の関係を考える。**

・ルントーの言葉遣いは、子供が友達どうしで対等に話すときの言葉遣いである。ここから、ルントーと「私」は仲の良い友達だったと想像できる。

・ポイント　これらの言葉遣いからは身分や境遇の違いが感じられないことに注目しておきたい。

■**「ルントーの心は神秘の宝庫で」(159・5)という表現が表している内容を捉える。**

・自然の中で暮らすルントーは、「私」には想像もつかない珍しい体験や知識をたくさん持っている。

・ポイント 「神秘の宝庫」…不思議な宝物がたくさん収められた蔵。←（比喩）
ルントーへの憧れや驚きが表れている。なお、「…のような」などの言葉を使わない比喩を、隠喩という。

■**ルントーは「私」の記憶の中でどのような存在だったのかを考える。**

・「私」の記憶の中の［　　］故郷を、象徴する存在。

▼美しい

テストに出る!

問 **すいかの「危険な経歴」（159・1）とはどういうことか説明しなさい。**

答 穴熊や、はりねずみや、チャーにかじられそうになるという危険をくぐり抜けて生長してきたということ。

第四場面 〔159・12〜161・16〕ヤンおばさんとの再会。

■**「ヤン（楊）おばさん」（160・12）はどのような人物か。**

・昔は「豆腐屋①［　　］」とよばれて美人で評判だった。

・今は②［　　］の出た、唇の薄い、五十がらみの女で、ズボンをはき足を開いて立つ姿がまるで③［　　］のよう。

・嫌みを言うなど態度が悪く、物をせびったり盗んだりする。

▼①小町　②頬骨　③コンパス

・ポイント ヤンおばさんは、故郷の変化を代表するような人物として描かれている。

■**ヤンおばさんの発言や態度に込められた心情を読み取る。**

発言・態度	心情
「まあまあ、……ひげをこんなに生やして。」（160・4）	・大人になった「私」に驚きつつも、子供扱いしている。
「忘れたのかい？」（161・2） →蔑むような表情を見せ、嘲るような口調で、①［　　］を浮かべる。	・自分が忘れられていたことを②［　　］に思っている。
「あんた、③［　　］になったんでしょ。……あたしにくれてしまいなさいよ。」（161・4） 「あたしたち貧乏人には」（161・6）	・「私」が出世して金持ちになったと思い込み、やっかんでいる。 ・道具類を譲ってもらえることを期待している。
「ふん、だまそうたって、そうはいきませんよ。」（161・9） 「金がたまれば財布のひもを締める。……」（161・12） →膨《ふく》れっ面《つら》で背を向ける。	・「私」のことを、けちな人間だと決めつけて、非難している。 ・期待した成果がなかったことに腹を立てている。

▼①冷笑　②不服　③金持ち

・ポイント 「身分のあるおかた」「金持ち」「知事様」といった言葉で相手を持ち上げているが、心の底では相手を蔑んでいる。

テストに出る！

問 **「返事のしようがないので、私は口を閉じたまま立っていた。」（161・11）とあるが、このときの「私」の気持ちを説明しなさい。**

答 一方的でずうずうしいヤンおばさんにあきれて、説明しても無駄だと思っている。

第五場面 〔161・17〜165・15〕ルントーとの再会と失望。

■ **「私」の思い出の中の三十年前のルントーと対比して、現在のルントーの姿を捉える。**

・三十年前のルントー…艶のいい丸顔。血色のいい、まるまるした手。子供らしい親しみのある態度でよくしゃべった。

↔

・現在のルントー…黄ばんだ色の①［　　］の深い顔。赤く腫れた目の周り。太く、節くれ立ち、ひび割れた、②［　　］のような手。突っ立ったままで、なかなか言葉が出ない。

▼①しわ　②松の幹

・**ポイント**　きつい労働を続けてきたことがうかがえる。

■ **ルントーは「私」と対面して、どんな態度をとったのか。**

・喜びと①［　　］の色が顔に現れた。

・唇が動いたが、声にはならなかった。（→迷い・ためらい）

・最後に②［　　］態度で、「だんな様！　……。」と言った。

▼①寂しさ　②うやうやしい

■ **「喜びと寂しさの色」（162・13）とあるが、どのような「喜び」と「寂しさ」なのかを考える。**

・「喜び」……三十年ぶりに「私」と再会できた喜び。

・「寂しさ」…身分や境遇の違いをはっきり認識した寂しさ。

■ **ルントーの「だんな様！」（162・15）という言葉を聞いたときの「私」の気持ちを考える。**

・①［　　］し、一瞬口がきけなくなるほどの衝撃を受けた。

・悲しむべき②［　　］が二人の間を隔ててしまったことを感じた。

美しい故郷の象徴だったルントーまでもが変わってしまったことが信じられないような気持ちになった。

▼①身震い　②厚い壁

■ **ルントーが変わってしまったのはなぜか。**

・子だくさん、凶作、［　　］、兵隊、匪賊《ひぞく》、役人、地主などに追い詰められ、苦しみばかりを味わってきたから。

▼重い税金

・**ポイント**　社会の構造に大きな原因があることがうかがえる。

■ **「まるで石像のように、そのしわは少しも動かなかった。」（165・2）とは、ルントーのどういう様子を表しているのか。**

・生活苦の中で、苦しみ以外の感情をなくしてしまった様子。

・**ポイント**　こうしたルントーの様子は、**「でくのぼうみたいな人間」**（165・8）とも表現されている。

■ルントーの話す言葉に「……」が多用されている効果を捉える。

・苦しい生活によって生気を失ったルントーが、苦しげに、また、「私」に対して遠慮がちに話す様子が表れている。

テストに出る！

問 「私」に再会したときの、ルントーの気持ちを説明しなさい。

答 子供の頃に仲が良かった「私」と再会できたことを喜びながらも、「私」との立場の違いを感じて寂しく思っている。

テストに出る！

問 「悲しむべき厚い壁」（162・16）とは、どのようなことを指すのか。説明しなさい。

答 子供の頃には兄弟のような仲だった「私」とルントーの間を隔ててしまった、階級や境遇の違い。

第六場面 〔165・16〜終わり〕故郷を離れる船上での思い。

■「おじさん、僕たち、いつ帰ってくるの？」（166・5）と問いかけたホンルの気持ちと、それに対する「私」の気持ちを読み取る。

ホンル…シュイションに①［　　］と誘われたことがうれしく、いつ行けるか楽しみにしている。

「私」…「はっと胸を突かれた。」（166・9）

→ホンルとシュイションの心が②［　　］いることに気づかされた。しかし、故郷にはもう帰らないため、彼らの仲を引き裂くようで、胸を痛めている。

▼①家に遊びに来い　②通い合って

■故郷を離れるときの「私」の気持ちを読み取る。

・遠ざかる故郷に対して、①［　　］と思う気持ちはない。

・故郷の人々との間に大きな隔たりを感じ、自分だけが取り残されたような孤立感を味わい、気が②［　　］だけ。

・変わってしまったルントーに会い、子供の頃のルントーの面影が鮮明さを失ったことが、たまらなく③［　　］。

▼①名残惜しい　②めいる　③悲しい

■「私」が若い世代に「願わない」（167・15）と言っているのはどのような生活かを整理する。

(1)「私」のように、無駄の積み重ねで魂を①［　　］生活

→人と心を通わせようとして無駄な苦労に疲れ果てる生活。

(2)ルントーのように、打ちひしがれて②［　］が麻痺する生活

→生活の重圧に押しつぶされていきいきとした感情を失う生活。

(3)他の人のように、やけを起こして③［　　］に走る生活

→理想を失い、生きるためにはどんなことでもするようになってしまう生活。

▼①すり減らす　②心　③野放図

・ポイント これらの生活とは対極にあるのが、「私」が若い世代に望む「新しい生活」（167・20）である。

■「手製の偶像」(168・4)とはどういう意味かを考える。

・「偶像」は、神や仏をかたどった像のこと。信仰の対象となっているが、もともとはただの石や木といった物質にすぎないもの。

・「手製の偶像」とは、自分でこしらえた偶像。つまり、〈自分で勝手に考え出して勝手に信じているが、実際は信じるに足るものかどうかは分からないもの〉という意味。

■「私」が「希望」というものをどのように考えているかを理解する。

・「手製の偶像にすぎぬのではないか。」(168・4)

→自分で作り出した、はかない憧れなのかもしれない。

・「思うに希望とは、……地上の道のようなものである。」(168・7)

→希望は多くの人が願うことで形になり、実現されるものである。

テストに出る！

問 「海辺の広い緑の砂地」「紺碧の空には、金色の丸い月」(168・6)とあるが、これは「私」にとってどのような情景か、説明しなさい。

答 少年時代のルントーがいきいきと暮らしていた世界であり、「私」にとっては、子供の頃の美しい思い出であるとともに、「私」が望む未来の世界を象徴している。

てびき—解答と解説

教科書の課題を解き、学習内容をしっかりと身につけよう。 教科書169～170ページ

◉人物の思いについて考えよう

❶ 冒頭の場面(154・1～155・2)から、二十年ぶりに見た故郷の様子を表す言葉を探し、「私」が感じた故郷の雰囲気や、「私」の心境を捉えよう。

解答 「真冬の候」「空模様は怪しくなり」「冷たい風」「鉛色の空」という風景の中、故郷は、「いささかの活気もなく」「わびしい」様子であった。「私」の胸には「寂寥《せきりょう》の感」が込み上げた。これらの情景は、今回の帰郷が、故郷の家を処分するための帰郷であるという、「私」の重苦しい心境をも表している。

解説 二十年ぶりの故郷の様子がどんよりと暗い雰囲気であることを押さえる。情景描写は主人公の心情を暗示していることも多い。情景と重なる「私」の重苦しい心境を捉えよう。また、思い出の中の美しい故郷と比較した描かれ方にも注目しよう。

❷ ルントーとヤンおばさんについて、過去の様子と現在の様子とを比べてみよう。

解答

◆ルントー…子供の頃は快活で健康的な少年で、「私」とも対等に接していたが、現在では生活に疲れて生気を失い、「私」に対しては卑屈になっている。

◆ヤンおばさん…昔は「豆腐屋小町」とよばれ商売も繁盛していたが、現在では容姿も衰え、皮肉や嫌味を言ったり平気で人の物を盗んだりするようになっている。

解説 ルントーやヤンおばさんの描写から、思い出の中の二人の様子と現在の様子とを対比して捉えること。人物の外見だけでなく、発言や態度、表情などにも着目して二人の変化を捉えよう。

	過去	現在
ルントー	・艶のいい丸顔 ・血色のいい、まるまるした手 ・小さな毛織りの帽子 ・小英雄 ・快活で健康的 ・「私」とは兄弟の仲	・黄ばんだ顔色、深いしわ、赤く腫れた目の周り ・太い、節くれ立った、しかもひび割れた、松の幹のような手 ・古ぼけた毛織りの帽子、薄手の綿入れ ・でくのぼうみたいな人間 ・生活に疲れ、寡黙で無表情 ・うやうやしく他人行儀な態度
ヤンおばさん	・若く美人、おしろいを塗っていた ・商売繁盛	・頬骨の出た、唇の薄い、五十がらみの女 ・母の手袋を盗んでいく

③ 三十年ぶりの再会の場面（161・17〜165・15）から、「私」とルントーのそれぞれの思いを読み取ろう。また、過去の二人の関係からなぜ変化したのかを考えよう。

解答

◆「私」の思い…再会に感激したが、子供の頃の親しさが失われたことを悟り、ルントーとの間に大きな隔たりを感じている。

◆ルントーの思い…久しぶりに「私」に会えたことを喜んでいるが、雇い人としての自分の立場を考えて、遠慮している。

◆関係の変化の理由…ルントーが「私」との境遇の違いを自覚し、昔のように親しい態度をとれなくなったから。また「私」も、そんなルントーの態度に壁を感じ、昔のようには振る舞えなくなったから。

解説 「私」がルントーの「だんな様！」という言葉を聞いて口がきけなかったこと、ルントーが「私」を見て「喜びと寂しさの色」を顔に出したことなどを押さえる。また、ルントーが生活の厳しさのために生気をなくしていることや、「子だくさん、凶作、重い税金……でくのぼうみたいな人間にしてしまった」（165・7）にも着目しよう。

④ 「私」の考える「希望」（167・20）や「新しい生活」（167・20）とはどのようなものなのだろうか。「私」とルントーの関係や、ホンルとシュイションの関係を手がかりにして考えてみよう。

解答 それぞれが充実した生活を送り、互いを尊重し合って心を通い合わせることができる社会。

解説 「私」は、ホンルとシュイションが心を通わせている姿を見て、彼らが「互いに隔絶することのないように」と願う。ただし、「彼らが一つ心でいたいがために、……生活を共にすることも願わない。」（167・12〜20）と述べているように、単に「心が通い合う」だけでは意味がなく、それぞれが充実した生活を送ることができたうえで心が通い合うことを望んでいる。

「新しい生活」の具体的なイメージは語られていないが、「願わない」とされている、「無駄の積み重ねで魂をすり減らす生活」「打ちひしがれて心が麻痺する生活」「やけを起こして野放図に走る生活」の対極にあるものを想像してみるとよいだろう。

◉社会の中で生きる人間について話し合おう

⑤ 「思うに希望とは、……歩く人が多くなれば、それが道になるのだ。」（168・7〜168・9）について、考えたことを話し合ってみよう。

解説 希望とは、現実には存在しない物事について、将来的にはそうあってほしいと願って、思い描くものである。現実的な視点からいえば「ない」ことになるが、それを思い描いている人の心の中には確かに「ある」ともいえる。

本文では希望を「地上の道」にたとえてある。これは希望を持ち、それを強く望む人が増えていけば、希望は実現するということである。「私」の希望は、ホンルやシュイションのような若い世代が、自分たちの経験しなかった心豊かな新しい生活を送ってほしいというものだが、それは個々人の努力だけでどうにかなるものではない。社会が変わらなければ、人々の生活も変わらないだろう。同じ希望を抱き、それに向かって努力する人が多くなれば、社会は変わっていくはずだ。

○広がる言葉

ⓐ 「故郷」には、「いささか」(154・4)「寂寥《せきりょう》」(154・5)といった、文学作品などでは見られるが、現代の日常生活ではあまり使われない、古風な言葉が用いられている。このような言葉を、文章中から探してみよう。

解答 異郷(155・2)、紺碧《こんぺき》(155・20)、供物《くもつ》(156・9)、かねて(156・15)、五色《ごしき》(158・20)、惜しくも(159・8)、行きがけの駄賃(161・14)、思案(162・7)、滅相(164・7)、所望(168・2)など。

解説 知らない言葉に出会ったら意味や使い方を調べる習慣をつけよう。

ⓑ 例を参考に、「故郷」の中の1〜4の文について、傍線部の意味に近い古風な言葉を、「言葉を広げよう　古風な言葉」(342ページ)から一つ選ぼう。

解答 1やにわに　2はす向かい　3暮れなずむ　4けだし

解説 1「やにわに」は、急に、即座に、などの意味。2「はす向かい」は、斜めに向かい合っていること。3「たそがれ」は夕暮れ時の薄暗い時間帯。人の顔が見分けにくくなり「誰《た》そ彼《かれ》(あの人は誰ですか)」と尋ねることに由来する。4「けだし」は、思うに、まさしく、などの意味。

ⓒ 次の古風な言葉のリストから一つ選び、その言葉を使った短文を作ってみよう。

解説 それぞれの言葉の意味と例文は次のとおり。

・あんばい(塩梅)…物事の具合。例いいあんばいに仕上がった。
・詮ない…しかたがない。例今さら言っても詮ないことだ。
・だしぬけ…突然。不意。例だしぬけに声をかけられて驚いた。
・めいめい(銘銘)…それぞれ。例料理をめいめいの皿に取り分ける。
・刹那…極めて短い時間。例その光景を目にした刹那の表情。
・口さがない…無責任に他人の批評をする。例口さがない発言に傷ついた。
・べつだん…特別。例べつだん変わったことはない。
・寄る辺ない…身を寄せるところがない。例寄る辺ない身の上だ。
・のっぴきならない…どうにもならない。例のっぴきならない事情で引っ越した。
・臆する…気後れする。例大勢の前でも臆することなく発表した。
・陶冶…人の才能や性質を育成すること。例教育が人格を陶冶する。
・不遜…へりくだる気持ちがなく、尊大であること。例先輩に不遜な態度をとる。

漢字道場6

紛らわしい漢字

教科書171ページ

新出漢字・新出音訓

読みの太字は送り仮名を示す。（ ）は中学校では学習しなくてもよい読みを、—線は特別な言葉に限って使われる読みを示す。例は用例を示し、例中の太字は教科書本文中の語句であることを示す。新出音訓の▼は、常用漢字表の「付表」の語を示す。□には漢字を、（ ）には読みを書こう。

p.171 **謄** トウ 17画 言 □
うつす。書き写す。例 戸籍謄本《こせきとうほん》。謄写《とうしゃ》。

p.171 **騰** トウ 20画 馬 □
あがる。物価が高くなる。例 **急騰**《きゅうとう》。高騰《こうとう》。沸騰《ふっとう》。

p.171 **遍** ヘン 12画 辶 □
①広くゆきわたる。例 **遍在**《へんざい》。普遍《ふへん》。遍歴《へんれき》。②回数を示す数詞。例 通《とお》り一遍《いっぺん》。

p.171 **迭** テツ 8画 辶 □
入れかわる。例 **更迭**《こうてつ》。

p.171 **暫** ザン 15画 日 □
わずかな時間。例 **暫定的**《ざんていてき》。暫時《ざんじ》。

p.171 **漸** ゼン 14画 水 □
ようやく。次第に。例 **漸次**《ぜんじ》。漸増《ぜんぞう》。

p.171 **壮** ソウ 6画 士 □
①りっぱで大きい。例 **壮観**《そうかん》。壮大《そうだい》。②元気な若者。例 少壮《しょうそう》。壮丁《そうてい》。③強い。例 壮健《そうけん》。④血気盛ん。勇ましい。例 勇壮《ゆうそう》。大言壮語《たいげんそうご》。

p.171 **荘** ソウ 9画 艹 □
①おごそか。重々しい。例 **荘厳**《そうごん》。荘重《そうちょう》。②別宅。例 別荘《べっそう》。③店。旅館。例 旅荘《りょそう》。

p.171 **搭** トウ 12画 手 □
のる。のせる。例 **搭乗**《とうじょう》。搭載《とうさい》。

p.171 **撤** テツ 15画 手 □
①とりのぞく。やめにする。例 **撤回**《てっかい》。撤去《てっきょ》。②引き上げる。例 撤退《てったい》。撤収《てっしゅう》。

p.171 **弊** ヘイ 15画 廾 □
①害になる。例 **弊害**《へいがい》。語弊《ごへい》。旧弊《きゅうへい》。②いたむ。例 疲弊《ひへい》。③自分側のものをへりくだっていう語。例 弊社《へいしゃ》。

p.171 **幣** ヘイ 15画 巾 □
①ぜに。通貨。例 **貨幣**《かへい》。紙幣《しへい》。②贈り物。例 幣物《へいもつ》。

p.171 **契** ケイ（ちぎる） 9画 大 □
①交わる。約束する。例 **契約**《けいやく》。黙契《もっけい》。②しるしをつける。例 契機《けいき》。

p.171 **劾** ガイ 8画 力 □
さばく。罪状を調べる。例 弾劾《だんがい》。

p.171 **該** ガイ 13画 言 □
①枠に当てはまる。例 **該当**《がいとう》。②全体に広くゆきわたる。例 該博《がいはく》な知識《ちしき》。

p.171 **叙** ジョ 9画 又 □
順序立ててのべる。例 **自叙伝**《じじょでん》。叙述《じょじゅつ》。

p.171
醸　ジョウ（かもす）
①ある雰囲気や気分をだんだんに作り出す。例 **醸成**《じょうせい》。②発酵させて酒を造る。例 醸造《じょうぞう》。
20画　酉　□

p.171
嬢　ジョウ
むすめ。例 お嬢《じょう》さん。令嬢《れいじょう》。
16画　女　□

p.171
墜　ツイ
落ちる。落とす。例 墜落《ついらく》。失墜《しっつい》。撃墜《げきつい》。
15画　土　□

p.171
褐　カツ
黒みがかった茶色。例 **褐色**《かっしょく》。
13画　衣　□

p.171
謁　エツ
身分の高い人に面会する。例 拝謁《はいえつ》。謁見《えっけん》。
15画　言　□

p.171
喝　カツ
①しかる。大声でおどす。例 一喝《いっかつ》。恐喝《きょうかつ》。②大声をあげる。例 喝采《かっさい》。
11画　口　□

p.171
硝　ショウ
鉱物の一種。火薬などの原料。例 **硝酸**《しょうさん》。硝《しょう》石《せき》。硝煙反応《しょうえんはんのう》。
12画　石　□

◉学習内容の要点を押さえ、教科書の問題の答えを確かめよう。

ポイント　形や音が似ている漢字は、使い分けに注意しなくてはならない。

(1) 形が似ていても、音が違うものは、比較的混同しにくい。
例「委《い》」…委員　「季《き》」…季節

(2) 形が似ていて、音も同じものは、より紛らわしい。
例「裁《さい》」…裁判　「栽《さい》」…盆栽

(3) 同じ漢字との組み合わせで同音異義語を作るものは特に注意が必要である。
例「義《ぎ》」…異義（違う意味）
「議《ぎ》」…異議（違う意見）

○問題 ―― 教科書171ページ

① 次の□に入る漢字を選ぼう。また、なぜ紛らわしいのかを考えよう。

解答　1稚　2騰　3遍

解説　1「雅」と「稚」は形が似ている。2「謄」と「騰」は形が似ていて音も同じである。3「偏」と「遍」は形が似ていて音も同じであるうえ、熟語として「偏在」（＝かたよって存在している）も「遍在」（＝どこにでも広く存在している）もありうる。ここでは「全国に」とあるので後者が当てはまる。

② それぞれの□に入る漢字を選ぼう。

解答　1迭・送　2暫・漸　3壮・荘　4搭・塔　5撤・徹　6幣・弊

解説　2「暫時《ざんじ》」（＝しばらくの間）と「漸次《ぜんじ》」（＝次第に）という熟語も紛らわしいので注意しよう。3「壮」は大きくりっぱ、「荘」は厳かでいかめしいという意味。4〜6部首を手がかりにして意味を捉え、どれが入るか考えよう。

③ 次の□に入る漢字を選ぼう。

解答　1契　2該　3叙　4醸　5逐　6褐

解説　それぞれの漢字を用いた熟語にどのようなものがあるかも確認しておこう。

▼読む

読書2

読書への招待 何のために「働く」のか

筆者・姜《カン》 尚中《サンジュン》

教科書172〜177ページ

ガイダンス

学習目標を押さえ、「何のために『働く』のか」のおおよそを理解しよう。

○学習目標

●読書を通して自分の生き方や社会との関わり方を考え、自分の将来について考えを持つ。

●文章を読む前に

「何のために『働く』のか」は、働くことの意味を考察する文章である。人間が生きていくためにはお金が必要で、お金を得るためには働かねばならない。しかし、働くことの意味や目的は、それだけだろうか。文章全体を通して読み、筆者が考える働く意味を捉え、自分にとっての働く意味を考えるヒントとしてもらいたい。

●あらまし

人が生存していくためにはお金が必要で、お金を得るために人は働く。しかし、お金があってもなくてもやはり人は働くべきだと考える人が多い。なぜなら、「働く」意味はほかにもあるからだ。「働く」ことの第一義は、「他者からのアテンション」と「他者へのアテンション」という、社会の中で互いの存在を認め合うことである。現代の職業は、人間関係を中心とするサービス業がメインだが、サービス業は「どこまで」という制限がないため、働く人にとって過酷である。しかし、だからこそ、そこから大きなものを得る可能性も無限にある。人は、働くことで得る他者からのアテンションによって、自分の存在価値を確認し、自信を持つことができる。人は、「自分が自分として生きるため」に働くのである。

●文章の構成

この文章は、導入→問題提起→具体例による考察→視点を変えた考察→結論、という構成になっているが、働くことの意味や働き方という視点から、内容は大きく四つの段落に分けられる。

・第一段落(初め〜173・9)……人は「食べるために働く」のか。
・第二段落(173・10〜175・14)…働くことの基本的な意味。
・第三段落(175・15〜177・10)…現代の職業の特徴。
・第四段落(177・11〜終わり)…主張のまとめ(働くことの意味)。

●要旨

人は何のために「働く」のか。それは、社会の中で他者と存在を認め合い、安心感や自信を持って生きるためである。

筆者は、人が働くのは「他者からのアテンション」を得るためであり、それが社会の中で生きる安心感につながると考えている。

新出漢字・新出音訓

読みの太字は送り仮名を示す。（ ）は中学校では学習しなくてもよい読みを、―線は特別な言葉に限って使われる読みを示す。例は用例を示し、例中の太字は教科書本文中の語句であることを示す。新出音訓の▼は、常用漢字表の「付表」の語を示す。□には漢字を、（ ）には読みを書こう。

p.172 **致** チ いた**す** 10画 至 □
①一つに合わさる。例**一致**《いっち》。合致《がっち》。②ある状態に達する。例致命的《ちめいてき》。致死《ちし》。極致《きょくち》。③こちらに来させる。例誘致《ゆうち》。招致《しょうち》。

p.172 **羨** （セン） うらや**む** うらや**ましい** 13画 羊 □
うらやむ。うらやましく思う。例**羨**《うらや》**ましい**。羨望《せんぼう》。

p.174 **顧** コ かえり**みる** 21画 頁 □
①心を向ける。例**顧**《かえり》**みる**。顧客《こきゃく》。顧問《こもん》。②振り返る。例回顧《かいこ》。

p.174 **恋** レン こう こい**しい** こい 10画 心 □
こいしく思う。例**恋人**《こいびと》。恋愛《れんあい》。恋慕《れんぼ》。

p.175 **酬** シュウ 13画 酉 □
お返しをする。例**報酬**《ほうしゅう》。応酬《おうしゅう》。

p.175 **祉** シ 8画 示 □
しあわせ。めぐみ。例**福祉**《ふくし》。

p.175 **販** ハン 11画 貝 □
物を売る。例**販売**《はんばい》。市販《しはん》。

p.175 **酷** コク 14画 酉 □
①むごい。例**過酷**《かこく》。残酷《ざんこく》。②はなはだしい。はげしい。例酷似《こくじ》。酷暑《こくしょ》。

p.176 **耗** モウ （コウ） 10画 耒 □
すり減る。すり減らす。例**消耗**《しょうもう》。摩耗《まもう》。

p.177 **耐** タイ た**える** 9画 而 □
①たえてもちこたえる。例**耐**《た》**える**。耐熱《たいねつ》。耐火《たいか》。耐震《たいしん》。②がまんする。例忍耐《にんたい》。

語句・文の意味

語義が複数の場合、①に教科書本文中の語義を示してある。類は類義語、対は対義語、文は語句を用いた短文例を示す。
●印は、教科書の脚注に示されている語句である。

▼172ページ

働《はたら》**きがい** 働くことの価値や、張り合い。「がい」は接尾語で、動作を表す言葉に付いて、「ある行為をすることの価値や張り合い、効果」という意味を添える。

一《いっ》**致**《ち》 二つ以上のものが、食い違うことなく一つになること。文みんなの意見が一致する。

おかげ ある物事を原因とする結果。よい結果にも、悪い結果にも用いる。文きみが手伝ってくれたおかげで仕事が早く終わった。

境《きょう》**遇**《ぐう》 人が生活していくうえでの環境や立場。類身の上。

コンプレックスの塊《かたまり》 劣等感でいっぱいの状態。「コンプレックス」は劣等感のこと。

▼173ページ

「自分《じぶん》**は一人前**《いちにんまえ》**ではない」という意識**《いしき》 資産家の息子さんが、自分は一人の人間として、自立した社会の構成員として認められていないと感じていたこと。「働いていない」ことを「一人前ではない」と感じているのである。

重《じゅう》圧《あつ》 強く押さえつけること。また、その力。精神的な圧力についていうことが多い。類プレッシャー。文一年生エースとしての重圧に耐える。

深《しん》遠《えん》 奥深くて、簡単には理解できないこと。また、その様子。

ワーキングプア 働いているものの、収入が少なく、生活を維持することが困難な人々。近年日本でも社会問題となっている。

ホームレス 住む家がなく、野外などで生活する人々。近年はネットカフェなどで寝泊まりする人々も増えている。

命《いのち》をつなぐ 生き続ける。死ぬかもしれないという苦しい状況でなんとか生き続ける、というニュアンスで用いられることが多い。

目頭《めがしら》を押《お》さえる 涙がこぼれるのを指で押さえて止めようとすること。ここでは「目頭を押さえて泣く」とあるが、「目頭を押さえる」だけでも、泣くこと、または涙をこらえることを表す。

類《るい》する 似る。共通する。

社会復帰《しゃかいふっき》 病気や事故などさまざまな事情で社会に出て活動することができなくなった人が、再び社会人として活動できるようになること。ここでホームレスの男性が言う社会復帰は、仕事も家もなくした彼が定職に就き、その給料で安心して生活できるようになることを指している。

言葉《ことば》を詰《つ》まらせる どう話せばよいか分からないなどの理由で、言葉が途切れがちになる。すらすらと話すことができない。

これはとても象徴的《しょうちょうてき》で…… 「これ」は、直前で紹介されているホームレスの男性の例を指す。

象徴的《しょうちょうてき》 具体的な事例や物が、ある抽象的な物事を分かりやすく表現する様子。

▼174ページ

ねぎらい 相手の苦労をいたわったり感謝したりすること。

顧《かえり》みる ①気にかける。教科書175ページ1行目の「アテンション」につながる心の働き。②過ぎ去ったことを思い出す。③後ろを振り返って見る。

集合体《しゅうごうたい》 いくつかのものが集まってできたもの。

承《しょう》認《にん》 ①正しいと判断して認めること。②認めて許可すること。

称《しょう》する ①名づけて言う。類言う。呼ぶ。②事実でないことを口実として言う。

「相互承認《そうごしょうにん》」の関係《かんけい》 互いに存在を認め合う関係。互いに相手が誰であるかを知っている関係。

▼175ページ

この場合《ばあい》 友人や恋人、家族との関係とは異なる、「働く」ことで関わる社会の中での人間どうしのつながりを指す。

アテンション 英語で、「注意・配慮」などの意味を表す。ここでは、ある仕事をした人物を、ねぎらいの気持ちを持って気にかけることを表す。

報《ほう》酬《しゅう》 仕事などの労力や、物の使用などに対する謝礼となるお金や物事。ここでは「給料」とほぼ同じ意味で用いられている。

専業主婦《せんぎょうしゅふ》 会社で働くなど、報酬を得られる職には就かず、専ら家事を行う主婦。

それを抜《ぬ》きにして 「それ」は「他者からのアテンション」と「他者へのアテンション」を指している。

ありえない あるはずがない。あるとは考えられない。

従事《じゅうじ》 ある仕事に就いて働くこと。

コミュニケーション・ワークス ①コミュニケーション(互いの意思や感情、思考を伝達し合うこと)をとりながら行う仕事。②コミュニケーションをとるための勉強。練習。

情動《じょうどう》 感情。特に、恐怖・怒り・悲しみ・喜びなど、急激に起こる一時的な感情。「情動労働」は、身体を使って働く「肉体労働」に対して、精神(気持ち)を使って働く労働のこと。

あらゆる仕事《しごと》がサービス業化《ぎょうか》しつつあります 例えば、農業でもただ米や野菜を作るだけでなく、直売所やインターネットで野菜を売ったり、売るために客とのコミュニケーションをとったりするようになったというような変化を指す。さまざまな業種で、他者とのコミュニケーションが重視されるようになっていることを指して、このように表現している。

ケースバイケース それぞれの事情に応じて対処法を変えて適切に対応すること。

過酷《かこく》 厳しすぎる様子。ひどすぎる様子。

マニュアル化《か》 ここでは、仕事(対処)の手順や方法を決めてしまうこと。

おのおの 一人一人。それぞれ。類各自。めいめい。

▼176ページ

フル 限度いっぱいである様子。最大限。

稼働《かどう》 働くこと。また、機械などを動かすこと。

まさに まちがいなく。確実に。

その場限《ばかぎ》り その時だけ。後まで続けては関わらないこと。

かたがつく 決着がつく。落着する。

線《せん》を引《ひ》く 区切りをつける。

果《は》てしない ずっと続いていて、終わりがない。「果てしなく」は、どこまでも、際限なく、という意味。類限りない。無限。

のめり込《こ》む ある物事に没頭して深くはまり込む。文研究にのめり込む。

消耗《しょうもう》 「「ショウコウ」とも読む。」①体力や気力などを使って減らすこと。文こんな練習方法では体力を消耗するだけだ。②物を使って減らすこと。また、使ってすり減ること。

評価《ひょうか》 事物や人物の価値を判断すること。ここでは、それぞれの人が行った仕事について、どのような利益につながったか、どのようなよい点、悪い点があったかなどを判断すること。

無力感《むりょくかん》 自分の無力さを知ったときのむなしい気持ち。ここでは、一生懸命取り組んだ仕事が正当に評価されないことで、自分には力がないと感じ、仕事がむなしく感じられること。

さいなむ 責めてしかる。悩ます。文罪悪感にさいなまれる。

偶発性《ぐうはつせい》 物事が偶然に起こる性質。類突発性。

……うる ……することができる。……する可能性がある。「……える(得る)」の文語的な表現。文難しい問題だが、みんなが力を合わせれば解決しうる。

▼177ページ

携《たずさ》わる ある物事に関係する。ここでは、その職業に就いていることを表す。文建物の設計に携わる。

地位《ちい》 組織など、社会集団の中での立場。身分。

名誉《めいよ》 ①社会的に優れたものとして認められている人物の価値。体面。面目《めんぼく》。②優れたものとして認められ、よい評判を得ること。類栄誉。名声。

読み解こう

段落ごとの内容を捉えよう。□の中には当てはまる言葉を書こう。

第一段落 〔初め〜173・9〕 人は「食べるために働く」のか。

■「何のために『働く』のか」という問いに対する一般的な答えとして、どのような例が示されているか。

(1) 食べていくため。（＝お金を得るため・生存するため）

(2) □を得るため。

(3) 夢の実現のため。

▼働きがい

・ポイント 最も切実な要因は、「食べていくため」だといえる。

■「資産家の息子さん」(172・22)の境遇について考える。

・一生食べていくのに困らない①□が入った。

・②□ではない学問の研究をして暮らす。

← 【本人の心境】
「コンプレックスの塊」(172・27)
＊「働いていない」ことが重圧。

← 【一般的な見方】
「羨ましい限り」(172・26)
＊「働く」必要がない。

▼①遺産 ②仕事

・ポイント 多くの人は働く必要に迫られているので、いやいや働く場合もあり、できれば働きたくないと考えがちである。しかし、この例は、働かなければ楽だとは限らないことを示している。

■筆者が、「人がなぜ働くのか」という問いを、「簡単なようでいて、意外に深遠な問い」(173・5)だと言うのはなぜか。

・「食べるために働く」という意識を持っている人が多いのは確かだが、その一方で、多くの人は、「食べていけるかどうか」に関わらず人は働くべきだと考えているから。

テストに出る！

問 「いやいや会社に通っているという人」(172・11)は、何のために働いているのか。

答 生きていくのに必要なお金を得るため。

テストに出る！

問 資産家の息子さんが「コンプレックスの塊」(172・27)だった理由を説明しなさい。

答 資産があるため仕事をしていなかったが、働いていない自分のことを、一人前ではないと思っていたから。

第二段落 〔173・10〜175・14〕 働くことの基本的な意味。

■「ホームレスの男性」(173・14)の心境の変化の要因を捉える。

・一年前は、何があっても泣かなかった。

働いているときに、人から声を掛けられた。
（おそらく「ご苦労さま。」などの①□の言葉）

・今は、思いを語りながら泣く。→②□の人間としての感情が戻ったのかもしれないと感じている。

▼①ねぎらい ②普通

■「ちゃんと社会復帰すれば、生まれてきてよかったとなるんじゃないか」（173・32）という言葉の意味を捉える。

・社会の中に自分の居場所ができれば、生きる喜びを感じられるのではないか、という意味。この男性が、「生まれてこなければよかった」と思うのは、社会の中に自分の居場所がないからである。

■「『人が働く』という行為のいちばん底にあるもの」（173・37）とは何であると筆者は考えているか。

・社会の中で、自分の①［　　］を認められるということ。

↓（言い換えると）

・見知らぬ者どうしが集まっている集合体の中で、他者から②［　　］として承認されるということ。

▼①存在　②仲間

■働くことを「社会に出る」といい、働いている人のことを「社会人」と称するのはなぜか。

・働くことは、①［　　］の中で自分の存在を認められるための、主たる②［　　］であるから。

▼①社会　②手段

■「社会の中での人間どうしのつながり」の、「深い友情関係や恋人関係、家族関係などとは違った面」（174・20）とは何か。

・互いにねぎらいのまなざしを向け合うことによってつながっているという面。

・**ポイント**　「相互承認」である点は同じだが、承認の仕方が、友情や愛情というようなものと、「ねぎらい」とでは少し異なる。

テストに出る！

問　「そのための主たる手段が、働くということなのです。」（174・13）とあるが、筆者は、働くことは何のための手段だと述べているか。

答　見知らぬ者どうしが集まってできた社会で生きるために、他者から仲間として承認されるための手段。

テストに出る！

問　「それを抜きにして、働くことの意味はありえない」（175・11）の「それ」は何を指すか。

答　「他者からのアテンション」と「他者へのアテンション」

◆直前の「報酬」ではないので、注意しよう。

第三段落　〔175・15～177・10〕現代の職業の特徴。

■職業をめぐる現代的な特徴を捉える。

・かつては製造業に従事する人が多かったが、今はサービス業が中心になっている。

・あらゆる仕事が［　　］業化しつつある。

▼サービス

■「サービス業」の特徴をまとめる。

・人間関係を中心とし、コミュニケーション能力が重要となる。

↓（そのため）

・仕事を①［　　］化しにくい。
・仕事の範囲に制限がない。
→ 各自の努力や工夫が求められ、心身ともに消耗しやすい。

・仕事に対する②［　　］が難しい。
→ 正当に評価されなければ、無力感にさいなまれる。

▼①マニュアル　②評価

■「サービス業」の具体例として挙げられているものを捉える。

・福祉や①［　　］、販売や営業、美容師や理容師、②［　　］。

▼①医療　②大学教師

■筆者が、サービス業について「可能性も大きい」(176・34)と考える理由を捉える。

・人と人との関わりにはさまざまな「①［　　］性」が存在しうる。

↓(だから)

・コミュニケーションの方法は無限にあり、そこから自分が何かをもらえる可能性も②［　　］にある。

↓(だから)

・コミュニケーションが中心のサービス業の可能性も大きい。

▼①偶発　②無限

●ポイント　「コミュニケーションの方法」が「無限にある」ことは、仕事の負担が増えやすいというマイナス面につながる一方で、成果やチャンスが広がるというプラス面にもつながるのである。

テストに出る

問　筆者が、突然職場に出てこなくなってしまう人が就いていた仕事は、「マニュアル労働的な仕事よりも、サービス業的な仕事である場合が多いのではないか」(175・22)と考えるのはなぜか。

答　サービス業の仕事はコミュニケーション能力が重要となるため、マニュアル労働的な仕事に比べて、個人の努力や工夫で頑張らねばならず、心身ともに疲れやすいから。

第四段落　〔177・11〜終わり〕　主張のまとめ(働くことの意味)。

■筆者は、働いて「他者からのアテンション」(177・16)を得ることで、何を得られると感じているか。

・①［　　］の中にいる自分を再確認できる。

・自分はこれでいいのだという②［　　］感や、自信が得られる。

▼①社会　②安心

テストに出る

問　「人はなぜ働くのか」という問いに対して、筆者自身はどのような答えを出しているか。本文中から十九字で抜き出しなさい。

答　他者からのアテンションを求めているから(177・13)

◆「他者からのアテンション」がなぜ必要かといえば、社会の中で自分の存在が認められているという安心感や自分自身を肯定できる自信を持ちたいからである。

課題　教科書177ページ

○　働くことの意味について自分はどう考えるか、話し合ってみよう。

解説　文章を読んで、筆者の意見に納得する部分、納得できない部分を押さえ、働くことについての自分の考えをまとめよう。
自分の考えを話すときは、相手に分かりやすく話すことを心がけ、相手の話を聞くときは、自分の考えと同じ部分や違う部分を聞き分けて、自分の考えを更に深めていこう。

7 ▼読む　言葉とメディア

いつものように新聞が届いた──メディアと東日本大震災

筆者・今野俊宏《こんのとしひろ》

教科書184〜195ページ

学習目標を押さえ、「いつものように新聞が届いた─メディアと東日本大震災」のおおよそを理解しよう。

ガイダンス

●学習目標

●情報やメディアの意義について考えを深める。

○言葉の力　情報をより深く捉える

●伝わってくる情報の背後にある、発信者の意図や願い、行動を、想像したり考えたりする。

●メディアの種類や発信者の立場によって、伝える情報の選択の仕方や、情報の伝え方・伝わり方に違いが出ることを意識する。

●あらまし

二〇一一年三月十一日、東日本大震災が発生し、広範囲に甚大《じんだい》な被害をもたらした。交通や通信も断絶する中、不安な一夜を過ごした人々のもとに、翌朝いつものように新聞が届いた。自らも被災した地元新聞社の記者やカメラマンが現場を取材し、多くの協力を得ながら発行したものだった。その後も新聞は一日も絶やさずに発行され続けた。その新聞社では、震災直後も年月を経た今も、地域に寄り添う地元紙として、被災者が必要としている情報を届け、復興へと歩む姿を記録し続けることに使命感を持って取り組んでいる。

●文章の構成

文章中に小見出しが付き、五つのまとまりに分かれている。

・第一段落（初め〜184・16）……震災の翌日に届いた新聞。
・第二段落（184・17〜186・16）…震災時の新聞制作の現場。
・第三段落（186・17〜187・10）…被災者一人一人に寄り添う紙面作り。
・第四段落（187・11〜188・11）…全国紙と異なる地元紙の役割。
・第五段落（188・12〜終わり）…未来に向けての使命。

震災直後の具体的なエピソードを語っている前半（第一・第二段落）と、地元紙の役割について述べた後半（第三〜第五段落）に分けることもできる。

●要旨

東日本大震災を通して、情報の重要性と、人と人とをつなぐ新聞の役割を再認識した。未来に向けてもその使命を果たしていきたい。東日本大震災をどう伝えるのか。それは新聞の使命を改めて問い直すことでもあった。筆者は、被災地を拠点とする地元紙の記者として、被災者に寄り添い、ともに復興へと歩むために今後も震災と向き合い伝え続けていきたいと、決意を新たにしている。

新出漢字・新出音訓

読みの太字は送り仮名を示す。（ ）は中学校では学習しなくてもよい読みを、―線は特別な言葉に限って使われる読みを示す。例は用例を示し、例中の太字は教科書本文中の語句であることを示す。新出音訓の▼は、常用漢字表の「付表」の語を示す。□には漢字を、（ ）には読みを書こう。

p.187 **析** セキ 8画 木 □
分解する。解く。例**分析**《ぶんせき》。解析《かいせき》。透析《とうせき》。

p.188 **喚** カン 12画 口 □
①よびおこす。例**喚起**《かんき》。②大声で叫ぶ。例喚声《かんせい》。③呼びつける。例喚問《かんもん》。召喚《しょうかん》。

■**新出音訓**（――線部の読みを書こう。）

①達成は危うい。 p.184 （　　）
②発行が危ぶまれる。 p.184 （　　）

答 ①あや ②あや

語句・文の意味

語義が複数の場合、①に教科書本文中の語義を示してある。類は類義語、対は対義語、文は語句を用いた短文例を示す。●印は、教科書の脚注に示されている語句である。

▼184ページ

孤立《こりつ》 周囲とのつながりがなく、一つだけぽつんと存在している状態。ここでは、災害で交通が遮断され、そこから脱出することも救援を受けることもできずに取り残されている状態をいう。

空《そら》**が白**《しら》**む** 夜明けが近くなり空が明るくなってくる。

すがる ①心のよりどころや助けになるものを求め、それに頼る。②頼りとなるものをしっかりつかんで離そうとしない。

活字《かつじ》 ①新聞・雑誌・書籍などの印刷物に印刷された文字。また、その印刷物をいう。②活版印刷に用いる金属製の字型。また、それによって印刷された文字。

本社《ほんしゃ》**ビルでは紙面**《しめん》**を制作**《せいさく》**する機械**《きかい》**が大**《おお》**きな揺**《ゆ》**れで倒**《たお》**れ** 仙台市内の新聞社ビルは震度六の揺れに見舞われた。当日の社内の様子は教科書189ページ写真参照。

災害時《さいがいじ》**に協力**《きょうりょく》**し合**《あ》**う協定**《きょうてい》 大規模な災害に遭った際、被災地の要請に応じて支援物資を提供したり人材を派遣したりする「災害時相互応援協定」は、自治体の間や、自治体と民間事業者との間などでも結ばれている。

▼185ページ

衛星回線《えいせいかいせん》 宇宙空間にある衛星を介して情報をやり取りするシステム。送信局と受信局の設備が整っていれば、通信が可能である。

号外《ごうがい》 大きな事件・事故など世間の関心が高いニュースをいち早く伝えるために臨時に発行される新聞。街頭で販売・配布されることが多い。

すんでのところで もう少しのところで。文すんでのところで事故を起こさずに済んだ。

九死《きゅうし》**に一生**《いっしょう》**を得**《え》**る** ほとんど死にそうな危険な状態からなんとか助かる。類万死《ばんし》に一生を得る。

一部始終《いちぶしじゅう》 始めから終わりまで全て。類顛末《てんまつ》。

息《いき》**を引**《ひ》**き取**《と》**る** 死ぬ。類事切れる。息絶える。

小学校《しょうがっこう》**の屋上**《おくじょう》**に「SOS」の文字**《もじ》**が見**《み》**えた** 津波で地上の交通が寸断されていたため、孤立した人々は上空を飛ぶヘリコプターに向けてメッセージを発信していた。校庭や民家の屋根に、避難している人の人数や必要な支援物資が書かれているケースもあった。「ＳＯＳ」は、救助を求めること。もともとは、船舶や航空機が遭難した際などに出す無線電信符号。教科書189ページの写真参照。

▼186ページ

ファインダー越《ご》しの視界《しかい》は、かすんだままだった　カメラマンが目に涙を浮かべながらファインダーをのぞいているため、視界がかすんでいる。

新聞《しんぶん》は……貪《むさぼ》るように読《よ》まれた　情報が欲しいのに手に入りにくい状況にあるため、唯一入手できた新聞を、食い入るようにして一心に読み続けているのである。教科書189ページの写真参照。

ライフライン　都市で生活していくうえで不可欠な電気・ガス・水道・通信・輸送などのこと。新聞は情報を伝える媒体であり、「通信」を担うものであるため、ライフラインの一つであるといえる。

一丸《いちがん》となって　心を一つにして団結する様子。文クラス全員が一丸となって練習に励んだ。

スローガン　団体や組織の主義・主張を短い言葉で表現したもの。

「再生《さいせい》へ　心《こころ》ひとつに」　このスローガンは新聞の一面に掲載され続けている。

デマ　①事実ではない悪い評判。根拠のないうわさ話。類流言飛語。②政治的な目的で意図的に流すいつわりの情報。

飛躍的《ひやくてき》　上向きの変化が急激な様子。文製品の性能は飛躍的に向上した。

「生活情報《せいかつじょうほう》」のページ　被災者の生活に密着した情報が分野ごとに整理され掲載されている。地元紙ならではの紙面といえる。教科書190ページの写真参照。

▼187ページ

うたう　主義主張、特長、効果などをはっきりと述べる。漢字では「謳う」と書く。

比重《ひじゅう》　①他と比べて重点を置くこと。また、その割合。文苦手科目に比重を置いて勉強する。②物質の質量を、それと同じ体積の摂氏四度の水の質量と比べたときの割合。

▼188ページ

風評《ふうひょう》　世間であれこれ取りざたされること。ここでは、原発事故の影響で農作物が汚染されているという話が広まったことをいう。

過信《かしん》　価値や能力などを、実際よりも高くみて信用しすぎること。

「防災《ぼうさい》」「減災《げんさい》」　防災とは、災害時の被害発生を未然に防ぐこと。減災とは、災害時に発生しうる被害をなるべく少なくすること。地震・津波・台風・洪水などの自然災害に対して、被害をゼロにすることは難しくても、一人一人の意識を高め、日頃から備えておくことで、被害を最小限にとどめることができる。ちなみに、政府は、減災に向けて今すぐできる「七つの備え」を掲げていて、そのポイントは、「①自助、共助　②地域の危険を知る　③地震に強い家　④家具の固定　⑤日頃からの備え　⑥家族で防災会議　⑦地域とのつながり」である。（内閣府ホームページより）

喚起《かんき》　呼び覚ます。はっきりと意識させる。文危険な場所に看板を立てて注意を喚起する。

風化《ふうか》　①記憶が時間の経過とともに薄れていくこと。文戦争の記憶が風化する。②地表の岩石が水や風や温度変化などにより次第に崩れていくこと。

読み解こう

段落ごとの内容を捉えよう。□の中には当てはまる言葉を書こう。

第一段落 〔初め～184・16〕 震災の翌日に届いた新聞。

■震災の翌日、「いつものように新聞が届いた」(184・8)ことは人々の心に何をもたらしたか。

・東日本大震災 →地震と津波で多くの人が家や家族を失う。
交通網の断絶、停電、情報通信の停滞。

前代未聞の大惨事

・①□を受け入れられない。(ショック)
・何が起きたのか何も分からない。(不安)

にもかかわらず…

・翌朝、いつものように新聞が届く。→情報が手に入った。

・驚きと感動。
・新聞が、心を②□させる助けとなった。

▼①現実 ②納得

・ポイント あらゆるものを失い、何も頼るものがなくなっていた人々にとって、新聞が伝える情報は心の大きな支えとなった。

第二段落 〔184・17～186・16〕 震災時の新聞制作の現場。

■震災翌日からの新聞はどのようにして発行されたのか。

◉新聞社の被災状況
・現場の支局や記者と連絡が取れない。
・取材用のヘリコプターも紙面制作の機械も使えない。
・仙台の印刷工場は無事。

◉発行までの動き
(1) ①□たちは、被災した者も取材に走り回った。
・通信手段がない中、紙に原稿を書いて手渡したり、奇跡的に通じた携帯電話で状況を伝えたりした。
(2) 協定を結んでいた新潟県の新聞社に担当者が赴いて、紙面を制作した。
(3) 紙面のデータを②□回線で工場に送り、印刷した。
(4) 道なき道をトラックで走った配送担当者や③□の努力もあって、新聞は読者のもとに届けられた。

「誰も新聞の発行を諦めなかった」(184・24)

▼①記者 ②衛星 ③配達員

・ポイント 新聞に携わるあらゆる人の、強い意志が根底にあったことを押さえておきたい。

■記者たちが伝えた具体的なエピソードを読み取る。

(1) 気仙沼《けせんぬま》総局の記者 …津波にのみ込まれて①□まで水に浸かり死を覚悟したが、すんでのところで助かった体験。
(2) ②□町《ちょう》の支局の記者 …幼稚園児の息子とともに避難した高台から見た、街が津波にのみ込まれていく一部始終。
(3) 震災翌日に気仙沼市に入った女性記者 …津波に巻き込まれて

亡《な》くなった③（　　）を抱き締めて泣き崩れる男性の深い悲しみ。

(4) 震災翌日にヘリコプターで取材に向かったカメラマン　…三陸《さんりく》沿岸の上空から見た、津波で跡形もなく消えた街の様子や、小学校の④（　　）や民家の二階から助けを求めている人々の姿。

▼①胸　②南三陸《みなみさんりく》　③子供　④屋上

■「どうしてもカメラのシャッターを切ることができなかった」(185・30)女性記者の気持ちを考える。

・次の二つの気持ちがあったと考えられる。

(1) 事実をありのまま伝えるために写真を撮りたい。
　＝記者としての使命感

(2) 悲しみにくれる人の姿を写真に撮るのは気が引ける。
　＝気遣い・罪悪感

・最終的には、後者がまさったため、撮れなかった。

■「ごめんなさいね。」(185・34)に込められた思いを読み取る。

・多くの人が助けを求める姿を目にし、手を差し伸べたいと思うものの、何もできない①（　　）感。

・痛ましい状況にある人の姿を撮影しているという②（　　）感。

▼①無力　②罪悪

●**ポイント**　このカメラマンは、目に涙を浮かべながらも写真を撮り続けており、仕事への使命感がまさったといえるが、「誰のために撮影しているのだろう」(185・34)という迷いもあった。

■「誰のために撮影しているのだろう。」(185・34)と、カメラマンが自問した理由を考える。

・写真撮影は紙面作りのためであり、本来「読者のため」であるはずだが、その読者である地域の人々が災害に遭い、救援を求めている。彼らの求めに応えられないまま撮影するということに意義があるのかどうか、分からなくなったから。

■カメラマンが「それでも写真を撮り続けた」(186・1)理由を考える。

・報道カメラマンとしての自分にできることをやるしかないと思ったから。

・今、直接的には何もできなくても、この写真がきっと誰かのためになると信じていたから。

■「大惨事の現場」(186・7)では、情報通信手段はどのような状況になるのかを読み取る。

・パソコン　→家ごと被災すると使えない。

・テレビ　→停電が続くので見られない。

・携帯電話　→停電のため充電できず、電池が切れて使えない。

・新聞　→発行できれば、人の手で配ることができる。

●**ポイント**　現代の便利な生活が、いかに電気に頼ったものであるかが分かる。新聞の強みは、被災して何もかも失った状態の人にも、情報(発行された新聞)を届けることができるところである。

テストに出る!

問　「無力感と罪悪感」(186・1)とあるが、具体的にはどのような思いなのか。説明しなさい。

答　命の危険にさらされて必死に助けを求める人々に手を差

し伸べたいが自分には何もできないという思いと、そのような人々の姿を撮影するのは相手の心を傷つけることになるのではないかという思い。

テストに出る！

問　配達された新聞が「貪るように読まれた」(186・3)のはなぜか。説明しなさい。

答　パソコン・テレビ・携帯電話が使えない中、何が起きたのか知りたいという被災者の切実な欲求に応えられるものは、新聞だけだったから。

第三段落　〔186・17～187・10〕　被災者一人一人に寄り添う紙面作り。

■「再生へ　心ひとつに」(186・22)というスローガンに込められた思いを読み取る。

・被災者の悲しみに寄り添い、東北の人々が復興へと歩む姿を記録し続けることに一丸となって取り組みたいという思い。

■「客観的な報道」(186・27)、「主観的な報道」(186・28)とは、それぞれどのようなものか。

・客観的な報道…「いつ、どこで、誰が、何を、どうした」などの事実のみを伝えること。伝える人が違ってもその内容や性格が変わらない報道の仕方。

・主観的な報道…事実だけでなく、その事実を記者がどう受け止めたかや何を感じたかも含めて伝えること。記者個人の感覚や考え方が反映され、読者の感情にも訴えかける報道の仕方。

● ポイント　原則としては前者だが、震災時には後者も必要だった。

■「生死の境をさまよう人たちからのSOSに新聞を通じて応えることができた。」(187・8)とあるが、具体的には新聞がどのように役立ったのか。

・新聞に、酸素を提供できる会社の①□を載せたことで、自宅を離れて②□にいる患者にも酸素を届けることができた。

▼①連絡先　②避難所

● ポイント　酸素の提供を受けることができなくなった患者に対して、新聞によって酸素を届けることができたのである。

■小見出しに「一人一人の『三・一一』を思う」(186・17)とあるが、その思いを具体的に述べている部分を捉える。

・「東日本大震災は、①□の人が犠牲になった災害が一つあったのではない。②□の人間が死亡・行方不明になった災害がその数だけあったのだ。」(186・34)

▼①たくさん　②一人

テストに出る！

問　「被災者の悲しみに寄り添う」(186・20)ことを心がけたとあるが、そのことは報道の仕方のどのようなところに表れているか。答えなさい。

答　記者の顔が見える署名記事を飛躍的に増やし、被災者でもある記者の目から見た主観的な報道も取り入れたところ。

テストに出る！

問　震災当初の報道に「できるだけ個人名や地名を盛り込もうとした」(186・30)のは何のためか。答えなさい。

答　被災した人々の安否確認に役立ててもらうため。

第四段落〔187・11〜188・11〕　全国紙と異なる地元紙の役割。

■「地域に根差す新聞をうたう地方紙と全国紙の違い」(187・14)について整理する。

(1)　読者が新聞に［①　　］ものが異なる。

〈震災時の報道の例〉
・全国紙…発生数日後には地震や津波から原発事故へと比重が移り、二週間後には震災関連より他の記事が多くなった。
・仙台の地方紙…一か月後も震災関連の記事が大半を占めた。
→地域の人々がその時に必要としている情報を継続して発信し続けるのが地元紙の役割。

(2)　［②　　］の使い方に微妙な違いが出る。

〈震災時の報道の例〉
・全国紙…ほとんどが「死者」という言葉を使った。
・仙台の地方紙…「死者」という言葉は使わず「犠牲」とした。
→地方紙は、記者がその地域に住み、地域の人々と長く付き合っているため、読者の気持ちに細かい配慮ができる。

▼①望む　②言葉

■「犠牲『万単位に』」(187・31)の見出しを付けた記者が、「死者」という言葉を使わなかった理由を考える。
・「死者」という言葉には［　　］印象があり、顔なじみも多く親しみを感じる人々のことを表すのには適さないと思ったから。
・読者である被災地の人々にとっても、苦しみの中で「死者」という言葉を目にするのは、つらいことだろうと思ったから。

▼冷めた

第五段落〔188・12〜終わり〕　未来に向けての使命。

■新聞が「防災」や「減災」にどのように役立つのか、具体例をもとに理解する。
・新聞の記事で、津波の威力を具体的に伝える。

高さ三十センチの津波　…女性の五割が流される。
高さ五十センチの津波　…男性の八割が流される。
高さ一メートルの津波　…木造家屋の一階をぶち抜く。
高さ二メートルの津波　…木造家屋が全壊する。

⇩

・人々は、津波の予報に対して、現実的な危機感を持つことができ、身を守るための適切な行動がとれる。

• ポイント　津波は、高さの数値からイメージするよりはるかに大きな威力を持っている。そのことを人々にしっかりと理解してもらうためには、具体的で分かりやすい情報が必要である。

テストに出る！

問　「被災地に生きる私たち一人一人、そして地元新聞社の使命」(188・34)とはどのようなことか。説明しなさい。

答　震災で亡くなった人の無念や家族を失った人の苦しみをくみ取り、今後の災害で犠牲者を出さない方法を考えて発信し続けること。

てびき―解答と解説

教科書の課題を解き、学習内容をしっかりと身につけよう。

教科書194～195ページ

◉文章を読んで印象に残ったことを挙げよう

❶ 文章を読んで、分かったことや印象に残ったことを挙げてみよう。

解説　第一段落では、突然の大災害に見舞われた被災地で何も分からず不安な一夜を過ごした人々のもとに「いつものように」新聞が届いた瞬間がクローズアップされている。被災地の人々の心情を想像してみよう。第二段落では、新聞が届けられるまでの舞台裏が説明されている。大災害の現場を取材した記者たちの姿に、何を感じただろうか。第三段落では、震災の報道にあたって地元新聞社が心がけたことが紹介されている。報道を受け取る側としてはふだんあまり意識していないかもしれないが、報道には発信者の意図や思いが反映されていることを知っておきたい。第四段落では、地元紙の役割について、第五段落では、今後の震災報道の在り方について語られている。さまざまなメディアを読み比べる際の参考にもなるだろう。

◉情報やメディアの意義について話し合おう

❷ 下のア～カは、災害時の情報伝達に関するエピソードである。本文のほかにこれらのエピソードも参考にして、災害時における、情報の伝わり方や価値、メディアの特徴や役割などについて話し合おう。

解説　ア＝災害時には通話が殺到するため通話規制がかかるし、基地局が被災すると回線はつながらない。電話機も充電できなければ使えなくなる。

イ＝災害弱者への配慮という課題が示されている。災害弱者とは、災害が発生して危険が迫っているときに、情報収集や避難行動において困難を抱えている人のことをいう。「外国人」は、情報収集面で困難を抱える可能性がある。

ウ＝東日本大震災では、津波を正確に予測することの難しさ、災害時の情報伝達の難しさが浮き彫りとなった。現代の情報通信手段は、停電などによって使えなくなるものも多い。

エ＝「ラジオ」は音声だけ、「新聞」は文字や写真で情報を伝える媒体であり、「テレビ」の動画に比べると情報量は少ない。しかし、そのぶん情報を受信する側の負担は少なくて済むため、災害時にも利用しやすい。

オ＝スマートフォンの普及に伴ってＳＮＳの利用も拡大している。地域が限定されないＳＮＳでのつながりは災害時の助け合いにも役立つものとなっている。

カ＝インターネットによる情報伝達は、情報が速く大量に拡散され、迅速な対応が実現できる。その一方で、情報の制御がしづらいという難点もある。

❸ 災害時の記憶や経験を伝え続けることの意義について話し合おう。

解説　筆者は、東日本大震災の経験・教訓を今後に生かし、災害に強い地域づくりを進めていくためには、「忘れないこと」が大切であると考えている。そのために、これからも震災と向き合い、伝え続けていこうとしている。今後は「どのように伝え続けていくのか」が課題となってくるだろう。

学びの扉

合意を形成する

教科書196、242～245ページ

対立する意見をまとめて合意を形成するためには、自分と違う意見も尊重し、互いに相手に歩み寄っていくことが大切である。

教科書242ページの詩織さんと優馬さんの議論を読んで、合意を形成するための話し合いの仕方を考えてみよう。

●相違点だけではなく、共通点を探す

・まずは相違点を整理する。そして、互いの意見の①□点を確認して、そこから議論を進める。

・共通点を見つけるには、互いの意見を②□的に捉える**第三者の視点**に立つことを心がけるとよい。

▼①共通　②客観

教科書の例▼ 二人の意見の相違点と共通点 ―― 教科書242・243ページ

〈相違点〉　詩織…優勝を目指して最強メンバーでチームを組む。

　　　　　優馬…みんなが楽しめるように、全員参加でチームを組む。

〈共通点〉　クラスのきずなを強くしたい。

ポイント　同じ目的に向かって話し合いをしていることを意識し、共通点を探すようにする。

●相手の意見のよいところを見つける

・自分の意見にこだわりすぎず、相手の意見のよいところを見つけ、相手の意見から□とする姿勢を持つ。

▼学ぼう

教科書の例▼ 二人の意見のよいところ ―― 教科書243ページ

〈詩織さんの意見のよいところ〉

・優勝という目標が立てられること。

　→目標に向かって努力できる。→仲間意識が強まる。

〈優馬さんの意見のよいところ〉

・楽しんで参加できること。

　→勝敗にこだわらずに楽しめる。→友達意識が強まる。

●お互いの意見のよいところを取り入れた案を考える

・対立した意見のどちらか一方に決めようとせず、お互いが納得できる**新しい案**を考えていく。

・お互いの意見の一致している点（共通点）を確認し、それぞれの意見のよいところを軸にしながら、他の要素も取り入れる。

教科書の例▼ 新しい案 ―― 教科書244ページ

〈A案〉　優勝をねらえるチーム構成を基本としながらも、全員が参加できるようにするために、メンバーが交代するという工夫をしている。

〈B案〉　楽しむことを前提としながらも、勝つという目標に向かっていくために、練習をきちんとするよう工夫している。

ポイント　お互いの意見のよいところをうまく取り入れていくことで、**よりよい案**にすることができる。

▼話す・聞く　話し合う

話し合いで意見をまとめよう
合意形成を目指す話し合い

教科書197〜202ページ

学習目標

●多様な考えを想定し、伝えたい内容について検討する。
●進行の仕方を工夫したり、お互いの意見を生かしたりして話し合い、合意を形成する。

1　話題を決める

ここでは、「地域をよりよくするために自分たちができること」というテーマで話し合い、多くの人が納得できる結論を出す。

(1)　教科書198ページの「話題の例」から話題を選ぶ。
(2)　選んだ話題に対して、地域社会の中で、どんな立場や意見があるかを出し合う。

2　提案したいことを考える

言葉の力　**多様な考えを想定する**

●同じ話題に対しても、知識や体験、立場などによって、さまざまな考えがあることを踏まえる。
●別の立場から見たら、自分の提案はどのように受け取られるかを想像し、相手からの質問や反対意見を予想する。
●異なる立場の相手にも、自分の提案のよさを分かってもらうには、どんなことを伝えたらよいかを考える。

(1)　各自で、提案したいことを考える。
・話題を決める際に出し合った立場や意見を踏まえ、更に他の見方はないかも考えてみる。
・解決したい問題を具体的に思い描き、それを解決するための提案を考える。
・提案に対する質問や反対意見を想定して、それに対する説明を考える。

(2)　考えたことをノートに書き出す。

ポイント　なるべく具体的な言葉で書く。書き出したことについて、「なぜ」「どうやって」など、自分で問いかけてみるとよい。

3　それぞれの提案を発表する

(1)　自分の考えた提案と、提案理由を述べる。
(2)　自分の考えとの共通点・相違点に注意しながら聞く。

ポイント　まずは提案を順番に発表し、お互いの考えをよく聞く。そのうえで、理解を深めるために、質疑応答の時間を取る。

教科書の例▼　**グループで提案を発表する**――――教科書199ページ

・純平さんの発言を、教科書198ページの「ノートの例」と照らし合わせてみると、次のような点で考えが深まっている。
①「市内の(避難所)」「駅や公共施設に掲示する」など、提案の内容がより具体的になっている。

②想定した反対意見を踏まえて、「地域の人全員が場所を知っているわけじゃない」ということを、説明に加えている。

(3) 出された提案を整理する。

ポイント 教科書199ページの例のように箇条書きで短くまとめておき、次の話し合いの際、全員が確認できるところに掲示する。

4 話し合って合意を形成する

言葉の力 お互いの意見を生かして結論を出す

- 話し合いの目的を意識し、話し合うべきことを明確にする。
- 自分とは異なる意見であっても最後まで話を聞き、共通点がないかを考える。
- 分からない点については質問するなど、相手の意見を正しく理解するように心がける。
- 自分の意見にこだわりすぎず、相手の意見によいところや納得できるところがあれば、自分の意見を変える柔軟さを持つ。

教科書の例 合意を形成するために話し合う ― 教科書200～201ページ

【司会の役割】

・司会は、次のような点に注意して話し合いを進める。

❶最初に、話し合いの①[　　]を提示する。

❷議論の流れを踏まえ、出された意見を整理したり、次に検討すべき観点を示したりする。

❸意見を組み合わせて②[　　]が生じる場合は、その点についても検討を促す。

❹最後に、グループ全体で合意が取れているかを確かめる。

【話し合いでの発言の仕方】

・分からないことがあれば③[　　]して、理解を深める。

・質問されたことに対しては、提案者が考えを説明する。

・他の人の提案に反論する場合は、具体例を挙げるなど根拠を示す。

・質問や反論だけでなく、賛同する点についても積極的に伝える。

▼①論点　②デメリット　③質問

【合意形成までの流れ】

1 「実現可能かどうか」を話し合った結果、提案①・③は難しそう、②・④・⑤は可能性があるとされた。

2 ③のよい点を他の案に組み込むことが提案され、その具体案として「絵文字」が挙げられ、賛同を得た。

3 学校に関わるという点で共通する②と④を組み合わせて学校周辺の情報に絞るという新しい案に賛同が多くなった。

4 新しい案のデメリットも検討したうえで、「校内の設備や注意点をまとめた、校内案内図を作る」という案で合意した。

5 話し合いについて感想を交換する

(1) 話し合いを振り返り、話し合いの進め方や、発言の仕方は適切だったか、納得のいく結論が出せたかなど、感想を伝え合う。

(2) 話し合いを通して自分の考えが深まったり広がったりしたことについて伝え合う。

グループでまとめた提案を、クラス全体に発表してもいいですね。

▼書く　感性・想像

今の思いをまとめよう
時を超える手紙

教科書203～207ページ

学習目標

● 中学校生活を振り返ったり将来を展望したりして、自分の思いを手紙にまとめる。
● 下書きした手紙を読み返し、文章を整えて清書する。

1　宛先を決める

・宛先として、「過去の人物」「未来の自分」のどちらかを選び、手紙を送る相手を具体的に設定する。

「過去の人物」の場合…歴史上の人物や、これまで読んできた本の作者などから、尊敬したり共感したりできる人物、心に残っている人物を選ぶ。

ポイント　いつ、どういうきっかけで知った人物なのか、今の自分にどんな影響を与えているのかなど、その人物と自分との接点がはっきりしている人物を選ぶとよい。

「未来の自分」の場合…何年後の自分であるかを決め、そのときの自分がどんな人物になっているかを想像する。

ポイント　「十年後」くらいを想定するとよい。どんな仕事や勉強をしているか、どんな趣味を持っているかなどの観点から想像を膨らませる。

2　内容を考える

言葉の力　**書きたい内容を考える**

● 自分の過去の体験や将来への望みを見つめ直して、思い浮かぶことを挙げる。
● 自分と相手(手紙の宛先)との関わりも意識して、伝えたいことを挙げる。
● 挙げたことの中から、自分の思いが伝わりやすい文章にすることを意識して、内容を絞る。

(1)　思い浮かぶことを書き出す。

・過去や未来に目を向け、思い浮かぶことを箇条書きで書き出す。

教科書の例▾ 思い浮かぶことを書き出した例　――教科書205ページ
【石川啄木《いしかわたくぼく》に宛てた手紙】

・いろいろな本を読んだ。
・「一握《いちあく》の砂」という本が心に残った。
・「ふるさとの山に……」の短歌の、ふるさとへの思いに共感した。
・将来は美容師になりたい。
・ふるさとを離れるのは寂しい。
・啄木にも同じ思いがあったのか。

→ 心に残る過去の①［　　］を書き出している。

→ 自分と②［　　］との関わりを意識して思いをめぐらせている。

▼①体験　②相手

(2) 書き出したことを見比べながら、手紙に書く内容を絞る。

・いちばん伝えたいことは何かを考え、それを伝えるために必要な材料を選ぶ。

→【石川啄木に宛てた手紙】の例では、「共感した短歌」や「ふるさとを離れる寂しさ」を中心にし、「いろいろな本を読んだ」ことは省いたほうが、伝えたいことが明確になる。

ポイント 内容の盛り込みすぎは逆効果。思いきって削ること。

3 下書きをする

・2で考えた内容に沿って、下書きをする。

・新たに思い浮かぶことがあったら加えてもよいが、中心にしたいことから外れないように気をつける。

ポイント 手紙であることを意識し、相手への呼びかけや問いかけなどを入れるとよい。

4 推敲《すいこう》して清書する

(1) 推敲する。

・文章の誤りや誤字がないか、意味が伝わりにくいところがないかを確認し、必要に応じて修正する。

(2) 手紙の形式を整えて清書する。

ポイント 「前文・主文・末文・後付け」の構成を基本とし、相手や内容にふさわしい書きだしと結びの言葉を用いる。

言葉の力 **手紙の書きだしと結びを整える**

●改まった手紙では、「拝啓」と書きだしてから、時候の挨拶として、今の季節らしさを感じさせる事柄について簡潔に書く。このとき、本文の最後は「敬具」と結ぶ。

●親しい相手に宛てた場合などには、「前略」と書きだして、時候の挨拶などを省く書き方もある。結びは「草々」とする。

・時候の挨拶は、教科書308ページの「手紙の書き方」に具体例が挙げられているので参考にしよう。

教科書の例▸ 完成作品例 ―― 教科書206〜207ページ

【石川啄木に宛てた手紙】

・相手が大人なので改まった手紙の形式にし、「拝啓」で書きだし、時候の挨拶をして、最後は「①［　］」で結んでいる。

・石川啄木の短歌を引用し、なぜこの手紙を書いたのかが伝わりやすいよう工夫している。

・短歌から読み取った「ふるさとへの思い」と、将来自分がふるさとを離れるときのことを結びつけて書いている。

・「啄木さん、……見守っていてください。」と、相手への呼びかけで締めくくっている。

【十年後の自分に宛てた手紙】

・相手が自分なので親しい間柄での手紙の形式にし、「②［　］」で書きだし、前文での③［　］は省略して、最後は「草々」で結んでいる。

・「あなたはそれを実現しているでしょうか。」など、相手への問いかけを多く入れている。

・「ときどき、僕を励ましてください。」と、相手への呼びかけで締めくくっている。

▼①敬具 ②前略 ③時候の挨拶

文法の窓2

文法のまとめ

教科書208、262～263ページ

新出漢字・新出音訓

読みの太字は送り仮名を示す。（ ）は中学校では学習しなくてもよい読みを、─線は特別な言葉に限って使われる読みを示す。例は用例を示し、例中の太字は教科書本文中の語句であることを示す。新出音訓の▼は、常用漢字表の「付表」の語を示す。□には漢字を、（ ）には読みを書こう。

p.208 **瑠** ル 14画 玉 □
紺色《こんいろ》の宝玉。また、その色。ガラス類の古名。例**瑠璃色**《るりいろ》。浄瑠璃《じょうるり》。

p.208 **璃** リ 14画 玉 □
紺色の宝玉。また、その色。ガラス類の古名。例**瑠璃色**《るりいろ》。浄瑠璃《じょうるり》。

p.208 **肖** ショウ 7画 肉 □
①似せる。例**肖像画**《しょうぞうが》。②似る。例不肖《ふしょう》。

p.208 **錦** キン にしき 16画 金 □
①色彩などが美しい。例**錦絵**《にしきえ》。錦秋《きんしゅう》。②美しい糸で織った絹織物。例錦旗《きんき》。

◉**学習内容の要点を押さえ、教科書の問題の答えを確かめよう。（□の中には当てはまる言葉を書こう。）**

形は同じだが、文法的な性質の異なる語の見分け方を通して、文法の復習をしていこう。

1 「ない」の識別

A 郵便局は、歩いて行けるほど近くない。→形容詞（補助形容詞）

見分け方
- それだけで一文節になる。
- 「近く《は》ない」のように、上に「**は・も**」などを入れられる。

B 舞台が遠すぎてよく見えない。→①□の助動詞

見分け方
- それだけでは一文節にならない。
- 上に動詞の**未然形**がある。
- 「見えない→見えぬ」のように、「**ぬ（ん）**」に置き換えられる。

C 足もとをよく見て歩かないと危ない。→②□の一部

見分け方
それだけでは意味をなさず、「危ない」で一語。

※形容詞には、「ない」で終わるものが多くある。
例 あっけない・ぎこちない・くだらない・さりげない・切ない・だらしない・とんでもない

▼①打ち消し ②形容詞

2 「らしい」の識別

A 中学生らしい行動について考えましょう。→形容詞の一部

見分け方
「①□中学生らしい行動」と言える。

B 中学生らしい人影が通り過ぎていった。→推定の助動詞

見分け方
「②□中学生らしい人影」と言える。

▼①いかにも ②どうやら

3 「そうだ」の識別

A　次回の会議には全員集まりそうだ。（そういう様子である）→［①　　］の助動詞

見分け方　上に動詞の**連用形**がある。
または、上に**形容詞・形容動詞の語幹**がある。

B　次回の会議には全員集まるそうだ。（…と聞いている）→［②　　］の助動詞

見分け方　上に用言の［③　　］形がある。

▼①様態　②伝聞　③終止

4 「だ」の識別

A　林さんの計算はとても正確だ。→形容動詞の終止形の活用語尾

見分け方　上に**形容動詞の語幹**がある。
（「正確だ」で一語の形容動詞。）

B　私が常に心がけているのは努力だ。→［①　　］の助動詞

見分け方　上に**名詞**か、**助詞「の」**がある。
（「努力」は名詞。）

C　雑誌を買ってきてほしいと兄に頼んだ。→［②　　］・完了・存続の助動詞「た」の濁ったもの

見分け方　上に動詞の連用形の**音便**がある。
（「頼ん」は、動詞「頼む」の連用形の撥音便《はつおんびん》。）

※「プールで泳いだ。」のように、イ音便に付く場合もある。

▼①断定　②過去

5 「に」の識別

A　元気に過ごすのがモットーだ。→形容動詞の連用形の活用語尾

見分け方　上に**形容動詞の語幹**がある。
（「元気に」で一語の形容動詞。）

B　友情に勝る宝はない。→格助詞

見分け方　上に**名詞**がある。
（「友情」は名詞。）

C　家に着いてすぐに手紙を書いた。→副詞の一部

見分け方　上と切り離せないか、上がそれだけで副詞になる。
（「すぐに」で一語で、「すぐ」でも同じ意味。）

上にあるのが「形容動詞の語幹」なのか、「名詞」なのか、見分ける方法を覚えておきましょう。

ポイント　「……な　こと（もの・人）」を付けることができれば形容動詞の語幹、付けることができなければ名詞。

・正確だ　→　正確なこと○　→形容動詞の語幹
・努力だ　→　努力なこと×　→名詞
・元気に　→　元気な人○　→形容動詞の語幹
・友情に　→　友情な人×　→名詞

つまり、「――だ」や「――に」が、「――な」にも活用できるのであれば、上のものと合わせて一語の形容動詞だということ。

○考えよう

教科書208ページ

○　三つのヒントの傍線部の言葉について、それぞれどのような言葉であるか、文法的に説明しよう。

解答

ヒント①…A形容詞　B・C打ち消しの助動詞
ヒント②…A・C伝聞の助動詞　B様態の助動詞
ヒント③…A・C推定の助動詞　B形容詞の一部

解説　①Aの「ない」はそれだけで一文節になる。②「そうだ」の上の語の活用形で見分ける。A・Cは終止形、Bは形容動詞「好きだ」の語幹。Aの「お気に入りだ」の「だ」は断定の助動詞である。活用形が分かりにくい場合は、「そういう様子だ（様態）」「…と聞いている（伝聞）」のどちらの意味が当てはまるかを考えるとよい。③A・Cは「どうやら……だ」の意味、Bは「いかにも……だ」の意味。

【怪盗Xを捕まえる作戦】

解答

①地下室と屋上を警備する。
②ナポレオンの肖像画を金庫に保管する。
③西洋人をマークする。

解説　ヒントの中で真実なのは、ヒント①A、ヒント②B、ヒント③Bである。

ヒント①Aから、怪盗Xは「玄関の合い鍵を持っていない」と分かる。また、B・Cは真実でないわけだから、「地下室への抜け穴を掘っている」「美術館の屋上へ登れる」ということになる。したがって、警備すべきは地下室と屋上だ。ヒント②Bから、怪盗Xの狙いは「ナポレオンの肖像画」と分かるから、これを厳重に守ろう。ヒント③Bから、怪盗Xは「いかにも西洋人らしい」外見であるということだから、西洋人をマークすればよい。

○問題

教科書263ページ

1　下の各文の傍線部は、それぞれ文法上の性質が異なる。その違いを説明しよう。

解答

1　㋐形容詞の一部　㋑形容詞（補助形容詞）　㋒打ち消しの助動詞
2　㋐形容詞の一部　㋑推定の助動詞　㋒形容詞の一部
3　㋐伝聞の助動詞　㋑様態の助動詞
4　㋐過去の助動詞「た」の濁ったもの　㋑断定の助動詞
　㋒形容動詞の終止形の活用語尾
5　㋐形容動詞の連用形の活用語尾　㋑副詞の一部
　㋒たとえの助動詞「ようだ」の一部　㋓格助詞

解説　1「高価でない」は「高価で《は》ない」、「知らない」は「知らぬ」と言える。2「日本らしい風景」は「いかにも日本らしい風景」、「再来年らしい」は「どうやら再来年らしい」と言える。3「早いそうだ」は形容詞の終止形「早い」に付いている。「早そうだ」は形容詞の語幹「早」に付いている。4「住ん」は「住み」の撥音便。「精巧だ」は「精巧なロボット」のように活用することができるので形容動詞。5「急に」は、「急な用事」のように、「～な」の形にして体言を修飾できるので、形容動詞である。㋑は「大いに」、㋒は「ように」で一語である。

漢字道場7　間違えやすい言葉

教科書209ページ

新出漢字・新出音訓

読みの太字は送り仮名を示す。（　）は中学校では学習しなくてもよい読みを，━線は特別な言葉に限って使われる読みを示す。例は用例を示し，例中の太字は教科書本文中の語句であることを示す。新出音訓の▼は，常用漢字表の「付表」の語を示す。□には漢字を，（　）には読みを書こう。

p.209　**汎**　ハン　6画　水　□
ひろい。ひろくゆきわたる。例**汎用性**《はんようせい》。

p.209　**訃**　フ　9画　言　□
人の死を知らせる。例**訃報**《ふほう》。

p.209　**綱**　コウ　つな　14画　糸　□
①つな。例**手綱**《たづな》。綱引《つなひ》き。頼《たの》みの綱《つな》。命綱《いのちづな》。横綱《よこづな》。②物事の大筋。例大綱《たいこう》。要綱《ようこう》。綱紀《こうき》。

p.209　**琴**　キン　こと　12画　玉　□
弦楽器のこと。例**琴線**《きんせん》。鉄琴《てっきん》。木琴《もっきん》。

p.209　**宜**　ギ　8画　宀　□
①時に合って都合がよい。例**便宜**《べんぎ》。時宜《じぎ》。②ほどよい。例適宜《てきぎ》。

p.209　**惰**　ダ　12画　心　□
①気力がゆるみ，おこたる。例**惰眠**《だみん》。怠惰《たいだ》。②今までの状態・勢いをそのまま続ける。例惰性《だせい》。

p.209　**堕**　ダ　12画　土　□
おちる。おとす。例堕落《だらく》。

p.209　**括**　カツ　9画　手　□
ひとまとめにする。例**括弧**《かっこ》。一括払《いっかつばら》い。

p.209　**弧**　コ　9画　弓　□
弓なりに曲がった形。例**括弧**《かっこ》。円弧《えんこ》。

p.209　**銘**　メイ　14画　金　□
①心にきざむ。例**銘記**《めいき》。銘文《めいぶん》。感銘《かんめい》。②名の知られた。例銘菓《めいか》。銘柄《めいがら》。

p.209　**彰**　ショウ　14画　彡　□
あらわす。あらわれる。例**表彰式**《ひょうしょうしき》。顕彰《けんしょう》。

p.209　**頒**　ハン　13画　頁　□
わける。くばる。広く行きわたらせる。例**頒布**《はんぷ》。頒価《はんか》。

p.209　**佳**　カ　8画　人　□
よい。優れている。美しい。例**佳境**《かきょう》。佳作《かさく》。佳人薄命《かじんはくめい》。

p.209　**窮**　キュウ　（きわ**める**）（きわ**まる**）　15画　穴　□
①困り果てる。例**窮地**《きゅうち》。窮屈《きゅうくつ》。困窮《こんきゅう》。貧窮《ひんきゅう》。②きわめる。例窮極《きゅうきょく》。

p.209　**敢**　カン　12画　攵　□
おしきってする。思いきって行う。例**果敢**《かかん》。勇敢《ゆうかん》。敢然《かんぜん》。敢闘賞《かんとうしょう》。

p.209　**錬**　レン　16画　金　□
①心身などをきたえる。例**百戦錬磨**《ひゃくせんれんま》。修錬《しゅうれん》。鍛錬《たんれん》。②金属を溶かして，ねる。例精錬《せいれん》。錬金術《れんきんじゅつ》。

■ **新出音訓**（――線部の読みを書こう。）

①夏至は六月にある。 p.209（　　）
②極彩色の絵画。 p.209（　　）
③仮病を使って休む。 p.209（　　）
④手綱を締める。 p.209（　　）
⑤寿命が延びる。 p.209（　　）
⑥神社の境内。 p.209（　　）
⑦小児科の医師。 p.209（　　）
⑧パンの生地を練る。 p.209（　　）
⑨庭の▼紅葉が色づく。 p.209（　　）

答 ①げし ②ごくさいしき ③けびょう ④たづな ⑤じゅみょう ⑥けいだい ⑦しょうにか ⑧きじ ⑨もみじ

◉学習内容の要点を押さえ、教科書の問題の答えを確かめよう。

1 読み間違えやすい言葉

ポイント 複数の読み方がある漢字は、言葉の中でそのうちのどの読み方をするのかに注意する必要がある。

例 気配 ○ケハイ ×キハイ

・複数の読み方がある言葉もあり、多くの場合、読み方によって意味が異なる。

例 大家
- タイカ「書道の大家」…その分野で特に優れた人。
- タイケ「大家の坊ちゃん」…財産や由緒《ゆいしょ》のある家。
- おおや「大家に家賃を払う」…貸家の持ち主。

2 書き間違えやすい言葉

ポイント 書き間違えやすい言葉は、その言葉の意味をしっかり理解することで、書き間違いを防ぐことができる。

例 ×御頭付き → ○尾頭付き

＊「尾頭付き」は、「尾と頭が付いたままの魚」という意味。

・特に、四字熟語には書き間違えやすいものが多い。

例 ×五里夢中 → ○五里霧中

＊「五里霧中」は、「広さが五里にもわたる霧の中にいるように、物事の様子が全く分からず、方針や見込みが立たないこと」という意味。

○問題 ―― 教科書209ページ

① 傍線部を正しく読んでみよう。

解答 1げし 2はんよう 3ごくさいしき 4ふほう 5けびょう 6たづな 7じゅみょう 8きんせん 9けいだい 10べんぎ 11しょうにか 12えきむ

解説 6「手」を「た」と読む言葉としては「手繰《たぐ》る」がある。8「琴線」は「琴の糸」のことだが、比喩的に「物事に感じる細やかな心情」という意味にも使われる。12「役」を「エキ」と読む熟語には、「使役」「兵役」などもある。

② 次の語の二通りの読み方を用いて、それぞれ文を作ろう。

解答

1 一行《いちぎょう》ずつ書き写す。／選手団一行《いっこう》が帰国した。
2 人気《にんき》のある番組を見る。／人気《ひとけ》のない山中を歩く。
3 大事《だいじ》な点をメモしておく。／大事《おおごと》になる前に処理する。
4 驚きのあまり顔色《がんしょく》を失う。／相手の顔色《かおいろ》をうかがう。
5 ゴミを分別《ぶんべつ》して出す。／彼は分別《ふんべつ》をわきまえた大人だ。
6 父の生地《せいち》は北海道だ。／質のよい生地《きじ》で背広を作る。
7 情勢の変化《へんか》に応じる。／妖怪変化《ようかいへんげ》にたたられる。
8 全山みごとに紅葉《こうよう》した。／赤ちゃんの手は紅葉《もみじ》のようだ。

③ 傍線部に当たる漢字を選ぼう。

解答

1 惰　2 弧　3 銘　4 彰　5 頒　6 佳　7 窮　8 敢

解説

3「銘記」は心に深く刻みつけること。5「頒布」は多くの人に分けて行きわたらせること。6「佳境」は味わい深い部分のこと。7「窮地」は追い詰められて困った状況。8「果敢」は勇敢で決断力のあるさま。

④ 次の四字熟語のうち、間違っている漢字を直そう。

解答

1 短→単　2 対→体　3 千→戦

解説

1「単刀直入」は、談話や文章で、前置きなしに、ただちに本題に入ること。2「絶体絶命」は、とうてい逃れられない困難な状況・立場にあること。「体」も「命」も危ないということ。3「百戦錬磨」は、多くの経験を積んで鍛えあげていること。「錬」と「練」、「磨」と「摩」も間違えやすいので注意しよう。

! 覚えておきたい　書き間違えやすい四字熟語

意味深長《いみしんちょう》（×慎重）…意味が「深い」ということ。
危機一髪《ききいっぱつ》（×一発）…髪の毛一本ほどの差しかないきわどい危機。
異口同音《いくどうおん》（×異句）…別々の「口」が同じことを言うのである。
青息吐息《あおいきといき》（×青色）…「青息」も「吐息」も苦しげなため息。
意気揚々《いきようよう》（×陽々）…気持ちが「揚がる」＝誇らしい様子。
汚名返上《おめいへんじょう》（×挽回《ばんかい》）…「汚名返上」と「名誉挽回」の混同に注意。
快刀乱麻《かいとうらんま》（×怪刀）…よく切れる刀で切るようにスパッと解決する。
閑話休題《かんわきゅうだい》（×間話）…無駄な話（＝閑話）は置いておいて、の意。
旧態依然《きゅうたいいぜん》（×以前）…昔の状態が「そのまま変わっていない」こと。
興味津々《きょうみしんしん》（×深々）…興味が次々にあふれ出るという意味。

玉石混交《ぎょくせきこんこう》（×混同）…よいものと悪いものが「入り交じっている」。
厚顔無恥《こうがんむち》（×無知）…厚かましく「恥知らず」なこと。
正真正銘《しょうしんしょうめい》（×証明）…「正銘」は由緒正しい名前が刻まれていること。
諸行無常《しょぎょうむじょう》（×無情）…あらゆるものは「常に同じではない」こと。
心機一転《しんきいってん》（×心気）…心のはたらき（＝機）ががらっと変わること。
人事不省《じんじふせい》（×不正）…人としての感覚がなくなる（＝不省）こと。
森羅万象《しんらばんしょう》（×心羅）…万物。樹木が立ち並ぶ「森」のイメージで。
直情径行《ちょくじょうけいこう》（×傾向）…思いのまままっすぐ（＝径）行動すること。
独断専行《どくだんせんこう》（×先行）…自分だけで判断し自分だけ（＝専）で行うこと。
付和雷同《ふわらいどう》（×不和）…他人の考えに寄って（＝付）賛同する（＝和）。

▼読む　詩

詩の言葉　レモン哀歌

作者・高村光太郎《たかむらこうたろう》

教科書210〜211ページ

学習目標を押さえ、「レモン哀歌」のおおよそを理解しよう。

ガイダンス

●学習目標

●効果的な表現に注意して詩を読む。

●詩に描かれた生と死について考え、感想を持つ。

●詩の形式と構成

十八行から成る口語自由詩。内容的には、回想の場面と現在の場面に分けることができる。

・回想（初め〜211・5）……智恵子《ちえこ》の臨終の様子。

・現在（211・6〜終わり）…今は亡《な》き智恵子に対する作者の思い。

●主題

レモンにいろどられたひとつの生命の終わりの崇高な美しさと、亡き妻、智恵子に寄せる追慕の情。

最愛の妻の臨終の場面を、レモンの香気が象徴する透明な美しさの中で描いた作品である。悲しみや嘆きの表現が一切なく、感情を極端に抑えた描写からは、かえって作者の強い悲しみが感じられる。

読み解こう

詩の内容を捉えよう。［　］の中には当てはまる言葉を書こう。

■**冒頭の二行に見られる表現の工夫と、その効果を考える。**

・冒頭に「そんなにも」という**指示語**が使われ、一行目と二行目は**倒置**になっている。

→想像を誘う印象的な表現で、読者を作品に引き込む効果がある。

■**「そんなにも」（210・1）とは、どんな様子を指すか。**

・「わたし」から受け取ったレモンをすぐにがりりと噛《か》むほど。

■**「かなしく白くあかるい死の床」（210・2）に、智恵子の臨終のどんな様子が表現されているかを読み取る。**

・「かなしく」は、死に向かいつつある悲しみを表している。

・「白くあかるい」は病院の無機質な白さを表すとともに、智恵子の臨終が、ただ悲しいだけでなく、智恵子の精神を浄化するかのような美しさを持っていることを表している。

・平仮名が多く使われ、柔らかい印象になっている。

●ポイント　一般的な「死」のイメージとは異なっている。

■**「がりりと噛んだ」（210・4）の「がりり」という擬音語から受ける印象を捉える。**

・力強い響きがある。智恵子の［　］が最後の輝きを見せているような印象を受ける。 ▼命

●ポイント　「わたしの手を握るあなたの力の健康さよ」(210・9)にも同様の力強さが表現されている。

■**「天のものなるレモンの汁」(210・6)とあるが、作者が「レモンの汁」を「天のもの」と表現する理由を考える。**

・死の間際の智恵子の意識を、ほんの一瞬だけ［　］にするという、奇跡を起こしてくれたから。 ▼正常

■**「青く澄んだ眼《め》」(210・8)によって、作者が表現しようとしたものを考える。**

・智恵子の正常な意識。発病する前の智恵子の表情。

●ポイント　本来の智恵子の姿を、作者が美しく尊いと感じていたとも読み取れる。

■**作者は、智恵子が強く手を握る理由をどう考えたのか。**

・呼吸困難に陥って話せない智恵子が、手を握ることで、変わらぬ愛を伝えようとしたのだと考えた。

課題　教科書211ページ

○**この詩の言葉で心に残ったところを挙げて、そこにどんな表現効果が感じられるかを話し合ってみよう。**

解説　この詩の表現の特徴としては、色彩の鮮やかさや、すがすがしく美しい言葉が挙げられる。それぞれが挙げた言葉からどんな印象を受けるかを、話し合ってみよう。

■**智恵子の死の描かれ方を捉える。**

・「あなたの機関はそれなり止まった《マツ》」(211・5)で、智恵子の心臓が停止したこと、つまり、智恵子の死を表現している。

●ポイント　無機質な語を用いて言い切る抑えた表現が、かえってその奥にある思いの深さを感じさせる。

■**智恵子の死後の作者の日常の様子を読み取る。**

・智恵子の遺影の前に、智恵子の好きだった［　］を毎日供え、智恵子をしのんで暮らしている。 ▼レモン

テストに出る！

問　**「生涯の愛を一瞬にかたむけた」(211・2)とあるが、智恵子は具体的にどのような行動をとったのか。**

答　「わたし」(夫)に笑顔を見せ、「わたし」(夫)の手を強く握った。

テストに出る！

問　**「すずしく光るレモンを今日も置かう《コウ》」(211・7)から読み取れる、作者の智恵子への気持ちを説明しなさい。**

答　亡《な》くなった後も変わらず智恵子に愛情を抱いている。また、智恵子に対して、「すずしく光るレモン」のような、澄んだ清らかな印象を抱いている。

○**この詩に描かれている生と死について考え、感想をまとめてみよう。**

解説　この詩は妻の最期《さいご》を描いているが、死そのものは客観的に淡々と描かれ、むしろその一瞬に輝いた命の美しさがうたいあげられている。死後の場面にも暗さはなく、死者(妻)は生者(夫＝作者)の中に今なお生き続けているかのようである。

▼読む 詩

詩の言葉 生ましめんかな

作者・栗原貞子《くりはらさだこ》

教科書212～213ページ

学習目標を押さえ、「生ましめんかな」のおおよそを理解しよう。

ガイダンス

学習目標

- 効果的な表現に注意して詩を読む。
- 詩に描かれた生と死について考え、感想を持つ。

詩の形式と構成

二十三行から成る口語自由詩。内容的には、出来事の描写と作者の感慨の二つに分けられる。

- 前半（初め～213・6）……原爆投下直後の地下室での出来事。
- 後半（213・7～終わり）…出来事から感じ取った思い。

主題

原爆の悲惨さと、絶望的な状況の中でも未来のために力を尽くそうとする人間の強さと尊さ。

自分の命と引き換えに新しい命を誕生させた産婆《さんば》の姿が描かれているが、その行動に表れている力強さや使命感、そして尊さは、全ての人間に通じるものである。悲惨な現実の中でも新たに生まれてくるものがある、そこに人は希望を見いだすのである。

読み解こう

詩の内容を捉えよう。□の中には当てはまる言葉を書こう。

■**「こわれたビルディングの地下室」（212・1）の様子を読み取る。**

・①□によって全身にやけどを負い、血を流している者や、既に息絶えた者でいっぱいになっている。

・血の匂い、②□、汗くさい人いきれに満ちている。

・暗闇の中で痛みや苦しみを訴えるうめき声が聞こえてくる。

▼①原子爆弾 ②死臭

ポイント 夜の地下室は真っ暗であり視覚的な描写はないが、嗅覚・聴覚に訴えかける描写によって、負傷者の様子が想像できる。

■**作者が「不思議な声」（212・7）と表現した理由を考える。**

・誰もが死にかけているような状況の中で「赤ん坊が生まれる」ことがあるとは、すぐには信じられないことだから。

■**「人々は自分の痛みを忘れて気づかった。」（212・13）とあるが、このときの人々の心情を考える。**

・悲惨な状況の中で、ほんの少し明るい光が差したように感じられ、何とかして無事に出産させてやりたいと願っている。

■**「私が産婆《さんば》です」(212・14)という言葉について、「私は産婆です」と比べた場合の印象の違いについて考える。**

・産婆である自分こそが何とかしなくてはならない、自分がやらねば、という産婆の強い使命感と決意が感じられる。

■**対句的表現を捉え、その効果を考える。**

> 「かくてくらがりの……生まれた。」(213・3〜4)
> 「かくてあかつきを待たず……死んだ。」(213・5〜6)

・生と死が対比されているだけでなく、「くらがり」や「地獄の底」の先に「①[　　]」があることや、②[　　]が受け継がれていくものであることを感じさせる。

▼①あかつき　②生命

●ポイント　「あかつき」は夜明けの意味だが、戦争のない平和な時代の訪れを暗に示しているとも解釈できる。

■**「生ましめんかな」(213・7)の意味を捉える。**

・「生ませようよ」「生ませたいことよ」という意味。

・「生ま／しめ／ん／かな」で、「しめ」は使役の助動詞、「ん」は意志の助動詞、「かな」は詠嘆を表す助詞。

■**「生ましめんかな」(213・7)に込められた思いを捉える。**

・自分の痛みを顧みず「私が生ませましょう」と言って力を尽くした産婆に対する共感。

・絶望的な状況の中でも、希望を見いだし、未来に向けて力を尽くしていかなければならないという強い意志。

・「生ましめんかな」の繰り返しによって思いが更に強調されている。

テストに出る!

問　**「新しい生命《いのち》」(213・4)は何を象徴していると考えられるか。簡潔に答えなさい。**

答　平和な未来への希望。

テストに出る!

問　**この詩の最後の三行が文語表現になっていることで、どのような効果があるか。説明しなさい。**

答　口語よりも簡潔な表現となり、力強さを感じさせる。また、出来事を描写した部分とは区別して、詩の主題を印象づける効果がある。

課題　教科書213ページ

○**「私が生ませましょう」と「生ましめんかな」の言葉の違いに着目し、この二つの表現の効果や役割について考えよう。**

解説　「私が生ませましょう」は産婆が発した言葉であり、「私が出産の手助けをしましょう」という意味。「生ましめんかな」は、産婆の力強く尊い行いに共感した作者が、未来へと語り継ぎたい思いを、より一般化した形で提示したものといえる。

○**この詩の最後の三行について、感じたことや考えたことをまとめ、話し合ってみよう。**

解説　生まれた新しい生命や、それを産んだ母親ではなく、「生ませた」産婆に焦点が当てられていることの意味を考えてみたい。また、「命捨つ」は、自ら命を投げ打つという「意志」が強く表れている表現であることにも注目しよう。自分はこの命をどのように使いたいかということを考えてみてもいいだろう。

▼読む

読書3

読書への招待
最後の一句

作者・森《もり》　鷗外《おうがい》

教科書214〜230ページ

学習目標を押さえ、「最後の一句」のおおよそを理解しよう。

ガイダンス

学習目標

●文学作品を読み、人間や社会について考える。

あらすじ

元文《げんぶん》三年十一月二十三日。大阪の船乗り業、桂屋太郎兵衛《かつらやたろべえ》が横領の罪で死罪と決まった。この知らせを伝えにきた太郎兵衛の女房の母の話を立ち聞きした長女いちは、父の代わりに子供たちを殺してくれと奉行所に願い出るという助命嘆願を決意する。いちは、次女のまつに計画を打ち明け、一晩かけて願い書を書き、翌朝早くに長《ちょう》太郎《たろう》とまつを伴い、奉行所へ出向く。門番に追い返されそうになるが、開門までじっと待ち、与力《よりき》に願い書を渡すことができた。しかし、西町奉行の佐佐《ささ》は大人の指図ではないかと疑い、いちたちをいったん帰らせ、夕刻家族全員を呼び出して取り調べた。取り調べでいちは、誰よりもはっきりと受け答えをし、最後に「お上のことには間違いはございますまいから。」と言う。この言葉が奉行所の大人たちの胸を突き刺した。最終的には、太郎兵衛は恩赦によって減刑され、死罪をまぬかれた。

文章の構成

次の六場面に分かれるが、第一・二場面＝起、第三・四場面＝承、第五場面＝転、第六場面＝結、という起承転結の構成になっている。

・第一場面（初め〜216・26）……太郎兵衛の斬罪決定と登場人物紹介。
・第二場面（216・27〜217・17）…太郎兵衛の罪の詳細。
・第三場面（217・18〜221・31）…いちが計画した父の助命嘆願。
・第四場面（221・32〜223・26）…西町奉行、佐佐の思案。
・第五場面（223・27〜227・28）…いちたちの取り調べ。
・第六場面（227・29〜終わり）…太郎兵衛への恩赦。

主題

父の助命を願って果敢に行動するいちの姿を通して、献身の尊さと、それがそのまま権威主義の役人への批判となる皮肉を描く。

身分制度が確立し、幕府が支配していた江戸時代を舞台にしている。商人の娘いちは、父の助命を願って献身的な行動を起こす。厳しい取り調べにも脅しにも屈しない、いちの凛《りん》とした態度に、役人たちは反抗心を感じ取るが、献身の精神を理解することはなかった。

作家と作品　森　鷗外

教科書229〜230ページ

・一八六二年島根県に生まれ、一九二二年六十歳で亡《な》くなる。
・東京大学医学部で学び、ドイツに留学、後に軍医総監にまでなった。
・軍医のかたわら「舞姫《まいひめ》」「山椒大夫《さんしょうだゆう》」「高瀬舟《たかせぶね》」などを著した。

新出漢字・新出音訓

読みの太字は送り仮名を示す。（ ）は中学校では学習しなくてもよい読みを、―線は特別な言葉に限って使われる読みを示す。例は用例を示し、例中の太字は教科書本文中の語句であることを示す。新出音訓の▼は、常用漢字表の「付表」の語を示す。□には漢字を、（ ）には読みを書こう。

p.215 **裕** ユウ 12画 衣 □
豊かでゆったりしている。例**裕福**《ゆうふく》。余裕《よゆう》。富裕層《ふゆうそう》。

p.215 **睦** ボク 13画 目 □
むつまじい。仲良くする。例**和睦**《わぼく》。親睦《しんぼく》。

p.217 **脇** わき 10画 肉 □
①すぐそば。例**両脇**《りょうわき》。**床**《とこ》**の脇**《わき》。②両腕の付け根のすぐ下のところ。例脇腹《わきばら》。小脇《こわき》に抱《かか》える。③本筋からずれた方向。例脇見《わきみ》。

p.221 **懐** カイ（ふところ）（なつかしむ）（なつける）（なつかしい）（なつく） 16画 心 □
①ふところにする。例**懐中**《かいちゅう》。②心の中に思う。例述懐《じゅっかい》。③なつかしむ。例懐古《かいこ》。④したう。したわせる。例懐柔《かいじゅう》。

p.221 **伺** （シ）うかが**う** 7画 人 □
さぐる。聞く。訪問する。例**伺**《うかが》**う**。伺候《しこう》。
※本文中の「伺う」は、「聞く」「尋ねる」の謙譲語。

p.223 **拷** ゴウ 9画 手 □
うつ。たたく。罪を白状させるために苦痛を与える。例**拷問**《ごうもん》。

p.224 **陳** チン 11画 阝 □
①のべる。例**陳述**《ちんじゅつ》。陳謝《ちんしゃ》。②つらねる。ならべる。例陳列《ちんれつ》。③古いもの。例新陳代謝《しんちんたいしゃ》。陳腐《ちんぷ》。

p.227 **唆** サ（そそのかす） 10画 口 □
そそのかす。けしかける。例**教唆**《きょうさ》。示唆《しさ》を与《あた》える。

p.227 **赦** シャ 11画 赤 □
罪やあやまちをゆるす。例**赦免**《しゃめん》。恩赦《おんしゃ》。容赦《ようしゃ》。

■**新出音訓**（――線部の読みを書こう。）

①▼白髪頭の老人。p.214 （ ）

②生い立ちを知る。p.215 （ ）

答 ①しらが ②お

語句・文の意味

語義が複数の場合、①に教科書本文中の語義を示してある。類は類義語、対は対義語、文は語句を用いた短文例を示す。●印は、教科書の脚注に示されている語句である。

▼214ページ

斬罪《ざんざい》 首を切り落とす刑罰。打ち首。

処《しょ》**する** ①刑罰を定める。また、執行する。②適切に処置する。③状況に応じた行動をとる。

痛切《つうせつ》 身にしみて強く感じること。類切に。切実。

……**際**《ぎわ》 ①すぐそば。②他との境界となるところ。端。境目。③ある状態になろうとするまさにその時。

世間《せけん》**との交通**《こうつう》**を絶**《た》**って** 世間との関わりを絶って。ここでの「交通」は、人と人との付き合いの意。

程遠《ほどとお》**い** 距離や時間が離れている。「程遠からぬ」は、ここでは太郎兵衛《たろべえ》の家から遠くないということ。対程近い。

太郎兵衛《たろべえ》**が女房**《にょうぼう》 太郎兵衛の妻。

主人《しゅじん》 一家のあるじ、また店のあるじのこと。ここでは、太郎兵衛を指す。

もうける ①子供を得る。②利益を得る。

▼215ページ

とかく ①ある状態になりやすい様子。類ともすれば。②さまざまな事態が起こる様子。類あれやこれや。いろいろ。③種々の事情は別として。類いずれにしても。

暮《く》らし向《む》き 生活。生活の様子。家計の状態。

用《よう》に立《た》つ 有用である。類役に立つ。

生《お》い立《た》つ ①成長する。伸び育つ。②草木が生えて大きくなる。

程《ほど》なく まもなく。

しおれる ①人が、気落ちして元気がなくなる。しょんぼりする。②草木や花が、水分が不足したりして生気を失いぐったりする。

小《ちい》さい争闘《そうとう》と小《ちい》さい和睦《わぼく》との刻々《こっこく》に交代《こうたい》する ちょっとしたけんかや仲直りを繰り返す、子供たちの様子を表す表現。

厄《やく》難《なん》 災難。わざわい。夫である太郎兵衛が牢《ろう》に入れられたことを指す。詳しいいきさつは第二場面で語られている。

このかた ①過去のあるときから今までの期間。それ以来。②現在まで続く、ある期間。

貢《みつ》ぐ 金銭や物を贈って生活の面倒を見る。

▼216ページ

目《め》を見張《みは》る 驚いたり感心したりして、目を大きく見開く。

器械的《きかいてき》 ①器械が動くように、感情を持たずに一定の動作を行う様子。②個々の事情を考慮しないで一律に物事を処理する様子。

しきりに ①むやみに。無性に。②しばしば。

床《とこ》 寝るために寝具を調えた場所。また、調えた寝具、布団《ふとん》。寝床。

ようよう 「ようやく」が音便化した言葉。①だんだん。しだいに。②やっと。③かろうじて。

手応《てごた》え ①こちらの働きかけに対する反応。②打ったり触れたりしたときなどに手に返ってくる感触。

かぶさる ①負担などが我が身に及ぶ。②覆いかかる。

風《ふう》波《は》の難《なん》 風や波による災難。ここでは、時《し》化《け》などの風や波によって船が被害を受けること。

▼217ページ

仕《し》立《た》てる ①ある目的にあった状態に作り上げる。②もともとは違うものをそれらしく見えるようにする。③衣類などを作る。

充《あ》てる ある物をある用途のために使う。

正直《しょうじき》に営業《えいぎょう》していた 太郎兵衛が、うそをついたり、ごまかしをしたりせず、誠実に商売していたということ。

良心《りょうしん》の鏡《かがみ》が曇《くも》って 不正な金を受け取ることに対し、良心による抑制がきかなくなったということ。

人《ひと》づて 直接ではなく、他人を通して話を伝えたり聞いたりすること。

死罪《しざい》に行《おこな》われる 死罪にされる。死刑が執行される。

大《おお》きい声《こえ》をおしでない 大きな声を出すんじゃない。大きな声を出すな。

制《せい》する ①人の行動をとどめる。②気持ちを押しとどめる。③支配する。自分のものにする。

こういうこと いちが思いついた、奉行に願い書を出そうという計画を指す。

願《ねが》い書《しょ》 願いを記した文書。願書。嘆願書。

▼218ページ

手習《てなら》い ①文字の読み書きを練習すること。習字。②稽古。学問。

▼219ページ

夢《ゆめ》のように　ここでは、後の「聞いて」にかかっている。

二番鶏《にばんどり》　夜明けに、一番鶏に次いで鳴く鶏。

霜《しも》の暁《あかつき》　辺りに霜が降りている、寒い明け方。

拍子木《ひょうしぎ》　堅い木でできた、打ち合わせて音を鳴らすもの。形状は、細長い直方体。

夜回《よまわ》り　夜、警備や火災防止のために拍子木などを打ちながら町内を見回ること。また、その人。

行《ゆ》かれよう　行けるだろうか。

▼220ページ

四十がっこう　四十歳くらい。

解《かい》しかねる　理解しかねる。

子供《こども》までが上《かみ》を恐《おそ》れん　罪を犯した太郎兵衛はお上を恐れないといえるが、その娘までが、奉行所の裁きを素直に受け入れないことをこのように言っている。

お会《あ》いはない　お会いすることはない。お会いにならない。

ついてしゃがんだ　(姉のいちに)つき従ってしゃがんだ。

急《きゅう》に　すぐには。

我《われ》に返《かえ》る　①他に気を取られていたのが、もとに戻る。興奮が冷める。②意識を取り戻す。

▼221ページ

しぶとい　強情で気後れするところがない。我慢強くへこたれない。類図太い。

懐中《かいちゅう》　懐《ふところ》の中。「懐」は着物の身頃を重ね合わせてできる、胸のあたりの隙間。

書付《かきつけ》　文書。ここでは、いちが書いた「願い書」を指す。

差《さ》し付《つ》ける　差し出す。突きつける。

さらしもの　①罪人として見せしめにされた者。②人前で恥をかいた人。

顧《かえり》みる　①振り返って見る。②心にとどめて気にかける。③過去のことを思い出す。

前役《まえやく》の申《もう》し継《つ》ぎ　佐佐《ささ》の前に西町奉行であった人物からの申し送り。

▼222ページ

両人《りょうにん》　二人。

せがれ　息子。

御趣意《ごしゅい》　幕府のお考え。

次第《しだい》　①事情。いきさつ。②順序。

内見《ないけん》　内々に見ること。

見受《みう》けまする　思われます。

ふつつか　行き届かない様子。気のきかない様子。ここでは、いちの文字が上手ではないことを表す。

条理《じょうり》　物事の筋道。道理。

念《ねん》　①思い。気持ち。類考え。②注意。

きざす　①心の中に、ある感情や考えが生まれる。類生じる。②草木が芽を出す。

上《かみ》を偽《いつわ》る　お上をだます。奉行所をだまして法を逸脱しようとする。

所為《しょい》　①しわざ。したこと。②原因・理由。

思議《しぎ》　あれこれと考えをめぐらすこと。類思案。

▼223ページ

引《ひ》き立《た》てる　①無理に連れていく。「ひったてる」とも。②はげます。③特に目をかけて力添えする。④そのもののよさがきわだつようにする。

与力《よりき》の座《ざ》を立《た》った後《あと》へ　与力が行ってしまったところへ。

私《わたくし》の用事《ようじ》　個人的な用事。

かようかよう　これこれ。太郎兵衛の命乞いのために、太郎兵衛の子供たちが願い書を書いて持ってきたことを指す。

指図《さしず》　物事のやり方などについての指示や命令。類指示。

請《こ》う　自分に与えるよう、相手に求める。文許しを請う。

思案《しあん》　あれこれと考えをめぐらすこと。また、その考え。類考え。意見。

懸《け》念《ねん》 気にかかって不安に思うこと。気がかり。類心配。

実《じつ》を吐《は》かせよう 真実を白状させよう。

前《まえ》の与力《よりき》 先ほど佐佐にいちたちのことを報告した与力。

気《け》色《しき》 ①何かをしようとする気配。②気持ちが外に表れた様子。顔色。

遣《つか》わす ①目上の人が目下の者に物などを与える。②目上の人が目下の者を使者として派遣する。

情《じょう》の剛《こわ》い 強情である。気が強くて他人の言いなりにはならない。

呈《てい》する ①ある状態を示す。類見せる。表す。文活気を呈する。②差し出す。進呈する。

出《しゅつ》座《ざ》 身分の高い人がその席に出ること。

よそながら かげながら。それとなく。

書《かき》役《やく》 書記。ここでは、取り調べの様子を記録する係。

▼224ページ

痩《や》せ肉《じし》 痩せていること。肉付きがよくないこと。

ちと ほんの少し。ちょっと。

臆《おく》する 気後れする。おどおどする。おじけづく。類ひるむ。

陳《ちん》述《じゅつ》 意見や考えを述べること。

……せられる ……される。

経歴《けいれき》する 実際に見聞きしたり体験したりする。類経験する。

年寄衆《としよりしゅう》 町年寄の人々。町年寄五人がいちたちを連れてくることになっていた。

手《しゅ》跡《せき》 文字の書きぶり。筆跡。

▼226ページ

うなだれる 落胆・悲しみなどのために、力なく首を前に垂れる。うつむく。

仰《あお》ぎ見《み》る ①見上げる。②尊敬する。

そこに並《なら》べてある道具《どうぐ》 いちたちを脅すために白洲《しらす》に用意しておいた、拷問に用いる道具。

たゆたう ①気持ちが定まらずに揺れる。動揺する。類ためらう。②ものがゆらゆら動いて定まらない。類漂う。

▼227ページ

不意《ふい》打《う》ち 不意に相手に攻撃を仕掛けること。突然相手が予期しないことをすること。

険《けわ》しくなった目《め》が、いちの面《おもて》に注《そそ》がれた 佐佐が、いちの顔を険しい目で見たということ。佐佐のいちに対する不快な驚きが表れている。

下《さ》がる 公的な場所から退出する。「白洲」という公的な場所から出ていくことを指す。

生《お》い先《さき》 子供が成長していく将来。行く末。

“老いてからの余生”の意味の「老い先」と区別しましょう。

教《きょう》唆《さ》 教えてそそのかすこと。けしかけること。

献《けん》身《しん》 他人や何かのために、自分を犠牲にして尽くすこと。

孝《こう》女《じょ》 孝行な娘。いちのことである。

期《き》せずして 思いがけなく。偶然。

貫《かん》徹《てつ》 意志などを貫き通すこと。

江戸《えど》へ伺中《うかがいちゅう》日延《ひのべ》 江戸からの指示を待つ間、刑を延期するということ。

京都《きょうと》に於《お》いて……御構《おかまい》の上追放《うえついほう》 京都で大嘗《だいじょう》会《え》が催されてからあまり日もたっていないので、この慶事に免じて、太郎兵衛の刑については、死罪を許されて、大阪の三つの区画全てに立ち入ってはならない追放の刑に処するということ。

▼228ページ

盛《せい》儀《ぎ》 華やかで盛大な儀式。

読み解こう

場面ごとの内容を捉えよう。［　］の中には当てはまる言葉を書こう。

第一場面 ［初め～216・26］ 太郎兵衛《たろべえ》の斬罪決定と登場人物紹介。

■**「この予期すべき出来事」(214・10)とはどのような出来事か。**

・桂屋《かつらや》太郎兵衛が［　］に処せられると決まったこと。

▼斬罪

・**ポイント** 太郎兵衛は罪に問われて牢に入れられていたので、罪に応じた処分が下されることは「予期」できたことなのである。

■**「平野町《ひらのまち》のおばあ様」(214・13)は、桂屋(太郎兵衛の家族)にとってどのような存在か。**

・太郎兵衛の女房の母で、桂屋の五人の子供の①［　］にあたる。

・いつも子供たちに、おもちゃや②［　］を持ってきてくれていた。

・太郎兵衛が入牢してからは、世間との交わりを絶っている家族を気にかけ、③［　］に役立つものを持ってきたり、気落ちしている太郎兵衛の女房を慰めたりしてくれている。

▼①祖母　②お菓子　③暮らし向き

■**桂屋の子供たちにとって、父が不在になってからの生活はどのようなものだったか。**

・父が①［　］に入れられたことは知らない。

→「遠い遠い所へ行って帰らぬ。」と言い聞かされている。

・おばあ様のお土産が少なくなったことや、母が②［　］になったことを感じたが、すぐに慣れて、③［　］な生活を送っている。

▼①牢　②不機嫌　③にぎやか

■**太郎兵衛の女房の様子を読み取る。**

・悔恨と①［　］ばかりを感じ、他のことを心に受け入れられない。

・親切に慰めてくれる母に対し、②［　］の意を表すこともない。

・器械的に立ち働いては、③［　］を言って泣くことを繰り返す。

▼①悲痛　②感謝　③繰り言

・**ポイント** 夫が罪人となったショックから心を病んでいるような状態である。

テストに出る！

問 **「太郎兵衛の運命の決まったこと」(216・20)とあるが、太郎兵衛の運命はどう決まったのか。説明しなさい。**

答 三日間さらされたうえで、斬罪に処せられる。

テストに出る！

問 **「小さい争闘と小さい和睦」(215・13)とは、どのようなことを表しているか。説明しなさい。**

答 子供たちが、ささいなことでけんかをしたり、すぐにまた仲直りしたりすること。

第二場面　〔216・27〜217・17〕　太郎兵衛の罪の詳細。

■太郎兵衛が罪に問われることになったいきさつを整理する。

太郎兵衛（居船頭《いせんどう》）
船を所有し、運送業を営む。

①（　　）（沖船頭）
雇われて船に乗る。

秋田の米主
事情を調べて訴えた。

・船が難破し、積み荷の大半を流出した。
・残った積み荷の②（　　）を売り、**金**を持ち帰った。
↑
・**金**の一部を受け取った。

⇦ ・③（　　）した。

⇦ ・入牢し、ついには死罪と決まった。

▼①新七《しんしち》　②米　③逃走

■「残った積み荷を売ったこの金は、もう米主に返すには及ぶまい。」（217・1）と新七が言う理由を捉える。

・船が難破したことは各地に知れわたっていて、米主も積み荷が残っているとは思わないだろうから。

●ポイント　実際には新七の予想は外れ、米主に事実を調べ上げられてしまった。

■新七から「金を受け取ってしまった」（217・8）太郎兵衛の心境を捉える。

・ふだんは①（　　）に営業していたが、船の事故で大きな損害を受けた直後に現金を見せられたため、②（　　）の鏡が曇った。

↓悪いことだとは知りつつも、これくらいはいいだろうと思ってしまった。

▼①正直　②良心

●ポイント　「良心の鏡が曇る」とは、良心に従った清く正しい判断ができなくなるということ。

テストに出る!

問　**「米主は大阪へ出て訴えた。」（217・15）とあるが、米主は、誰をどんな罪で訴えたのか。説明しなさい。**

答　太郎兵衛と新七を、残った積み荷を無断で売り、その金を着服した罪で訴えた。

第三場面　〔217・18〜221・31〕　いちが計画した父の助命嘆願。

■いちが考えた「いいこと」（217・30）とはどんなことか。

・願い書を書いて①（　　）に出すこと。

・父の命を助けて、その代わりに自分たち②（　　）を殺してください。
・実子でない③（　　）だけは殺さないでください。

▼①お奉行様　②子供　③長太郎

■「女房は夢のように辺りの騒がしいのを聞いて、少し不安になって寝返りをしたが、目は覚めなかった。」（219・22）から読み取れる女房の様子を押さえる。

・太郎兵衛の入牢以来、自分の悲しみや悔恨にばかり気をとられて、周りの物事に心を動かすことのない女房の様子が読み取れる。

■**いち、まつ、長太郎の関係性を捉える。**

A 「大きい声をおしでない。」(217・30)、「黙っておいで。」(220・26)と厳しい口調で制したり、「姉さんのするとおりにしておいで。」(220・27)と教え導いたりしている。

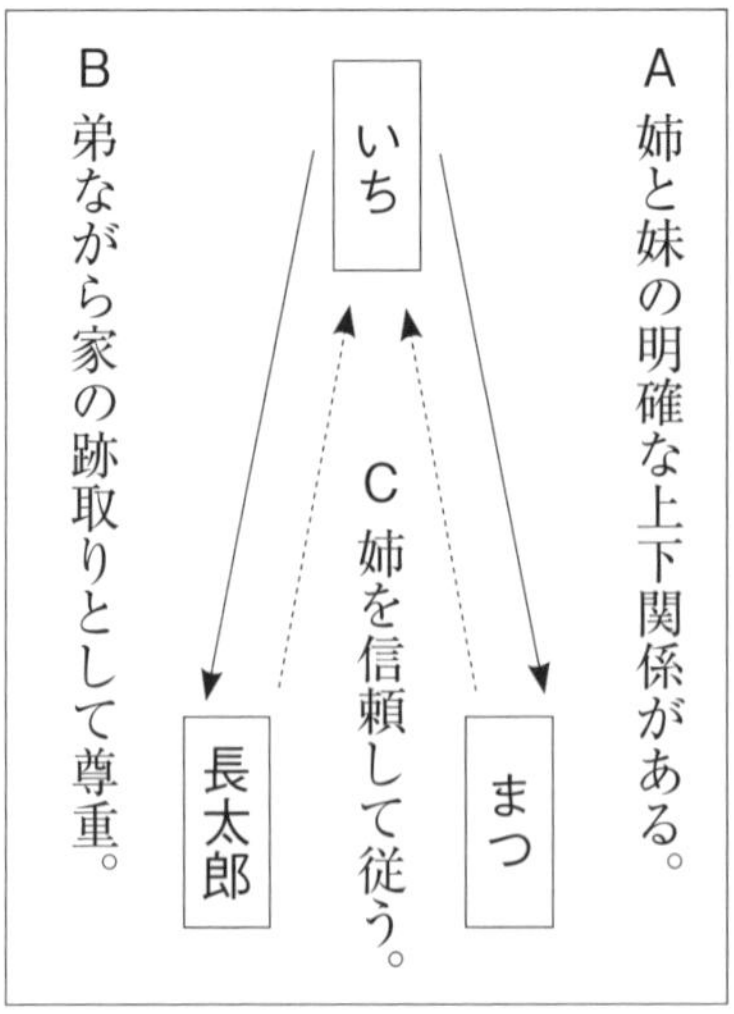

C 「まつと長太郎とはついていてしゃがんだ。」(220・29)、「まつと長太郎とが後ろに続いた。」(220・34)など従順な行動をとっている。

B 「長さんは小さくても男だから」(219・19)と、丁重に接している。

■**第三場面から読み取れる、まつの性格を整理する。**

・「でも怖いわねえ。」(218・12)、「姉さん、あんなに叱るから帰りましょう。」(220・24)という言葉から、気の弱さがうかがえる。

・弱気な発言を姉にたしなめられると、すぐに姉に従っているところから、素直な性格であることが分かる。

■**「いちはほとんどこうなるのを待ち構えていたように」(221・13)について、「こうなる」とはどうなることか。**

・与力などの奉行所の役人が、騒ぎを聞きつけて自分たちのところに集まってくること。

・ポイント いちは、複数の役人が見ている中で願い書を渡したかったのだと考えられる。

■**書付《かきつけ》(願書)を差し出された与力の様子を捉える。**

・書付を受け取ってよいものか①［　　］らしく、すぐには受け取らなかった。

・同役の人たちと、「書付を預かっておいて、②［　　］ことにしましょう」と申し合わせたうえで、受け取った。

▼①迷う ②伺ってみる

・ポイント いちの迷いのない態度とは対照的。「伺ってみる」とは、上司の判断を仰ぐということである。

テストに出る!

問 **第三場面からうかがえるいちの性格を、三十字程度で説明しなさい。**

答 大人相手にも物おじせず、自分の意志を貫こうとする気の強い性格。(三十一字)

第四場面 〔221・32〜223・26〕 西町奉行、佐佐《さ さ》の思案。

■**佐佐の声が「不機嫌であった」(222・5)理由を捉える。**

・佐佐は、太郎兵衛の処刑の手続きが済んで、①［　］を下ろしたように思っていた。
↓
・今朝になって与力から、太郎兵衛の②［　］を願い出た者がいるという報告を受けた。
↓
・せっかく終わらせたことに③［　］が入ったように感じた。
↓
不機嫌

▼①重荷　②命乞い　③邪魔

■佐佐が、いちが書いた願書を見て「不審らしい顔をした」(222・17)のはなぜか。

・ふつつかな①［　］文字で書いてあるものの、文章は②［　］がよく整っていて、大人でも書くのは容易でないだろうと思われ、子供が書いたものにしては整いすぎていたから。

▼①仮名　②条理

■「上《かみ》を偽る横着者の所為ではないか」(222・27)とあるが、佐佐はどのような疑念を持ったのか。

・子供に命乞いをさせることで同情をひき、奉行の裁定をくつがえそうとする不届き者のしわざではないか、という疑念。

■「そんなら菓子でもやって、すかして帰せ、それでも聴かぬなら引き立てて帰せ」(223・1)という佐佐の言葉から、佐佐が子供たちをどのように見ていたかを考える。

・所詮はただの子供だと軽く見てあなどっていた。

テストに出る

問　「いちというのがその年上の娘であろうが、何歳になる。」(222・17)とあるが、佐佐はなぜいちの年齢を尋ねたのか。説明しなさい。

答　受け取った願書の文章は、条理がよく整っていて、大人でもこれだけのものを書くのは難しいと思い、願書を書いた人物の年齢が気になったから。

テストに出る

問　「かようかようのこと」(223・6)の具体的な内容を簡潔に説明しなさい。

答　処刑が決まった桂屋太郎兵衛の子供が、父の命乞いの願書を持ってきたこと。

第五場面〔223・27〜227・28〕いちたちの取り調べ。

■尋問を受けているときの、いちの様子を押さえる。

・「ちとの①［　］気色もなしに、一部始終の陳述をした。」(224・6)

・「問われるままに、はっきり答えた。」(224・15)

・「少しもたゆたわずに」(226・34)

・「その目は②［　］で、その詞《ことば》は徐《しず》かであった。」(226・36)

▼①臆する　②冷ややか

●ポイント　役人の前でも気後れすることなく、落ち着いている。

■「書院の人々は覚えず、それを見てほほ笑んだ。」(226・23)について、その理由を読み取る。

・「死ぬるのか」と問われて活発にかぶりを振る初五郎の反応は、

いかにも子供らしく好感が持てたから。

●ポイント いちの子供らしくない冷静な態度と対比されている。

■**「佐佐の顔には、不意打ちに遭ったような、驚愕《きょうがく》の色が見えたが……険しくなった目が、いちの面《おもて》に注がれた。」(227・6)から読み取れる佐佐の心情を捉える。**

・いちの「お上のことには間違いはございますまいから。」という言葉に、①［　　］の意図を感じ取り、驚くとともに、いちに対する②［　　］が湧いてきている。

▼①反抗 ②憎悪

■**「罪人太郎兵衛の娘に現れたような作用」(227・24)とは、どのようなことを指しているのか。**

・自分の身を犠牲にして父親を助けようとする［　　］の精神。

▼献身

テストに出る！

問 **この物語の題名にもなっている「最後の一句」とは、誰のどんな言葉を指すのか。**

答 いちの「お上のことには間違いはございますまいから。」という言葉。

第六場面 〔227・29～終わり〕 **太郎兵衛への恩赦。**

■**「孝女」(227・31)とは誰を指しているかを押さえる。**

・我が身を犠牲にして父を救おうとしたいちを指している。

●ポイント 語り手の視点からの表現である。役人たちにとっては、いちは「変な小娘」(227・29)でしかない。

■**「当時の行政司法の、元始的な機関が自然に活動して、いちの願意は期せずして貫徹した。」(227・32)とはどういうことか。**

・当時の法と慣習にのっとり、大嘗会《だいじょうえ》の挙行に伴う恩赦が行われ、太郎兵衛も減刑されて命が助かることになり、いちの願いが思いがけずかなったということ。

テストに出る！

問 **「孝女に対する同情は薄かった」(227・31)とあるが、それはなぜか。説明しなさい。**

答 役人たちは、いちの最後の言葉に自分たちへの鋭い批判や反抗の精神を感じ、驚き恐れる気持ちのほうが強かったから。

課題 教科書228ページ

○**「いち」の最後の言葉についてどう考えるか、話し合ってみよう。**

解説 いちの最後の言葉は、〝お上を信用しているから、私は父に会わずに身代わりとして死んでもかまわない〟という意味になるが、その言葉は「氷のように冷ややかに、刃《やいば》のように鋭い」「献身のうちに潜む反抗の矛先」と評されている。いちの最後の言葉を考えるためには、いちの言葉に潜む、反抗の精神、役人たちへの痛烈な批判を読み取ることも必要である。

本文で学ばなかった漢字・新出音訓

教科書321〜326、338ページ

中学一〜三年の教科書で新出漢字として学ばなかった常用漢字を、教科書巻末での配列順に掲載している。
読みの太字は送り仮名を示す。（　）は中学校では学習しなくてもよい読みを、—線は特別な言葉に限って使われる読みを示す。例は用例を示す。

漢字

p.321 **藍** （ラン）あい　18画　艹
タデ科の一年草。青色の染料が取れる。例 藍染《あいぞ》め。藍色《あいいろ》。出藍《しゅつらん》の誉《ほま》れ。（＝教え子が先生よりも才能が優れているという評判のこと。青の染料は藍から作り出すが、もとの藍よりも鮮やかであることから。）

p.321 **尼** （ニ）あま　5画　尸
仏門に入った女性。例 尼寺《あまでら》。尼僧《にそう》。

p.321 **畏** イ　おそ**れる**　9画　田
①うやまう。例 畏敬《いけい》の念《ねん》。②恐れおののく。こわがる。例 畏怖《いふ》。畏縮《いしゅく》。

p.321 **壱** イチ　7画　士
「一」に同じ。金銭の記載などに用いる。例 壱万円《いちまんえん》。

「一」が、「十」や「千」に書き変えられないように、特別な漢字を使うのよ。

p.321 **咽** イン　9画　口
のど。例 咽喉科《いんこうか》。咽頭《いんとう》。

p.321 **姻** イン　9画　女
①嫁入り。例 婚姻《こんいん》。②結婚によってできた親類。例 姻戚《いんせき》。

p.321 **淫（淫）** イン　（みだ**ら**）　11画　水
みだら。男女関係における不純なこと。いかがわしい。例 淫行《いんこう》。淫乱《いんらん》。

p.321 **畝** うね　10画　田
作物を植え付けるために、一定の幅で土を細長く盛り上げたもの。例 畑《はたけ》の畝《うね》。

p.321 **旺** オウ　8画　日
さかんな様子。例 旺盛《おうせい》。

p.321 **翁** オウ　10画　羽
男の老人。おきな。例 老翁《ろうおう》。

p.321 **虞** おそれ　13画　虍
不安。心配。例 延焼《えんしょう》の虞《おそれ》がある。（「恐れ」と書いてもよい。）

p.321 **怨** （エン）オン　9画　心
①うらむ。うらみ。例 怨念《おんねん》。怨霊《おんりょう》。怨恨《えんこん》。私怨《しえん》。②かたき。例 怨敵《おんてき》。

p.321 **苛** カ　8画　艹
むごい。きびしい。例 苛酷《かこく》。苛烈《かれつ》。苛政《かせい》。

p.321 **拐** カイ　8画　手
人をだまして連れ出す。例 誘拐《ゆうかい》。

p.321 **嚇** カク　17画　口
おどかす。例 威嚇《いかく》。

p.321 **轄** カツ　17画　車
取り締まる。管理する。例 管轄《かんかつ》。所轄《しょかつ》。直《ちょっ》轄地《かつち》。

p.321
瓦　(ガ)　かわら
5画　瓦
①かわら。例瓦屋根《かわらやね》。②価値のないもののたとえ。例瓦礫《がれき》。③ばらばらに砕ける状態のたとえ。例瓦解《がかい》。

p.321
勘　カン
11画　力
①かんがえる。つき合わせて調べる。例勘《かん》定《じょう》。勘案《かんあん》。②かん。直感的な判断。例土地《とち》勘《かん》。勘《かん》が鋭《するど》い。勘違《かんちが》い。

p.321
棺　カン
12画　木
ひつぎ。例棺《かん》おけ。出棺《しゅっかん》。納棺《のうかん》。石棺《せっかん》。

p.321
款　カン
12画　欠
規約。条文。例定款《ていかん》。約款《やっかん》。

p.321
玩　ガン
8画　玉
もてあそぶ。大事にする。例愛玩《あいがん》。玩具《がんぐ》。

p.321
菊　キク
11画　艹
キク科の多年草。例菊《きく》の花《はな》。春菊《しゅんぎく》。菊花《きっか》。白菊《しらぎく》。

p.321
恭　キョウ　(うやうやしい)
10画　心
礼儀正しい。慎みがあり丁寧なさま。例恭《きょう》賀新年《がしんねん》。恭順《きょうじゅん》。

p.321
窟　クツ
13画　穴
①あな。岩山を掘り抜いた住居。例洞窟《どうくつ》。石窟《せっくつ》。②人や物が集まるところ。例巣窟《そうくつ》。

p.321
勲　クン
15画　力
国家や君主のために尽くした功績。例勲章《くんしょう》。殊勲《しゅくん》。叙勲《じょくん》。

p.322
舷　ゲン
11画　舟
船の側面。例左舷《さげん》。右舷《うげん》。舷窓《げんそう》。

p.322
錮　コ
16画　金
ふさぐ。罪人をとじこめる。例禁錮《きんこ》。

p.322
坑　コウ
7画　土
地面を掘ってつくった穴。鉱石などを掘るための穴。例炭坑《たんこう》。坑道《こうどう》。坑内《こうない》。

p.322
獄　ゴク
14画　犬
ろうや。例獄舎《ごくしゃ》。監獄《かんごく》。牢獄《ろうごく》。地獄《じごく》。

p.322
桟　サン
10画　木
①かけはし。例桟橋《さんばし》。桟道《さんどう》。②木を組み合わせて作った棚。例桟敷《さじき》。

p.322
嗣　シ
13画　口
家のあとつぎ。子孫。例嗣子《しし》。

p.322
璽　ジ
19画　玉
しるし。印。特に天子の印をいう。例御璽《ぎょじ》。

p.322
爵　シャク
17画　爪
官位。階級。日本では明治時代の華族の五階級(公爵・侯爵・伯爵・子爵・男爵)のこと。例爵位《しゃくい》。伯爵《はくしゃく》。

p.322
羞　シュウ
11画　羊
はじる。はじらう。例羞恥心《しゅうちしん》。

p.322
淑　シュク
11画　水
しとやか。きよらか。美しい。例紳士淑女《しんししゅくじょ》。貞淑《ていしゅく》。淑徳《しゅくとく》。

p.322
殉　ジュン
10画　歹
①主君や貴人の死に従って死ぬ。例殉死《じゅんし》。②仕事や信じるもののために命を投げ出す。例殉職《じゅんしょく》。殉教《じゅんきょう》。

p.322 **遵** ジュン 15画 辶
命令や決まりに従う。例 遵守《じゅんしゅ》。遵法《じゅんぽう》。

p.322 **升** ショウ ます 4画 十
①容量の単位。十合。例 一升《いっしょう》。一升瓶《いっしょうびん》。
②容量をはかる器。例 升目《ますめ》。升酒《ますざけ》。

p.322 **詔** ショウ（みことのり） 12画 言
天子の言葉。例 詔勅《しょうちょく》。詔書《しょうしょ》。

p.322 **髄** ズイ 19画 骨
①動物の骨や植物の茎の中心のやわらかいところ。例 骨髄《こつずい》。髄液《ずいえき》。②物事の中心部。例 神髄《しんずい》。精髄《せいずい》。

p.322 **醒** セイ 16画 酉
酔いや迷いなどからさめる。例 覚醒《かくせい》。

p.322 **窃** セツ 9画 穴
こっそりと取る。盗む。例 窃盗《せっとう》。窃取《せっしゅ》。

p.322 **践** セン 13画 足
おこなう。例 実践《じっせん》。

---

p.322 **曽** ゾ ソウ 11画 曰
①かつて。以前に。例 未曽有《みぞう》。②かさなる。直系親族の三親等を表す語。例 曽祖母《そうそぼ》。曽孫《そうそん》。

p.322 **槽** ソウ 15画 木
おけの形をした入れ物。例 水槽《すいそう》。浴槽《よくそう》。

p.322 **踪** ソウ 15画 足
あしあと。例 失踪《しっそう》。

p.322 **滝** たき 13画 水
高い所から流れ落ちる水流。例 滝《たき》。滝《たき》つぼ。

p.322 **賜** （シ） たまわる 15画 貝
身分の高い人が物などを与える。身分の高い人から物などをもらう。例 賜《たまわ》り物《もの》。

p.322 **綻** タン ほころびる 14画 糸
ほどける。破れる。例 破綻《はたん》。裾《すそ》が綻《ほころ》びる。

p.322 **痴** チ 13画 疒
おろか。例 愚痴《ぐち》。音痴《おんち》。痴態《ちたい》。痴漢《ちかん》。

---

p.322 **嫡** チャク 14画 女
①家を継ぐ者。あととり。例 嫡子《ちゃくし》。嫡男《ちゃくなん》。
②あととりの血筋。正統。例 嫡流《ちゃくりゅう》。

p.322 **酎** チュウ 10画 酉
濃い酒。例 焼酎《しょうちゅう》。

p.322 **鋳** チュウ いる 15画 金
金属を溶かし、型に流し込んで物を造ること。例 鋳造《ちゅうぞう》。

硬貨や鉄瓶、お寺の鐘などを造るときに鋳造という言葉を使うね。

p.322 **朕** チン 10画 月
天子の自称。例 朕《ちん》。

p.322 **邸** テイ 8画 阝
大きな住宅。やしき。例 邸宅《ていたく》。私邸《してい》。別邸《べってい》。首相官邸《しゅしょうかんてい》。

p.322 **貞** テイ 9画 貝
①正しい。例 貞潔《ていけつ》。不貞《ふてい》。②女性がみさおを守る。例 貞淑《ていしゅく》。

p.322
逓　テイ　10画　⻌
①次から次へと。例逓信《ていしん》。逓送《ていそう》。②次第に。例逓増《ていぞう》。逓減《ていげん》。

p.322
塡（填）　テン　13画　土
うめる。みたす。例補塡《ほてん》。充塡《じゅうてん》。装塡《そうてん》。

「損失を補塡する」「燃料を充塡する」のように使うね。

p.322
斗　ト　4画　斗
①容量の単位。穀物や酒をはかる単位で、一合《ごう》の十倍が一升《しょう》、その十倍が一斗《と》、その十倍が一石《こく》となる。例一斗缶《いっとかん》。②星座の名。例北斗七星《ほくとしちせい》。

p.322
棟　トウ　むね（むな）　12画　木
①屋根のいちばん高いところ。例棟梁《とうりょう》。棟《むね》上《あ》げ。②長いむねを持った建造物。また、それを数える単位。例病棟《びょうとう》。二棟《ふたむね》。

p.323
痘　トウ　12画　疒
皮膚に豆粒大の水ぶくれができる伝染病。例天然痘《てんねんとう》。種痘《しゅとう》。

p.323
弐　ニ　6画　弋
「二」に同じ。金銭の記載などに用いる。例弐千円《にせんえん》。

p.323
尿　ニョウ　7画　尸
小便。例糖尿病《とうにょうびょう》。排尿《はいにょう》。尿意《にょうい》。尿素《にょうそ》。尿道《にょうどう》。

p.323
婆　バ　11画　女
年老いた女。例老婆《ろうば》。産婆《さんば》。

p.323
陪　バイ　11画　⻏
①つき従う。例陪席《ばいせき》。②加わる。例陪審《ばいしん》。

p.323
畔　ハン　10画　田
①ほとり。物の近く。例湖畔《こはん》。河畔《かはん》。②田んぼのあぜ。「畦《あぜ》」に同じ。

p.323
妃　ヒ　6画　女
きさき。例王妃《おうひ》。妃殿下《ひでんか》。

p.323
罷　ヒ　15画　罒
①職をやめる。免職する。例罷免《ひめん》。②休止する。例罷業《ひぎょう》。

p.323
賓　ヒン　15画　貝
大切な客人。例来賓《らいひん》。主賓《しゅひん》。

p.323
扶　フ　7画　手
助ける。世話をする。例扶養《ふよう》。扶助《ふじょ》。

p.323
丙　ヘイ　5画　一
①物事の第三位。例甲乙丙丁《こうおつへいてい》。②十干の三番目。例丙午《へいご》（ひのえうま）。

p.323
蔽（蔽）　ヘイ　15画　艹
覆いかくす。例隠蔽《いんぺい》。遮蔽《しゃへい》。

p.323
倣　ホウ　（ならう）　10画　人
まねをする。例作品《さくひん》を模倣《もほう》する。模倣犯《もほうはん》。

p.323
峰　ホウ　みね　10画　山
山の頂。また、高い山。例山《やま》の峰《みね》。峰伝《みねづた》いに進む。最高峰《さいこうほう》。連峰《れんぽう》。

p.323
紡　ボウ　（つむぐ）　10画　糸
つむぐ。つむいだ糸。例紡績工場《ぼうせきこうじょう》。綿《めん》と麻《あさ》の混紡《こんぼう》。

p.323 **貌** ボウ 14画 豸
顔。姿かたち。ありさま。例容貌《ようぼう》。美貌《びぼう》。風貌《ふうぼう》。全貌《ぜんぼう》。

p.323 **勃** ボツ 9画 力
おこる。突然おこる。例勃興《ぼっこう》。勃発《ぼっぱつ》。

p.323 **盆** ボン 9画 皿
①茶器や食器などをのせる平たい器。また、そのような形状。例お盆《ぼん》。盆栽《ぼんさい》。盆地《ぼんち》。②うら盆の略。例盆休《ぼんやす》み。

p.323 **冥** メイ（ミョウ） 10画 冖
①あの世。死者の世界。例冥福《めいふく》。冥途《めいど》。冥《めい》土《ど》。②神仏のはたらき。例冥利《みょうり》。

p.323 **茂** モ しげる 8画 艹
草木がさかんに生長する。例茂《しげ》みにかくれる。繁茂《はんも》。

p.323 **盲** モウ 8画 目
①目が見えない。例盲人《もうじん》。全盲《ぜんもう》。盲導犬《もうどうけん》。盲目《もうもく》。②気がつかない。例盲点《もうてん》。③むやみに行う。例盲信《もうしん》。

p.323 **猶** ユウ 12画 犬
ためらう。例猶予《ゆうよ》。

p.323 **瘍** ヨウ 14画 疒
できもの。きず。例胃潰瘍《いかいよう》。腫瘍《しゅよう》。

p.323 **謡** ヨウ（うたい）（うたう） 16画 言
①節をつけてうたう。例民謡《みんよう》。童謡《どうよう》。②能楽のうたい。例謡曲《ようきょく》。

p.323 **沃** ヨク 7画 水
地味がこえている。例肥沃《ひよく》。沃土《よくど》。

p.323 **拉** ラ 8画 手
人を無理に引っ張っていく。例拉致《らち》。

p.323 **辣** ラツ 14画 辛
①きびしい。はげしい。例辛辣《しんらつ》。悪辣《あくらつ》。②すごい。例辣腕《らつわん》。

p.323 **虜** リョ 13画 虍
とりこ。戦争で敵を生け捕りにすること。例捕虜《ほりょ》。虜囚《りょしゅう》。

p.323 **陵** リョウ（みささぎ） 11画 阝
①高く盛り上がった丘。例丘陵《きゅうりょう》。②天皇などの墓。例陵墓《りょうぼ》。御陵《ごりょう》。

p.323 **寮** リョウ 15画 宀
寄宿舎。例学生寮《がくせいりょう》。社員寮《しゃいんりょう》。寮生《りょうせい》。

p.323 **厘** リン 9画 厂
①貨幣の単位。円の千分の一。銭《せん》の十分の一。例一厘銅貨《いちりんどうか》。②割合の単位。割《わり》の百分の一。分《ぶ》の十分の一。例三割四分九厘《さんわりよんぶきゅうりん》。

p.323 **賂** ロ 13画 貝
頼み事をするための不正な贈り物。例賄賂《わいろ》。

p.323 **弄** ロウ もてあそぶ 7画 廾
①もてあそぶ。おもちゃにする。遊び半分でする。例人《ひと》の心《こころ》を弄《もてあそ》ぶ。翻弄《ほんろう》。策《さく》を弄《ろう》する。②あなどる。例愚弄《ぐろう》。嘲弄《ちょうろう》。

新出音訓

中学校での新出音訓（小学校で学んだ漢字の新しい読み）のうち、一～三年の教科書で学ばなかったものを、教科書巻末での配列順に掲載している。主な用例を太字の語として掲示し、新出音訓に―線を付してある。

■太字の語の読みを確かめよう。

- □あの人は**才媛**だ。　さいえん
- □畑に**石灰**をまく。　せっかい
- □土地を**分割**する。　ぶんかつ
- □**潮干狩り**に行く。　しおひがり
- □**血眼**になって捜す。　ちまなこ
- □人生の**岐路**に立つ。　きろ
- □**貴い**宝物だ。　たっとい
- □伝統を**貴ぶ**。　たっとぶ
- □**機**を織る。　はた
- □感動して**号泣**する。　ごうきゅう
- □**胸ぐら**をつかむ。　むなぐら
- □労働を**強いる**。　しいる

- □**近郷**の人々。　きんごう
- □**父兄**が参加する。　ふけい
- □**墓穴**を掘る。　ぼけつ
- □どんな**故**があるのか。　ゆえ
- □**公**の場に出る。　おおやけ
- □**鋼**の意志を持つ。　はがね
- □険しい**峡谷**。　きょうこく
- □**長姉**として育つ。　ちょうし
- □事件を**示唆**する。　しさ
- □川口市**大字**石神　おおあざ
- □**滋養**をつける。　じよう
- □議員を**辞める**。　やめる
- □賞を**授ける**。　さずける

- □子を**授かる**。　さずかる
- □華道の**宗家**。　そうけ
- □駅で**拾得**した物。　しゅうとく
- □**五拾**万円と記す。　ごじゅう
- □果実が**熟れる**。　うれる
- □ある人を**見初める**。　みそめる
- □自由の**女神**。　めがみ
- □**助太《だ》刀《ち》**する。　すけだち
- □注文を**承る**。　うけたまわる
- □資料を**焼却**する。　しょうきゃく
- □記録に**上せる**。　のぼせる
- □本件を議題に**上す**。　のぼす
- □**縄文**時代の土器。　じょうもん

- □税を申告する。　しんこく
- □仁王像を安置する。　におう
- □明けの明星。　みょうじょう
- □自分の行動を省みる。　かえりみる
- □静脈に注射を打つ。　じょうみゃく
- □大名の石高を調べる。　こくだか
- □毒舌をふるう。　どくぜつ
- □浅薄な知識。　せんぱく
- □身銭を切る。　みぜに
- □人形を操る。　あやつる
- □商家の蔵を見学する。　くら
- □けんかを仲裁する。　ちゅうさい
- □師弟関係を結ぶ。　してい
- □度重なる災害。　たびかさなる

- □懐かしい童歌。　わらべうた
- □あり得る話だ。　ありうる
- □麦酒を飲む。　ばくしゅ
- □絹の反物を買う。　たんもの
- □思いを胸に秘める。　ひめる
- □失敗を気に病む。　やむ
- □給料は歩合制だ。　ぶあい
- □記憶を忘却する。　ぼうきゃく
- □牛が牧の草を食べる。　まき
- □評判の三人姉妹。　しまい
- □先輩の面目が立つ。　めんぼく
- □許可が要る。　いる
- □心が和む。　なごむ
- □和やかに語り合う。　なごやか

▼常用漢字表の「付表」の語のうち，一～三年の教科書で学ばなかったもの。

- □硫黄　いおう
- □海原　うなばら
- □乳母　うば
- □浮つく　うわつく
- □お巡りさん　おまわりさん
- □鍛冶　かじ
- □為替　かわせ
- □早乙女　さおとめ
- □五月　さつき
- □早苗　さなえ
- □時雨　しぐれ
- □老舗　しにせ
- □三味線　しゃみせん
- □太刀　たち
- □立ち退く　たちのく
- □凸凹　でこぼこ
- □波止場　はとば
- □日和　ひより
- □吹雪　ふぶき
- □木綿　もめん
- □最寄り　もより
- □若人　わこうど

▼資料　原稿用紙の使い方・推敲《すいこう》の観点・手紙の書き方

●原稿用紙の使い方

・一般的に、題名は一行目に、上から二、三ます空けて書く。次の行に、下から一、二ます空けて名前などを書く。本文はその次の行から書き始める。

・句読点や符号は原則として一字分使う。

・会話文は「　」でくくり、改行して書く。句点とかぎ括弧（。」）は一ますに入れる。

・行の最後に句読点やかぎ括弧が来た場合は、最後のますに入れる。

・数字を書くときは、縦書きの場合、原則として漢数字を用いる。

●推敲の観点

・伝えたいことが十分に書けているか。

・余計なことを書いていないか。

・分かりやすい構成になっているか。

・伝えたいことが印象に残るような工夫ができているか。

・常体（「だ・である」体）と敬体（「です・ます」体）が交じっていないか。

・主語と述語が対応しているか。文法的な間違いはないか。

・言葉の意味の間違いはないか。

・漢字の間違いや仮名遣いのおかしなところはないか。

・段落や一文の長さは適切か。

・句読点や符号の用い方は適切か。数字の書き方は正しいか。

・原稿用紙の使い方は正しいか。

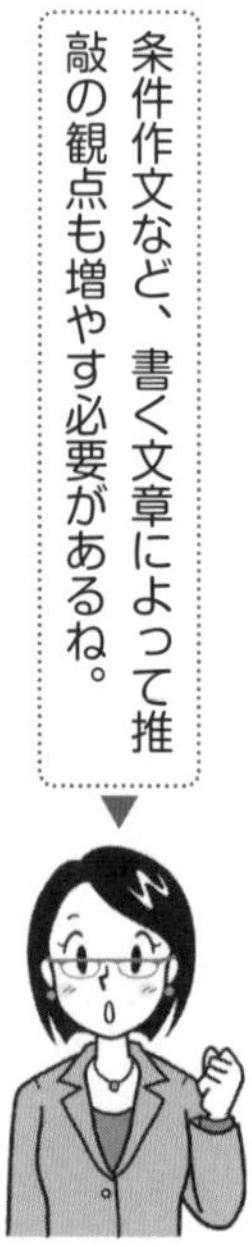
条件作文など、書く文章によって推敲の観点も増やす必要があるね。

●手紙の書き方（縦書き）

・一般的に、手紙は、前文・主文・末文・後付けで構成される。

・頭語と結語は呼応した表現を用いる。

例 拝啓→敬具…改まった手紙のとき

前略→草々…前文を省略するとき

・前文では、頭語の後に、季節の気候や自然などに触れ、相手の安否（元気かどうか）を尋ねる。

・主文は手紙の中心であり、伝えたい内容や用件を正しく書くようにする。

→伝えたい項目が多い時には、「左記のとおり」「別記のとおり」などとして、後ろのほうや別紙に「記」として、箇条書きなどで示す。

・末文では、結語の前に、「これから寒さが厳しい季節になります。風邪などひかれませんように、お体を大切になさってください。」のような挨拶を入れる。

・後付けには、日付・署名・宛名を書く。

→日付…上から二字くらい下げて書く。

署名…下に寄せて書くが、一字くらい空けるとよい。

宛名…上に寄せて書く。敬称をつける。